北京大学经济学院（系）100周年纪念文库

周炳琳文集

周炳琳 著

张友仁 编

北京大学出版社

图书在版编目(CIP)数据

周炳琳文集/周炳琳著;张友仁编.—北京:北京大学出版社,2012.5
(北京大学经济学院(系)100周年纪念文库)
ISBN 978-7-301-20612-6

Ⅰ.①周… Ⅱ.①周… ②张… Ⅲ.①中国历史-近代史-文集
Ⅳ.①K250.7-53

中国版本图书馆CIP数据核字(2012)第082496号

书　　名:周炳琳文集
著作责任者:周炳琳　著　张友仁　编
责 任 编 辑:朱启兵　刘群艺
标 准 书 号:ISBN 978-7-301-20612-6/F·3177
出 版 发 行:北京大学出版社
地　　址:北京市海淀区成府路205号　100871
网　　址:http://www.pup.cn
电　　话:邮购部62752015　发行部62750672　编辑部62752926
出版部62754962
电 子 邮 箱:em@pup.cn
印　刷　者:北京鑫海金澳胶印有限公司
经　销　者:新华书店
730毫米×1020毫米　16开本　20.5印张　418千字　插页2
2012年5月第1版　2012年5月第1次印刷
定　　价:58.00元

青少年时代的周炳琳(搜集于黄岩中学)

1920年“五大臣出洋”文件及照片

前排左起：康白情、汪敬熙；后排左起：罗家伦、段锡朋、周炳琳

1920年7月1日少年中国学会在北京宣武门外岳云别墅召开北京会员第一次年会，并欢送周炳琳、康白情、袁同礼、张申府等会员赴美留学

左起：孟寿椿、邓中夏、周炳琳、张申府、陈愚生、康白情、袁同礼、李大钊、黄日葵、雷宝华

20世纪30年代初周炳琳、魏璧夫妇于北大理学院礼堂

1961年周炳琳于北大燕东园宅前

1947年6月2日“反内战日”摄于北大民主广场，周炳琳教授在北京大学民主广场“华北学联追悼内战死难军民及反内战死亡烈士追悼大会”上讲演

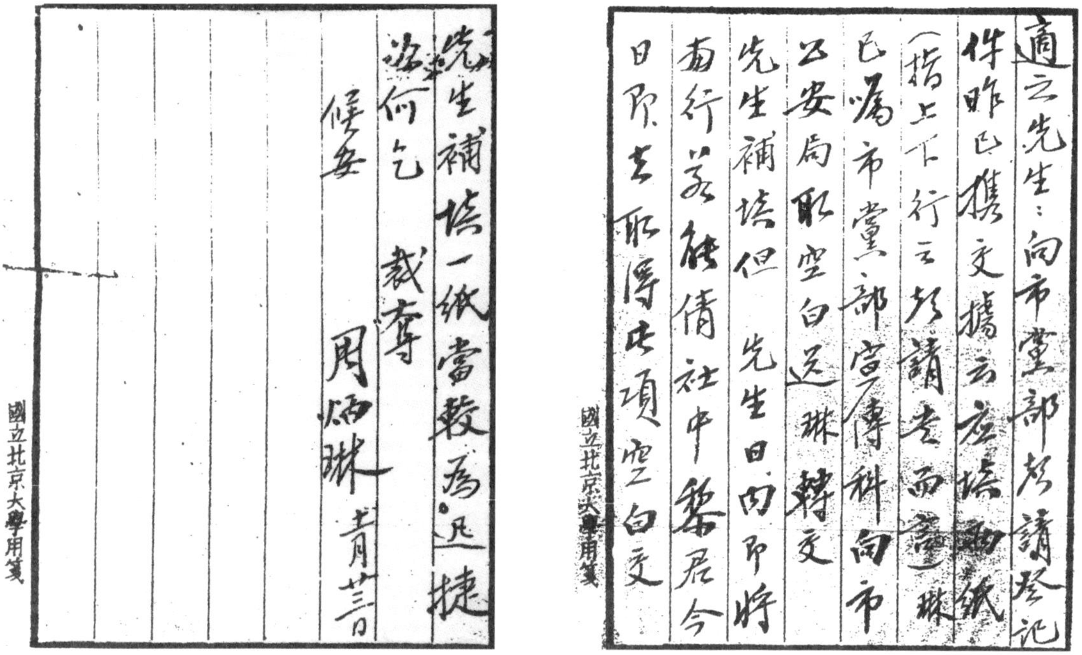

適之先生：向市黨部接洽請登記件昨已攜交據云應填兩紙（指上下行之表請查函登）琳已寫市黨部宣傳科向市公安局取空白送琳轉交先生補填但 先生日內即將南行若能倩社中黎君今日即去取得此項空白交先生補填一紙當較為迅捷然何如乞 裁奪

候安

周炳琳 十二月廿三日

國立北京大學用箋

周炳琳致胡适书信一封

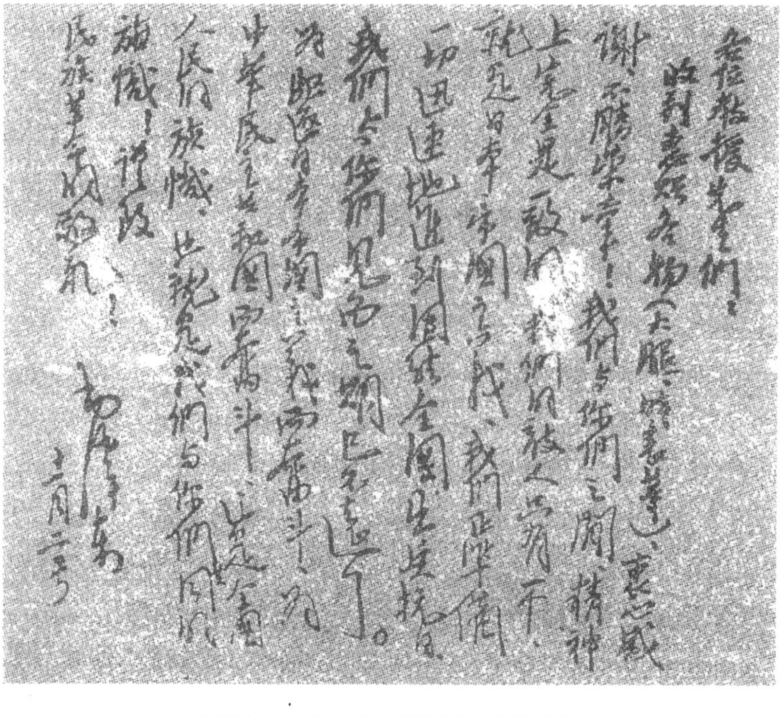

毛泽东1936年11月2日致周炳琳等教授函

总　序

作为中国最重要的经济学教育和科研基地，北京大学经济学院是我国综合大学中最早建立的经济系科，也是西方现代经济学和马克思主义经济学在中国最早的传播基地。北京大学经济学科的历史最早可追溯到1902年建立的京师大学堂商学科，1912年严复担任北京大学校长之后始建经济学门（系），1985年又在北京大学经济学系的基础上组建了北京大学经济学院，成为北京大学在改革开放之后建立的第一个学院。

1901年严复翻译亚当·斯密《国富论》（一名《原富》），标志着西方现代经济学在中国的正式引入，此后北京大学一直是中国传播西方现代经济学的重镇。中国最早的马克思主义传播者李大钊也是北京大学经济学系的教授；至1931年，北京大学经济学系陈启修教授首次翻译出版《资本论》第一卷第一册，在传播马克思主义经济学方面功不可没。因此，不论是西方现代经济学的引入还是马克思主义经济学的传播，北大经济系都是领时代潮流之先，在中国现代史中占据独特的地位。

拥有深远历史渊源和悠久学术传统的北京大学经济学院，在一个多世纪中涌现出马寅初、陈岱孙、赵迺抟、樊弘、陈振汉、胡代光、赵靖、厉以宁等在学界享有崇高声誉、学养深厚、影响深远的大师级人物，为我国经济科学发展作出了卓越贡献。

2012年是一个对中国经济学科发展有着特殊重要意义的年份，北京大学经济学科已走过了110周年历程，北京大学经济学门（系）也迎来100周年的隆重庆典。为了庆祝北京大学经济学院（系）创建100周年暨北京大学经济学科建立110周年，我院编写了这套"北京大学经济学院（系）100周年纪念文库"，旨在深入梳理北京大学乃至中国经济学科发展的历史脉络，展现北京大学经济学科的历史底蕴和历史成就，同时也希望从一个世纪的经济学科发展历程中反思我们的学术走向，为中国经济学科未来的发展提供一种更为广远和辽阔的历史视角。北京大学经济学院作为中国综合性大学中最早的经济学科，它所取得的历史成就以及所走过的道路，必然对整个中国的经济学科发展有着深远的借鉴意义。

1917年，著名教育家蔡元培出任北京大学校长，他"循思想自由原则，取兼容并包主义"，对北京大学进行了卓有成效的改革，促进了思想解放和学术繁荣，奠定了百年北大的精神基调。今天，我们庆祝北京大学经济学院（系）创建100周年，也要秉承兼容并包的创新精神，在继承北京大学经济学科优良传统的基础上，以积极的姿态吸纳世界前沿的经济学成果，为中国的经济腾飞和中华民族的伟大复兴作出我们经济学人应有的贡献。

孙祁祥

2012 年 1 月 15 日

序

周炳琳,字枚荪,浙江省台州府黄岩县人。1892 年 10 月 23 日生于黄岩县上垟乡前岸行政村上山周自然村。

早年就读于黄岩璇珠小学、海门(椒江)前所天主堂小学(现前所中心小学)等校。1907 年考入黄岩县中学堂,1912 年以第一名的成绩从黄岩县中学堂旧五年制第二届毕业。

1913 年考入北京大学预科,1916 年升入北京大学法科经济门。在校学习期间,深得蔡元培校长、马寅初教务长、李大钊图书馆长、顾孟余经济系主任的厚爱。

1918 年参加发起组织国民杂志社,1919 年创刊《国民》杂志,并担任编辑部主任。他在上面发表了《鲍尔锡维克主义底研究》、《社会主义在中国应该怎么样运动》等论文,号召“建立共同消费、共同生产的新社会。”

1919 年五四运动前周炳琳先生发起成立北京大学平民教育讲演团。组织北大同学到北京四城讲演,后来又扩大到北京农村讲演。5 月积极参加五四运动,火烧赵家楼,担任北京大学学生会秘书、北京学生联合会秘书。6 月在上海当选为全国学生联合会常委兼秘书,作为北京学生代表在上海谒见孙中山先生。

1919 年 7 月少年中国学会在北京成立。他首先参加,并被选为《少年中国》月刊编辑员,协助编辑主任李大钊编辑《少年中国》、《少年世界》月刊。他在上面发表了《开放大学与妇女解放》、《五四以后的北京学生》、《1919 年秋季开学后的北京学生界》等文章,号召青年“奋斗! 牺牲!”“分担工作、分取所获”和“消灭阶级、实现共和”等。

1919 年 5 月 3 日蔡元培校长将北京政府已经密令出席巴黎和会的代表在丧权辱国的山东条款上签字的消息,首先透露给周炳琳等学生。他们极为愤慨,决定联络各校于 5 月 4 日举行大规模的集会和游行示威,从而爆发了五四运动。

在五四运动期间,周炳琳被推选为北大评议会临时评议长(见《申报》1920 年 3 月 2 日)、北大学生会秘书、北京学生会秘书等。1919 年全国学生联合会在上海成立,他被选为常务委员兼秘书,主持编辑《全国学生联合会日刊》。

1920 年蔡元培校长选拔周炳琳等五位北大毕业生获穆藕初奖学金,赴美欧留学。时人曾戏称为“五大臣出洋”。他根据蔡元培的建议先后在美国哥伦比亚大学、英国伦敦大学、法国巴黎大学、德国柏林大学等著名大学攻读,而不停留在一所大学。我曾见到他的巴黎大学学生证。

1925 年 8 月回国，经李大钊先生介绍参加中国国民党左派组织。1926 年起历任武昌商科大学教授、国民党中央党部组织部干事、秘书、上海《民国日报》主笔、南京《中央日报》主笔、国民党浙江省党务指导委员会委员兼组织部部长等。

1928 年经李大钊介绍正式加入中国国民党。

1929 年他应聘到清华大学经济系任教授。1930 年南京政府教育部蒋梦麟部长电令周炳琳代理清华大学校长。周却认为他如果就任代理清华校长，清华人将认为清华大学成了北京大学的殖民地，虽经清华大学校务委员会遵令多方苦劝，他都坚辞不就。

1931 年应北京大学蒋梦麟校长的聘请到北京大学任经济系教授兼法学院院长。那时，胡适认为：周炳琳"是国民党员，但终因北大的训练，不脱自由主义的意味"。1931 年 9 月 14 日蒋梦麟和周炳琳一同苦劝胡适任北大文学院院长。胡没有答应，直到 1932 年 2 月才答应任此职务。

1931 年起，周炳琳任北京大学经济系教授兼法学院院长（下辖法律、政治、经济三系）。1932 年任国民党北平特别市党部委员、参加创办《独立评论》周刊。

1934 年出任河北省政府委员兼教育厅长。

周炳琳夫人魏璧是早期新民学会会员，曾同毛泽东同志一起参加驱逐湖南军阀张敬尧的斗争。1936 年毛泽东经过长征到达陕北后，周炳琳、魏璧夫妇和许德珩、劳君展夫妇选购了一批金华火腿、怀表和布鞋等，托徐冰、张晓梅夫妇设法用卡车送往陕北，给毛泽东等中央领导同志。毛泽东同志收到后曾给"各位教授先生们"写信表示衷心的感谢。抗战时期周炳琳夫妇在重庆收到从延安送来的答谢礼物，是一块在大生产运动中织造的有梅花鹿图案的地毯。

1937 年任南京政府教育部常务次长。在任期间，积极推行"自由教育"，还曾给曹禺、巴金等青年作家颁奖。

1938 年奉命整顿国民党中央政治学校，并出任中央政治学校教务主任（校长名义上由蒋介石兼任）。他在教育部常务次长的任上，建议和经办文件，让北大、清华、南开迁往长沙，成立临时大学。后又迁往昆明，成立国立西南联合大学。在西南联大，他仍任经济系教授，还曾任法商学院院长、校务会议主席，并曾一度代理联大常务委员会主席的工作。（该校不设校长，由常委会主持工作。）

抗战期间他当选为国民参政会参政员兼副秘书长。他不满国民党的一党专政，在国民参政会上力主国共合作抗日，反对反共。在 1943 年的一次全体会议上，顽固派通过攻讦中共的决议案，致使中共参政员愤而退席，周炳琳在会上力排众议，斥责政府恶行。并到中共驻重庆办事处慰问中共参政员。在参政会全体会议上，他在蒋介石致开幕词后，代表参政员致答词中指摘国统区政治混乱，痛斥蒋介石的独裁统治，而被顽固派认为是"诋毁元首"，要开除他的国民党党籍。

1945 年 10 月周炳琳和张奚若一同起草，并同朱自清、李继侗、吴之椿、陈序经、陈岱孙、汤用彤、闻一多、钱端升共10位西南联大教授联名致电蒋介石、毛泽东。此电文称“一人独揽之风，务须迅予纠正，此其一。今后用人应重德能，昏庸者、贪婪者、开倒车者，均应摒弃，此其二。军人干政为祸乱之阶，今后皆不应再令主政，此其三。奸逆叛国，其罪莫逭，绝不可使逃法外，此其四。”（昆明《民主周刊》第2卷第12期，1945年10月17日）

1945年12月周炳琳在担任西南联合大学常务委员会代理主席时期，昆明发生“一二一”惨案，他支持学生的正义行动，签发了一系列抗议政府镇压“一二一运动”的文件，他在公祭四烈士的大会上致辞词，并牵头组织法律委员会，控告制造惨案的罪魁祸首。他还写信给傅斯年和教育部长朱家骅，坚决要求立即将云南省主席李宗黄撤职。

在旧政协期间，他被推定为政协军事考察团团员和宪法草案审议委员会专家，参加国共谈判，与周恩来同志等一起商讨宪法草案的修改问题。在政协会议中他被中共和民盟聘请为政协代表顾问团成员。

1946年，北伐名将新四军军长叶挺出狱，周恩来夫妇举行欢迎宴会。邀请周炳琳夫妇作陪，“席间话旧，欢洽逾恒”。不久叶挺等飞机失事遇难，周炳琳给周恩来写信，深致吊唁。信中还主张：“努力促成全国团结，循和平道途，以救中国。”（见重庆《新华日报》1946年4月21日）

1946年7月民主战士闻一多教授在昆明被特务暗杀，周炳琳得到消息后极为悲愤，他当即致函清华大学梅贻琦校长，要求严查此案。他又联合在重庆的33位教授，致电南京政府朱家骅部长，要求“缉凶归案，严究主使”。在重庆各界隆重举行的李公朴、闻一多追悼大会上，他担任主席团成员和主祭人，并在会上报告闻一多的生平。（见重庆《新华日报》1946年7月29日）

1946年10月周炳琳回到北京，继续担任北京大学法学院院长，兼经济系教授。

1946年，周炳琳被指定为“国大代表”。此时，他对“国大”已不抱任何希望，拒绝参加。（见天津《大公报》1946年11月13日）周炳琳还曾不断劝说胡适校长不要出席“国大”。

1946年底，周炳琳与北大教授共48人联名致函美国驻华大使司徒雷登，抗议美军强奸北大先修班女生的暴行。（北平《经世日报》1946年12月31日）

1947年，华北学生举行反饥饿反内战运动。周炳琳和北方各大学教授共585人联合发表《呼吁和平宣言》，要求“立即停止内战，……成立联合政府。”（天津《大公报》1947年5月29日）6月2日（反内战日），他在北京大学民主广场上举行的华北学生追悼死难军民及反内战死亡烈士追悼大会上讲演。（上海《观察》周刊第2卷第16期，1947年6月14日）

1947年秋政府突然宣布中国民主同盟为非法团体，加以取缔，周炳琳愤而起草《我们对于政府压迫民盟的看法》宣言，并征得北京各大学48位教授的签名，在《观察》杂志1947年11月8日上发表，此宣言痛斥政府无理宣布中国民主同盟为非法团体。宣言指出:政府压迫民盟之举是“顺我者生,逆我者死”。“一不合作,遂谓之‘叛’,稍有批评,遽谓之‘乱’。又且从而伐之,试问人民之权利何在? 人民之自由何在?”“对于一个持异见的在野政团如民盟者横施压迫,强加摧残,这是不民主,不合理,而且不智的举动。”要求政府“重作决定”。

1947年他拒绝到南京参加伪国大,同时还劝说胡适校长不要出席伪国大。《大公报》1947年11月14日载,“北大法学院院长周炳琳为新任国大代表”。他声称:“愿参加一个代表各方面的国大,深恐参加了这样国大(指蒋记非法的国大)会增加分裂可能。”他拒绝出席此国大。同时他还多方面劝说胡适校长不要出席伪国大,并且同胡适吵得面红耳赤。

名师出高徒,周炳琳先生的学生,著名的有任继愈、厉以宁等,蒋硕杰教授也曾得到他的赏识和提拔。许德珩先生因争民主被捕,周电请南京政府释放许,并亲自到监狱接许出狱。周还三次聘请许任北京大学政治学系教授。

1948年,周炳琳发起成立中国社会经济研究会,担任理事,并创办《新路》周刊,他在该刊物上发表文章和许多短评,多次抨击蒋介石的独裁误国。

1949年1月,周炳琳拒绝登上南京政府派来接教授去南京的专机,留在北平迎接解放。他被北平各界推举为华北人民和平促进会代表,从事北平和平解放工作。2月辞去北京大学法学院院长,专任经济系教授。

1949年9月周炳琳与北京大学教授联名发表宣言,痛斥美帝国主义的《白皮书》。

1950年周炳琳加入国民党革命委员会,担任中央团结委员。10月成立中国人民抗美援朝总会,并担任全国委员和宣传部副部长。1951年周炳琳参加北京大学文法学院赴广西土地改单工作团,任第一团团委。

1951年7月周炳琳等37位北大教授联名致函《人民日报》,反对美帝国主义肆行侵略。(《人民日报》1951年7月7日)

1952年“思想改造”运动中,经毛泽东主席批示“像周炳琳那样的人还是帮助他们过关为宜,”才得通过。周炳琳的《我的检讨》经毛泽东主席改题为《人民民主政权给了中国人民伟大的创造力以发挥的机会》在《人民日报》1952年10月9日上发表。

1955年周炳琳作为中国代表团成员出席在芬兰赫尔辛基召开的世界和平大会。

“思想改造”运动后,他担任中国人民保卫世界和平委员会宣传部副部长、1954年当选为中国人民政治协商会议第二届全国委员会委员,1955年当选为民革中央委员、1959年当选为中国人民政治协商会议第三届全国委员会委员。

1963年10月24日周炳琳病故于北京医院,在嘉兴寺举行公祭,追悼会由何香凝任主任委员,党和国家领导人都送了花圈。骨灰安放在北京八宝山革命公墓。

综上所述,周炳琳是五四运动的先驱,一生追求民主,百折不挠,毫不松懈。

李曦沐同志题词曰:“纪念民主斗士周炳琳先生,学习周炳琳先生与时俱进的革命精神!”

中央党校副校长汪家镠写道:“周先生的学识、人品以及对学生运动的支持,为我们同学所熟知和永远怀念的。”

曾任周炳琳先生秘书的国家图书馆任继愈名誉馆长在2006年说:“我觉得周先生的经历时间跨度很长,从五四运动开始一直到新中国成立后都有活动。他的经历实在太丰富了,他这个人实在太重要了。”

“周先生的一生我看是搞民主运动搞得很多的一生,他的民主思想是很深的。自从‘五四’以来,他的民主一直没有丢、没有放弃,可是他一直很不顺当。他争民主,触犯了四大家族的利益,国民党是不允许的。”

“新中国成立后,周先生还是这个民主,所以也不受欢迎。他是这么个命运,他的一生坎坷的原因就是在这里:他的主张与外部条件不协调,他又很坚持他的这个主张,是真的坚持而不是假的。”

“周先生的一生不得志也和这有关:他不会因为外部的势力而放弃自己的信仰。恐怕这是黄岩人的性格所在吧!”

周炳琳先生的学生、现任北京大学社会科学学部主任厉以宁教授在怀念周炳琳先生时这样写道:“周老师一生秉性耿直,主持正义,不畏权势。他光明磊落,不愧是我们学生辈的楷模。”

“周老师对待学生是十分真挚的。他常说:‘不但要给学生以知识,更重要的是要教他们如何做人。’‘道德文章,道德文章,道德是首位,道德不行,文章好又算得了什么?’”

“周老师一生的许多事迹值得后人学习。我对周老师的最敬佩之处,是在20世纪50年代后期和60年代初,在我处境最困难的时候,他安慰我,勉励我,教导我。所以在1993年周老师逝世30周年时,我写了一首七绝怀念他:旧事模糊淡淡痕,只知冬冷未知春,先生不顾潮流议,夜半邀谈深闭门。”

本书中有些材料是闻一多先生之孙闻黎明先生专程赴台湾收集来的,还有一些材料是周炳琳先生的崇拜者黄岩上山周自然村农民周良美先生奋力收集来的,谨此致以衷心的谢意!

周炳琳先生永远活在中国人民的心中!

张友仁

2012年2月16日于北京大学经济学院

目 录

第一部分 文 章

第二部分 来往书信

第一部分

文章

开放大学与妇女解放

妇女解放问题归根结底到教育,这是大家公认的。不过教育的范围很广泛,应该从哪里入手呢?有的主张自下而上(教育上的上下,并不是地位上的上下,切不要误会),有的主张自上而下,有的主张上下并进。这三个主张都很有理由,不能说哪一个主张不对。不过从解放的速率讲起来,自下而上这个办法嫌太慢,对于当面的问题有缓不济急的弊病。上下并进这个办法,办得到是很好的,无如看现在的情形,女界中正缺乏指导的人才,怎么能够并进呢?(我是主张妇女自己解放自己的人,所以对于上下并进亦主张妇女自己去做,不容男子替她们做。)只有自上而下这个办法还可以实行,可以即刻实行起来,做解放的第一幕。

实行这个办法有三层好处:第一,做到男女教育平等。平等的真义是上升同高的平等,并不是把高的拉下来同我平等。第二,妇女若有受高等教育的机会,她们在社会上的地位自然增高许多,可以打破世上男子轻视妇女的陋习。而且学术竞争的结果,可以使妇女知道男子并不是了不得的,妇女不见得低于男子。有了这个觉悟以后,教育平等以外,自然会去争别的平等的。如此,解放的过程(Process)不是已走了一大半吗?第三,已受高等教育的妇女知道妇女解放应该怎么样进行才能够成功,知道自己对于一般没有受高等教育和完全没有受教育的女同胞有指导启发的责任,时日久一点,全国的妇女团结起来,对于一切不好的旧制度行总攻击,那时完全解放一定能够成功。这三层好处可以并列。亦可以说第二、第三是第一层好处的结果。所以得受平等教育是妇女解放最要紧的过程,亦就是主张自上而下的第一个目的。

自上而下的办法可以实行,已经说明白了,现在要说哪一种教育是上,从高数下来,上的教育自然要算大学教育。大学教育门类比较完备,若收容女学生,还可以添设与女学生最相宜的科目如美术科之类,所以大学开放与妇女解放有很密切的关系,妇女不要解放则罢,若要解放,总得要开放大学。

有人说,现在女学生的程度不够入大学,就使大学开放,女学生还是不能进去求学。这话我不相信。现在的女学生能够入大学本科的固然不多,可是能够入大学预科的我相信很多。依中国现在的学制,女子学校最高的是师范和中学,照同级的男学生升学的比例,自然只能入大学预科。北京的女子师范初改为高等,亦还没有可以入大学本科的学生。然而不管怎么样,入大学预科亦算是入大学。怎好说就使大学开放,女学生还是不能进去求学呢?

说到大学开放，从现在的情形看起来，社会上一般顽固派正在那里大捣其鬼，大学一定不会自动开放的。所以要求诸妇女的自动。妇女自动的要开放，是开放大学，不是大学开放。换一句话说，妇女处自动的地位，大学处被动的地位。至于怎么开放大学，我是主张妇女自决、不容男子插嘴的人，而且相信现在妇女中间有一班能够解决这个问题的人，所以不愿说些什么。不过有一句话可以说的，就是：

只要你们能够打门，开门的人不会没有的。

(《少年中国》(月刊)第1卷第4期，1919年10月15日)

鲍尔锡维克主义底研究

“鲍尔锡维克主义”(Bolshevism)这个名词现在用得很晦很混,但是亦有三个很适当很明确的用法。这三个用法虽说彼此之间有密切的关系,总得把它们区别出来才是。第一,用以名俄国疆土内一个集群(group)底政策和作为。第二,用以名一种社会哲学。第三,用以名根据这种哲学而起的世界运动。

近年来有许多人问起鲍尔锡维克主义和鲍尔锡维克派到底是怎样的。他们的意思多半是指第一个用法的鲍尔锡维克主义。他们发这样的疑问有许多苦情,因为他们得来底报告很不一致,甲这样报告,乙那样报告,很难说谁说的是真,翻来覆去,实情依旧不知道。实地考察起来,这“不明真相”的过不在于报告分歧,而在于情况如是,不但报告见出冲突,就是事实本身亦常有冲突的地方。烦恼底由来在于关于鲍尔锡维克派有各色各样的说法,又不能说那个说法是不对,差不多所说的都是真的。别的问题或因虚假不能解决,这个问题反因真实增加麻烦。所以然,就是因为真实有许多,仿佛互相冲突的缘故。

吾们可以抽出几个报告,按着次序加以审查。比方有些人说,鲍尔锡维克派全靠德意志帝国政府支持,德政府供给他们钱,借此逼俄退出战争。有些人说,就大体说,鲍尔锡维克主义是种族运动,一久受人家轻薄压制的种族如今得到机会为“复权”的运动,首领大半是犹太人。这班人受野心底激动原不错,然而亦有报复的色彩。有些人说,鲍尔锡维克派是有组织的匪徒,用抢掠劫夺的方法谋他们自己眼前的利益。有些人说,鲍尔锡维克主义是逐渐发达起来的苦心经营成功的经济哲学,目的在于建设一新的社会。末后有人说,列宁(Lenin)是新时代底传道者,鲍尔锡维克主义是一种新信仰新宗教。

上面所举的说法单就某某部分的鲍尔锡维克派或某某地方的鲍尔锡维克主义讲,都是对的。然而不同的说法合起来,没有一个说法能够代表全体。

何以见得这些说法仿佛相冲突而实不相冲突呢?最简单的说明是鲍尔锡维克派有几等几样的鲍尔锡维克派。随便哪一个新的群众运动都能够号召各色各样的分子。你只晓得他们拿同样的旗帜,发同样的喊声,吹同样的法螺,不晓得他们的动因千差万异。又一个人做哪一类的行为,每每有许多动因合在一气。他可以为种族的怨愤所激动,为阶级的忠诚所激动,为金钱的权力的贪欲所激动,甚至于以为世界有“改变旧观”的必要亦可以和别的动因合起来,怂恿人去做。不但如此,一个人还可以在开始运动底时候被这一组动因所支配,运动到末了,完全被别组动因所支配。

鲍尔锡维克派首领受德意志帝国政府的指挥,这个说法已经有了热闹的讨论。现在不必说到用哪一类的文书,就哪些人做的事,可以证明这个说是对的。列宁能够进俄国的确是德底力量。他进俄国后要做什么德政府亦晓得。列宁并不否认他拿到德国底钱。他还说,不管是哪一国的钱,肯助于他,使他能够实行他的主张,都受。列宁如此,还有若干不重要底鲍尔锡维克派首领直接受德底支给,完全为德谋利益,也是不能不信的。此外德人帮助鲍尔锡维克派首领组织鲍尔锡维克军队,率领鲍尔锡维克军队去打,也是真的。

头脑简单的人以为鲍尔锡维克主义底始末尽在于此。现在看起来,这联德底事情已成过去的历史,不管那几个鲍尔锡维克派人怎样亲德,直接受德的支给,现在完全不成问题。说列宁的基本思想是要助帝国主义的德意志达他征服欧洲的目的,可以说毫无意义。那些说鲍尔锡维克问题与德意志帝国主义有重要的联结的人简直是笨伯。说这些话的人似以为联德是可以加到鲍尔锡维克派头上去的最大的罪名,随便哪一个若不附和他们,便是表示他对于鲍尔锡维克派表同情,哪晓得他们以为最大的罪名,实在是最小的罪名。鲍尔锡维克派所鼓吹的主义危险底程度比随便哪一个德军军事底成功都大。若不是如此,鲍尔锡维克问题应该在德败之后就解决了,为什么在德意志瓦解之后反更猖獗呢?

德人自负放列宁到俄国是一件很狡的事,取恩主的态度笑列宁中计,第一声就为德宣传德音。哪晓得列宁转笑德国政府眼光短缩,竟放老虎出柙。要知道列宁的能力和危险底程度一大半的德国政治家都及不上。在德的俄国大使馆居然为革命阴谋底机关,在德印刷运入俄国的申诉书居然译成德文私下窜入故土,驻在占领地的德军居然传染鲍尔锡维克病毒,在俄的德俘居然带病毒回国传到内地的军队里面,愈传愈广,直等到德国瓦解,才发现鲍尔锡维克思想的广播是瓦解的一个很重要的原因。现在的情况怎样呢?现在吗!代替一个普鲁士化的欧洲(Prussinniyed Europe),迎面来了一个俄罗斯化底德国(Russianiyed Germany)!

许多人——俄人尤多——底心里以为鲍尔锡维克主义著犹太人反叛俄人底色彩,犹太人屈服于俄人这般久,现在想脱离俄人底羁绊。这个说法要两面考查。在一方面说,列宁是俄人不用说,就是说其余重要的鲍尔锡维克派首领是犹太人也犯了错误。在他方面说,犹太人在鲍尔锡维克运动里面很出力,超过人数底比例,也是事实。当司麻尼学院(Smolny Institute)为彼得格勒鲍尔锡维克政府底司令部底时候,没有一个到过学院的人不觉得容易起犹太人已抓到权力底感想。这些话说得不小心,容易教人评量犹太人在鲍尔锡维克运动里面所尽的力时评量得太大,不过要得到事实底全景,不能不说到,要晓得俄人对于经过的事情底心理,更不能不说到。

攻击鲍尔锡维克派,说他们是匪徒盗贼谋杀者那些人,亦只见讨论得很热烈,未见用冷静的头脑加以分析。国内一般读新闻纸的人以为俄人谋日常的生活都不安全,便张大其辞,说俄城怎样的无秩序、怎样的骚乱。其实据最近从俄来的报告,那时候底人民有绝对的大多数是有经营事业底自由的。

所谓红畏队(Red Terror)有许多人以为是在街道上胡乱射击的暴徒,其实不然。不过的确是可怕的东西。随便哪一个若有反对鲍尔锡维克统治和鲍尔锡维克原理底嫌疑,很容易被捕入牢。既没有事前的警告,又不许事后的救济,家族和朋友大都不晓得失踪的人底命运怎样,无从探听,无从救援。不经过近于公平审判的手续——军事会议以外没有什么审判机关——嫌疑犯就可以带至牢外枪毙。这些手段在鲍尔锡维克当权者底心里,自然亦以为要维持"法律与秩序"(law and order)——随俗说,其实他们不承认有法律和秩序——总得用一用。反对鲍尔锡维克主义,他们以为是谋叛,所以对于那些犯叛逆的人和有叛逆底嫌疑的人要用比对付战时的奸细更迅速更严厉的手段。不过要晓得这样的杀戮——不问叫做执行死刑或叫做谋杀——不是偶然街斗底结果,死者中有红卫军(Red Guard)受命而逮捕的人。究竟有多少人遭不测的死,这个问题比较不甚重要。不问如此丧命的只有两千人,或有两万人,都足以建设"恐怖御世"的局面。没有哪一个都不问是学校教师、官衙吏员或商人——晓得什么时候死要轮到他,或轻率决定的不同情于鲍尔锡维克统治底罪名要加到他身上。

私人住宅或动产底征发亦往往奉鲍尔锡维克政府底命令而行。不过参入别的事实,情形就复杂起来。什么事实呢?就是不守法、有犯罪本领的人为谋私利加入鲍尔锡维克运动,挂好看的招牌做坏事。结果许多人底财产被这些谋私利图报复靠威权为护符的流氓所剥夺,甚或有生命底危险。

对付从俄来的纷歧的报告,还有一点要注意的是,鲍尔锡维克运动底地方性。一个地方有一个地方底情形,城市里面的情形不必就是乡村里面的情形,这一城这一乡的情形不必就是别城别乡的情形。地图上标明在鲍尔锡维克统治之下的各个市镇所发生的事体不见得都是莫斯科苏尾哀(Soviet)政府——城乡无产者阶级组织参事会再由各城乡底参事会组织而成的政府,或称劳农政府——底命令所预定的。例如有几个乡村依然很安稳很友爱,就是没收地主底土地亦没收的很有节制,很尊重吾人固有的公平观念。在别底乡村里面,情形就不同,农夫掠夺地主底产业,烧毁地主底别墅,使地主和他们的家族受到种种惨酷的待遇。

因为这个原故,所以在各地方亲眼看见同是信得过的报告彼此很相冲突。有几个市镇秩序如常,学校维持现状,且加以奖励,生活不可免的困难极力想法减轻。在别的市镇里面,情形便完全不同,牢门大开,最坏的人得到从来没有的自由行动底机会。结果权力被一般流氓攫得,以谋他们的私利。他们竖起鲍尔锡维克旗帜,并不是因为他们对于列宁的主义有什么特别的信仰,不过是因为鲍尔锡维克旗帜是他们发挥掠夺的本领底最好护符罢了。在一方面说,攻击列宁和伦奈卡思基(Lunacharsky)一类人,说他们是匪徒盗贼,未免太可笑。然而在他方面说,确有许多不法的人集到他们的麾下,在已在他们统治之下的地方利用政府用以压服被谋叛嫌疑的人底畏队(Terror)以劫掠无辜者。

又鲍尔锡维克军队重新占领西境领地底时候,到处抢劫放火杀戮。中世战争底特色都具备。从这一点看来,说所有鲍尔锡维克派人都是匪徒虽属失言,然而说人民中底匪分子由鲍尔锡维克主义找到劫掠抢夺底机会未见得不合。况且如德洛知基(Trotyky)一类的首领对于他们所说的话至少要负道德上的责任,因为他们所说的话不能有别的效果,只教人劫掠抢夺罢了。

关于鲍尔锡维克主义底第四个说法,开首已经说过,是说鲍尔锡维克主义是一个新的宗教的信仰。就是这个说法亦未始没有真实的地方。用"宗教的"(religious)这个词到轻视一切现存的宗教势力底运动身上,好像可怪,并且有点牵强附会。不过要晓得"信仰"(faith)这个词底本身确有宗教的意义,而且有些信从鲍尔锡维克主义者以为鲍尔锡维克主义是一个新的信仰,亦是事实,用不着多辩。所谓信仰,我们的意思以为是超过目前的功名心或政策的东西,以为是在合理论者底经济改革的策略之上的东西,以为是出乎论理的证明底范围之外的东西。自心思简单的信仰者看上去,鲍尔锡维克运动里面有"理想家底梦"这个元素,所以肯不顾个人底幸福,肯对于一知半解的信仰牺牲他们自己,不但牺牲他们自己,有必要的时候,就牺牲一代亦无不可。实在说起来,要不是为此,运动底根据就很难说明。那些不肯注意这一层的人简直是闭上眼睛,不看一件使鲍尔锡维克主义深入人心的东西。受惑的迷信者破坏力比自觉的罪犯更强。鲍尔锡维克首领颇晓得怎样玩弄这个诱因,甚至于德洛知基和葛千龄(Tehieberin)亦说"圣业"(the holy cause)。

现在要讨论第五个说法,就是说鲍尔锡维克主义是一个逐渐发达起来的经济改造底理论,并且是实行这个理论底策略。全题底枢纽就在此。上面所说的是一个人众土广的运动底各面,样样色色,纷歧得很,换句话说,是复杂的。现在所讨论的是容易说明,普遍而无例外的东西,换句话说,是简单的。不但从复杂跳到简单,而且从无关紧要的跳到紧要的。面前横着鲍尔锡维克派底经济改造的策略,吾们自然取大舍小。鲍尔锡维克派怎样算联德,怎样算不联德,他们的行为怎样算是匪徒谋杀者底行为,这些问题都是无关紧要的问题。对于这些问题都要从两方面证个真假,实在不值得。上面说了许多,为解除误会起见,不得不如此,至于鲍尔锡维克主义底真相怎样,依旧没有说到。如果把这些问题解决了之后鲍尔锡维克主义底真相就明出来,那么吾们可以如论列匪徒一般论列鲍尔锡维克派了。鲍尔锡维克主义断不是如此简单的问题。惟如此,所以不管用以攻击鲍尔锡维克派的一切横暴惨虐底罪名怎样的不真——一切战争都免不了横暴惨虐——他们的策略底可怕程度总是大的,对于现社会的危险总是可惊的。

这经济改造底策略不必加以分析。这策略是极端的马克思社会主义——讨论了两代成书几千本的理论,姑且臆断一般有智识的读者都晓得他的大纲——底结晶。他的基本观念是社会底改造底手段是土地不得私有,一切生产的工具(means)不得私有,除国家对于为公而尽的生产劳务给予报酬外,没有所得(income),所以没有地代,没有利润,没有利息——也没有一个私人付给别个私人的赁银。鲍尔锡维克派底策略新奇的地方在于他们不预期随经济的变迁这种改造将来终究要实现,而想用强力把他立刻做成功,不但想做,而且实地去做。

这样说来,我们面对的要算预期好久现在才出现的那个问题了。什么问题呢?就是阶级战争已经起首这个问题。这是鲍尔锡维克主义所演的大活剧。

鲍尔锡维克主义初出现于俄,不出现于别处,没有什么深的意义,不过俄不幸刚遭大战底最先最易启崩解的影响罢了。俄为他们的主义最好的播种地,给他们一个用强力实行最好的机会,这个际遇连这社会革命底军事首领对他都有点惊奇。

把这个新主义——叫做一个旧主义底新化身,或者妥当些——推开一旁,不去研究它,最容易最浅陋的方法是说这是"非美的"(un-American)。这自然是非美的,正如这是非英的,非法的,非德的,非俄的。这是完全"非国的"(un-national)。列宁虽适为俄人,运动虽只在俄有定式,然而鲍尔锡维克主义并不是专为俄计划出来的统治制度,并不是专适于俄的制度——也不是俄人底性格或俄人底习尚底自然产物。许多研究这运动底学者且信俄于这主义底实施为所有大国中最不相宜者,鲍尔锡维克主义若在别的国家得着胜利,愿意首先放弃的恐怕是俄。这种观念反对运动者和赞成运动者都有,并且有人说列宁自己亦有这个观念。

既然承认鲍尔锡维克主义是革命的世界运动底极巅,不是俄国底革命自然的结果,那么追述历史上关系世界的几个重要时代,未始不可为真相全明底帮助。一八一五那一年是国与国相争一个大时代底末年,这时代底历史完全是国家互相侵略争为雄长底历史。结果世界疲于战争,于是继之以平和裁制野心求工业发展的时代,这个时代持续五十年,当时一般人的思想都注意到由新的经济状况而起的社会改造问题。一八四八年马克思与殷格尔公布《社会共产论者宣言》(Communist Manifesto)于世,开端就呼"万国无产者联合起来罢!"(Proletarians of All Countries Unite!)。宣言出后世界大为激动,然而未几又照着原路走,听社会主义发展,当他是学院里讨论的一种哲学。这新出的社会主义底真髓是"一切历史都是阶级斗争底历史",所以"阶级自觉"底观念要活泼泼地出现于群众底脑筋里面,借心里改变底力量把根基打在私有财产制度上的资本生产制度打倒。有产者阶级或忌这样的论调,不过只要提倡的人不出于预言现存的经济构造将来自然要崩解底范围之外,他们也就不肯同人麻烦。

后来一个新的国家主义时代又开始。战争哪,国与国竞敌哪,彼此谋扩张哪,战争之后有战争,相寻不息。这时代最显著的现象是德意志帝国底建立,和我们刚经过的无数国家在内的战争。那时社会主义论者底历史论——就是一切历史都是阶级斗争底历史的理论——见出不实。国家间冲突底觉悟比阶级间冲突底觉悟强。危机临头底时候,有许多社会主义论者见他们自己爱国远胜于非社会主义论者,"爱国底申诉"动他们的心比"忠于阶级底申诉"更强。

社会主义论者底阶级斗争底理论虽不能说明一切历史上的现象,然而亦有不可埋没的价值。一有名的作者修改《社会共产论者宣言》底原句，说一切历史都是国与国争或阶级与阶级争底历史——或争饲养地（国家争拓土）或争饲养料底股份（阶级战争）。这个说法虽也有点趋于极端，免不了拿历史上的事实附会定式，然而人群都为权力而争，群所取的形式里面有两个最重要最坚固的，就是一方面有国家或种族的群，他方面有阶级的群。我们刚经过有史以来最可惊的国家间的斗争，这斗争完了底时候，迎面来了阶级战争。他的范围未必不如那国家间底斗争这么大，至于亦可惊（stupendous）不，未来的历史家一定能下断语。

最显著的事实——不可一刻忘的事实——是阶级战争已经开始，现在不能再看他是学院底或无根据的或未经训练的。说谈论阶级底利益、阶级的团结、阶级的战争是离经叛道，那些大人先生们现在发这样的批评，无异于说征服的战争在这些文明时代是不可能的，那些大人先生们当德军入比利时底时候说那样的话。现在再申言，最显著的事实是在一个大版图内——从前是一个雄大的帝国——政权为自负能代表自觉的无产者底人所夺。这个政府自夸他是阶级的政府，他制定法律，实行法律，他废除财产，最要紧的是他兴养比一九一四年以前大家认为世界最大的还大的陆军，从事于自卫和侵略的战争。

对于上面所说的或有人反对，以为我张大其词，有意煽惑。因为这个缘故，所以我愿意和盘托出，使大家晓得我所指示的是什么。说阶级战争已经开始，我的意思是指某一人群反对根基打在自由企业和私有财产制度上面的现社会底组织，已经对他宣布战争，已经以无产者底名义占领一广大的版图，为拥护他们自己所建设的制度起见，以武力防御外来的攻击，且发大军去征服别的领土。我想这是一件显著的事实，谁都明白。我说阶级战争已经开始，并没有局已定，阶级战争必见于全世界底意思，若有这个意思，那么我所说的简直是重述各国鲍尔锡维克派自夸的话了。美国的鲍尔锡维克派断言美亦已经到那步田地，他们希望在美亦有武力的成功。现在美还没有这种事，我不信美将有阶级战争底发端，我不信劳动者将信从这些打算做首领的人。（译者案，本月二十三日本《京晨报》记载纽约十四日电所传纽约罢工消息，中间有一段说，十三夜路上散布许多激烈传单，此次罢工性质绝非要求增加工资缩短时间者，其内幕中 I. W. W. 党实为主动者，康巴斯（Gompers）——劳动组合联合会会长——势力已全失坠云云。又同日电传，银行家罗蔗氏投书《纽约世界报》说现在所进行之罢工皆为革命的过激主义者有组织之团体的运动之结果云云。又传抱共产主义者发表宣言书，鼓吹劳动者对资本家之革命的抗争，美官并发见以“美国无政府党联合团”名义所散布之檄文，其言曰“劳动者诸君！赶快起来开始战争罢！诸君既有生产能力，何不更进一步，做物资所有者及消费者咧！”云云。从这些消息看来，作者说美不会有阶级战争底发端，说美国劳动者不会信从革命的首领，未免过信。）所以我说已经有了战争，我的意思并不指劳动与资本底战争，或无产者阶级与统治者阶级底战争，我底意思不过指鲍尔锡维克派与相信个人自由企业和私有财产制度是国家不可少的根基的人——农人、劳动者、资本家、头脑简单的市民，只若有同样的信念，都可以归入——之间有战争罢了。

有些人或说我连鲍尔锡维克派底态度都说得太过火。我自信所说的都是鲍尔锡维克派首领挟他们的热情说了又说的，不是不当的披露——不过在某某限界以内对于他们自己的要求加以承认罢了。

这些限界是地理上的限界。鲍尔锡维克主义底传播者在俄已建立威权，已作战。在巴佛利亚，在匈牙利，在别的地方，曾经小试。无论出现于什么地方，鲍尔锡维克运动总是世界的运动。在俄底"老练家"（Veterans）被派遣到别的地方鼓吹阶级战争，或起来之后助成他的功。各国底鲍尔锡维克派彼此承认联盟反抗一共同敌——资本。我们在太平洋这一面，说列宁和德洛知基所做的纯是俄国底事，是容易说的。在德或奥，在斯更迭那维亚或罗马尼亚，就不易这样说。列宁自己会勤勤恳恳说战争不能限于一国，在俄底鲍尔锡维克派开战役不过是一桩偶然的事，若世界其余国家都不被他的主义所征服，发难者决不免于失败。

然而美国现在没有阶级战争，不管美国底鲍尔锡维克派怎样要求他的存在。一二个编辑或煽动者不能宣战，百万武装陆军底首领才能宣战。不过有一件要知道的，就是阶级战争不择地。断言阶级战争各地都已开始，固属迷惑人心，否认阶级战争不择地，也是迷惑人心。美国底鲍尔锡维克派希望有一个时候阶级战争在美果然开始。"美国底鲍尔锡维克派"这个名词须用得精确，近来有许多人拿他乱用，这往往是无学和偏心联合底结果。叫一个不满意的同盟罢工者或急进的编辑做鲍尔锡维克派，这是容易的事，然而未免太蠢。鲍尔锡维克派这名词有很明白的意义，吾们应该依原义用，不可有一点底迁就。《壁街月刊》（*The Wall Street Journal*）底编辑当然不是鲍尔锡维克派、《新共和国》（*The New Republic*）底编辑也不是鲍尔锡维克派，但《解放者》（*The Liberator*）底编辑是鲍尔锡维克派。I. W. W.（The Industrial Workingmen of the World 底缩写）。真正是鲍尔锡维克的组织，宣言他的第一信条是劳动与资本之间不能有调和——意思就是两阶级之间拼个你死我活。遒劲达卜思（Eugene Debs）这个人，全世界底鲍尔锡维克派都看他是一个美国的大英雄。吾们有了他，不必往俄研究鲍尔锡维克主义底道理——往俄的只研究实行的窍道。达卜思和伊思特曼（Max Eastman）好像列宁和德洛知基，有一个很可钦佩的地方。吾们都知道他们所处的地位是怎样，他们为什么奋斗。很可叹服，他们信理非常坚，一点伪信都没有。若有人说他们是感情用事的空想家，志在改良社会不完全的制度，所以他们易博得自由思想的人底同情，首先痛骂的一定是他们自己。所谓"应接室底鲍尔锡维克派"（Parlor Bolshevik），真正的鲍尔锡维克派鄙薄他比王党（Tories）怨恨他还厉害。真正的鲍尔锡维克派不求改革家或别的人底同情，他志不在于不完全的制度底改良，而在于全局底推翻。达卜思临受判决底时候说道，"判官，我反对现在的政治制度是真的"。伊思特曼将受判决，弗沙教授（professor Irving Fisher）为他对国内的经济学家鸣冤，愿他们速起主持公道，不要怕强力，伊氏回答弗沙教授，说他认错题目，他不要"公道"（justice），因为这是信奉现在社会底法律基础者所说的公道，他说道，“公道本身亦在推翻之列”。革命家所需要的不是公道，是权力，革命家说权力，意思就是他要拿权力。

我已经说过，真正的鲍尔锡维克派——不管在俄在美——有可以教吾们敬仰底地方，就是他们的宣言底大胆无隐。他们晓得他们在防御线那一面，他们愿其余的人都晓得他们在那一面。吾们若要晓得鲍尔锡维克主义到底是怎样的，不应调查非鲍尔锡维克派——或者非难鲍尔锡维克派底人，或是对他们表不彻底的同情的人——说的是什么话，吾们应该调查他们自己说自己的话——关于他们的目的和策略底话。有一个聪颖的妇人自承表同情于鲍尔锡维克主义，我同他讨论这ism，听说我是“解放者”底定规的读者，他就表示惊异，我告诉他我所以读“解放者”底缘故是求明白本问题底要点，免了因误会鲍尔锡维克主义底真相而起无谓的同情底危险。那个妇人答道：“哦！对啦！正像我读《泰晤士》(*The Times*)保证我莫失对他的同情！”

奇怪得很，美国有许多受过教育的人一面断言他们不愿鲍尔锡维克主义见于美，一面又说表同情于在俄底鲍尔锡维克主义，真正鲍尔锡维克派若能够引近鲍尔锡维克主义一点，一定不使他远隔。况且若鲍尔锡维克主义底原则到处都实施得成，在实业发达、民主主义昌明的国家如美，一定能够实施得比俄快、成功比俄大。鲍尔锡维克主义实施底效率在有工商业的组织能力如美和武力的训练如德的国家才大，俄殆要居末位。

吾们若信鲍尔锡维克派根据阶级战争底观念而发的理论于逻辑毫无缺陷，那么不是这样就混沌得很的许多事情便可以明白出来。认定这个前提之后，鲍尔锡维克派底行为为什么如此，吾们对于他们应该取什么态度，都容易有个明确的观念。

鲍尔锡维克派推倒民选议会，不肯让国民大会过问他们的统治问题。这足以致信仰民主政治和普通选举的美人底怒。

然而要晓得他们厌恶吾们所谓“德谟克拉西”，不承认普遍选举是解决阶级纠纷底适当方法，是否得大多数人底欢心，他们不问。有许多回护他们的人利用吾人底直觉夸示他们的苏尾哀政府底“民主政体”的特质。这真是胡说，适足以引起他们的主张民治的反对党底怒和疑。实在说起来，在鲍尔锡维克统治之下，没有自由的选举，不许有一张反对鲍尔锡维克政府底票。理由很明白。自鲍尔锡维克派看上去，战争状况已存在，全世界底无产者阶级已出来为握权的运动，若在哪一个国家如俄或在俄的哪一个地方不拥护鲍尔锡维克主义的人占大多数，岂不是要运动不成吗？他们臆断阶级的战争遍于世界，吾们若从这一点出发，这种理论当然是合于逻辑的。这与在战争底时候吾们压制通敌的人一样的合于逻辑。

鲍尔锡维克派剥夺有产者阶级底公民权。他们的理论本来比剥夺公民权更进一步，主张削除有产者阶级所取的方法，或废除财产，或除灭财产底所有者。然而这不是立刻能做到的，在过渡时代，一定有靠劳务底报酬以外而生的人，一定有靠利息或地代或利润(过去的现在的可以不问)而生的人。这些人是新统治底敌人,所以他们的公民权非剥夺不可,犹如战争时候底奸细,非剥夺他的投票权不可。有些人误会,以为鲍尔锡维克派要剥夺公民权的人连用脑力的人亦在内。实在不然,教授、工程师、公司底管理人依旧许受劳务底报酬,不但是寻常的报酬,而且是很高的报酬。投票权亦得享受,只要遵守“非由自己的劳力不得有所入”这信条就是。不过这投票权单指选举相敌的鲍尔锡维克候选人而言,鲍尔锡维克主义自身不受投票权底限制。

鲍尔锡维克派首领对于国王和资本家反有点敬意,正似吾们对于开明的顽固的仇敌表相当的敬意一样。他们仇恨一个大公(Grand Duke)不如仇恨葛伦斯基(Kerensky)底深,仇恨德皇不如仇恨宪特曼(Scheidemann)和哀博(Ebert)底深,仇恨克里孟素(Clemenceau)不如仇恨蒲兰丁(Branting)底深,仇恨专卖者不如仇恨职工组合底首领底深。

他们所持的理由是一切依旧同财产制度、赁银制度妥协的社会主义论者或劳动首领简直是反叛无产者底主张。已宣告战争底时候,叛逆是最不能容忍的犯罪,叛逆者要比敌军底首领受更可惧的待遇。若列宁在美国掌二十四小时底权,他要先罚谁?他不因为劳克饭录(Rockefeller)有钱最多,先罚劳克饭录,亦不因为威尔逊是一国底元首,先罚威尔逊。在鲍尔锡维克派底眼里,康巴斯是他本阶级首要的敌人,列宁若在美掌权,恐怕要先罚康巴斯。(译者案,近日纽约电传康巴斯失势可以证明此说近理。)

鲍尔锡维克派俘囚一美国领事名德兰特威尔(Roger Tuadwell),据说他们回答吾们请释的话,说若吾们释放摩内(Mooney),他们愿释放德兰特威尔。初听好像是慢而无礼,干涉应该由吾们的法庭处理的事情。然而若从阶级战争这一点看去,没有什么不合的地方。他们不承认有国界,有多少国家,就有多少战地。依他们的要求全地球底无产者列阵与财产底势力争。在塔舒根(Tashkent)发生鲍尔锡维克派俘虏一个“现成势力”(Established Order)底代表底事,在加利福尼亚(California)发生“现成势力”底代表幽囚一个鲍尔锡维克派中人底事。吾们视为不合理性的事情——例如如此交换俘虏——在鲍尔锡维克派看上去,是合于逻辑的事情。吾们若承认他们的前提,也要以为是合于逻辑的事情。

鲍尔锡维克派用高压的手段禁制言论自由、出版自由。这是与他们居少数的反对党底时候所发表的抗议手段不相一致底地方,也是一切革命通有的前后矛盾。然而征诸他们的理论,又没有什么不合理的地方。只要吾们承认“对于私有财产制度表示信仰或鼓吹工商业上私人的主动就是发谋叛鲍尔锡维克国家底论调”这个大前提,那么“严制一切赞扬美国式的民主政治的言论”在他们的严格的逻辑中当然有立足底地方。

*　　　　*　　　　*

鲍尔锡维克派公言他们是法律外的人。他们贱视吾们所谓民主政治。他们不要求境况底改善。他们不请求公道(justice)。他们公然对于“法律上正当的手续”(due process of law)表示慢意。他们用这些手段来挑战,吾们对于鲍尔锡维克主义取哪一种态度应该快决定。明白得很,中立态度是不能有的。鲍尔锡维克派曾大声疾呼,不和他们者就是反对他们者。凡凭良心的人须迎受他们的挑战,快决从违。吾们须准备或甘受一切牺牲投入赤血的革命中,或尽力反对赤血革命。世间有许多人不愿自己在保守一方面。他们往往自夸在“向前”运动底前方,他们所最怕的是人家把他们归入“抵抗者”(reactionaries)。这种感想是很可以理会的,有时还起于可贵的同情底情操。然而时机已熟,他们须承认所谓“向前”运动已成为“快底”运动,在前方无异于效忠于凭武力的革命。若不预备走这么远,他们总得安心听人规入保守者或抵抗者。

有些人以为鲍尔锡维克派所争的是“权利”(rights),承认他们的权利就可以了事。这种说法实在是毫无意义。“权利”这个名词有法律上底意义,然而鲍尔锡维克派公言他们在现有法律之外,在现有法律之上。“权利”或“公道”离开法律和社会秩序底观念没有意义,然而法律和社会秩序为他们所弃。所以鲍尔锡维克问题不是“权利”或“公道”底问题,是政策底问题——一个困难的问题,此处不能讨论。“说现在主要的事情是承认在俄底鲍尔锡维克派维持他们所组的政府”没有什么“权利”底根据,说“吾们须承认俄人有决定他们的政府应该取什么形式底权利”这个论据这个地方用不着。

所以然,不是单因为现在的政府是恐怖政治的政府,“恐怖政治的权利”这短语是自相矛盾毫无意义的短语,根本的理由还是在鲍尔锡维克主义是世界的运动——就它的本质说——这一点。鲍尔锡维克主义是对着一切政府下的总攻击。鲍尔锡维克派不但反对尼可拉斯或克伦斯基底政府,他们对一切国家底法律制度宣战。他们志在推翻这些法律制度,使不存在于随便哪一国。干底方法,有时用互相照应的方法,有时用广设机关的方法,有时诉诸武力。要不要用武力、用武力到什么程度,这都是随机应变的问题,不是谁的“权利”问题。(下略)

防过激党!防过激党!政府天天说防,小百姓不晓得什么叫做过激党,脑子里装满“惊疑”两个字。莫说“惊疑”不要紧,“惊疑”真会酿出“过激”,教政府防不了呢!我久想做一篇《过激党是怎样的?》底文章,可是向来没有研究,不好下手。于是查阅新从欧美来的杂志,如有这一类的文章,翻一篇出来,教大家看看,或可以于“解除惊疑”收一点儿的功。翻阅十多种杂志,涉及过激党的文章只有两三篇,又大都同吾们的政府一样,只说要防。不说为什么要防。只有美国 Henry C. Emery 做的 Under Which King, Bezonian? 一篇文章对于“过激党是怎样的”还说一点出来,他所指的误会,吾们中国“耳食”的人难免也有,所以我把他译出来。俄国革命底时候,Henry C. Emery 正居留在俄,做 Guaranty Trust Company of New York 底财政顾问,后为德军所拘,有很好的机会和很好的训练研究鲍尔锡维克主义,所以他所说的比较的可信。不过他自己曾说“吾们若要晓得鲍尔锡维克主义到底是怎样的,不应调查非鲍尔锡维克派说的是什么,应调查他们自己说自己的话——关于他们的目的和策略底话。”要十分明了鲍尔锡维克主义的人还得要看提倡这主义的人做的书。

一九一九,十二,十五

(此为周炳琳译文,《国民》杂志(月刊)第2卷第1号,1919年12月)

“五四”以后的北京学生

北京学生对于旧社会旧制度旧势力的怀疑不自“五四”起，但是“五四”是北京学生思想变迁的大关键。“五四”以前不要说那班读死书不思索的学生绝不想到已成的势力要学生去推翻，就是号称自觉的学生也只晓得“厌故喜新”，至于“除旧布新”，他们绝不想是当学生的时候能够做的。我还记得五月四日的前一天晚上北京大学学生议决争外交的办法和五月四日上午各校学生代表联合议决的办法都不出游行这个举动，游行的目的是（一）唤醒市民，（二）使外交团注意中国民气，各电本国政府主持公道，（三）行经曹汝霖住宅时骂曹——当时并没有打曹的意思——使亲日派稍稍敛迹。那天下午各校学生齐集于天安门后，便整队向使馆界进，意欲穿行东交民巷以达第二项目的，行至美使馆附近被使馆界的警察阻住了，办半点多钟的交涉仍旧不许过，当时就有办交涉的代表——优秀分子——主张向后退，出前门游行大街，以免麻烦。因为大家坚持骂曹的成议，才整队向赵家楼——曹汝霖住宅所在——出发。那时大家的心里还是过曹汝霖的门时痛骂他一顿，直到了骂得怒气勃发的时候才破门入宅拖打章宗祥。依此看来，五月四日那种热烈的举动完全是感情的冲动，说不上真正有“除旧布新”的觉悟。这觉悟发生于什么时候呢？它紧接“五四”运动而发生，所以我说“五四”是北京学生思想变迁的大关键。

“除旧布新”的觉悟紧接“五四”运动而发生，它的理由很易明白。“五四”运动虽是感情的冲动，然而事后觅根据，觉得这种举动很合于理性。理性的根据一到手，勇气陡然增涨，不但消极方面任你政府用怎样的高压的手段屈服我不了，而且积极方面谋旧的改造与新的创造。“抵抗强权”和“开辟新机”就是“五四”以后北京学生的生活。本篇要说的是从“五四”到现在短期间内这生活的历史。

这短期间的历史拿活动的趋向做标准可以分作三个时期，（一）抵抗与救护的时期，（二）宣传的时期，（三）布新的时期。现在依着次序记述。

（甲）抵抗与救护的时期

从“五四”到六月底是抵抗与救护的时期。“五四”运动被捕者三十二人，政府施高压的手段无所不至。各校学生晓得不拼死争，不但被捕的救不出来，连教育基础都要动摇，于是团结一致为种种示威的运动，一种激昂慷慨奋不顾身的气概，引起国人援助的心，政府亦晓得众怒难犯，暗中虽大施其伎俩，面子上不得不表示让步。闹得最热烈，素来只晓得读书不问别事的学生出来干事，素来在醉梦中的学生蓦然醒悟，是在这个时期。这个时期内经历的事实大要如下。

营救被捕的 以学生打声势赫赫的官僚是中国少有的事，况且打的，幸而没有挨打的，是有金刚的称号，政府倚他们借债，日本倚他们通奸的曹、章、陆，当道的豺狼怎肯放松，若未被捕的同学不拼死力争，那被捕的必有生命的危险。所以那时的北京学生饭可以不吃，睡眠可以不足，被捕的不可不营救，而且营救得愈快愈好。被捕的当天晚上各校学生就立誓同死生，第二天就成立各校联合会，素来没有组织的北京学生当这个时候有小的组织，有大的组织，一呼百应，恐怕辛亥那年南京临时政府的组织还没有这样好。拼命搭救！拼命搭救！这种呼声一天高似一天，直等到五月七日被捕的释放回校，才改搭救的声为慰劳的声。

拥护教育基础 被捕的三十二人释出的第二天，北京大学蔡校长被迫出京，各专门学校校长宣言与蔡校长取一致的行动。那时北京立陷于无教育状态，不久教育总长傅增湘亦弃职而走，北京学生本想专力争外交，忽又有此波折，乃不得不急转直下，先去拥护教育基础。我记得有一次同几个同学谈话，说到外交这样吃紧的时候忽又有教育基础动摇的事发生，至于欷歔泣下，那时北京学生的痛苦就可想而知了。亦全靠奋斗的精神、拥护的热忱才把安福部破坏教育的阴谋和田应璜的教育总长梦打破。奋斗之花！奋斗之花！奋斗的结果，被捕的竟救出来，教育基础竟维护住，北京学生从此成为曾经训练的战士，胆大气豪，不怕死，谋进步的了。

“六三”运动 “五四”运动的背景是积极争外交，因为营救被捕的、拥护教育基础是当务之急，就暂时把“争外交”搁下来。好像走一条路，路上有障碍物，须得把障碍物搬开才可以走，只好暂时不走，把障碍物搬开。不过搬开障碍物为的是要直行无阻，搬开之后就应前进。北京学生营救被捕的、拥护教育基础为的是“争外交”的便利，被捕的救出来，教育基础拥护住之后就应急起直追的“争外交”，所以“六三”的前几天，北京学生对于要求政府外交公开罢免曹、章、陆，挟他们的勇气着急进行，一面对政府取干涉的态度，一面对国民取提醒的态度，游行讲演团、贩卖国货队布满街市。不料冥顽不灵的政府竟敢违反众意，妄加干涉。北京学生间接的障碍刚去，直接的禁止横加，于是又偏向“抵抗”，于是有“六三”运动。是役被拘去幽于北京大学法科者千余人，蛮横的军警肆他们的淫威；不给粮食，枪伤刀击，无所不至。消息传到各地后，人心激昂，于是有上海天津等处的罢市罢工。东罢西罢才做到曹、章、陆辞职照准，北京学生只做到“抵抗”，曹、章、陆去职全靠各地工商各界的力，然而也因为北京学生能奋斗，各地人民才肯出来援救。奋斗！奋斗！奋斗之光照耀全国。本期北京学生的活动大概如此，还有“五七”日刊的隐现和女学生的觉悟留待篇末说。

（乙）宣传的时期

宣传两个字在这个地方怎样讲呢？这个地方所谓宣传意思就是把“五四”以

来我所觉悟的、所经历的传达于各地的学生，希望他们向同一方向活动，并助他们活动。从七月一日到九月十日——暑假期间——是北京学生回到乡土宣传学生活动的方法的时期。暑假散学以前，北京学生相约除留京办事者外，归到本省本县宣传学生活动的方法，并助各该省各该县学生活动。这种办法暑假期内回去的学生大都实行，收效很大。现在各省各县都有学生组织的讲演团检查日货团，得北京和各大埠暑假回籍学生的提倡帮助的力确是不少。各地学生联合会的成立亦很得北京学生暑假以前派出的代表鼓吹的力。全国学生联合会由北京学生提倡，成立后北京学生在内尽力者更是不少。

在这个时期内发生一件北京学生的羞亦是北京学生的荣的事，就是北京大学暑假留京的学生有少数败类被安福俱乐部收买做欢迎胡仁源、拒绝蔡元培的勾当，被同学侦觉，受了一番痛惩。这件事要求蔡元培回大学不但是北京大学学生的公意，而且是北京学生的公意，不但是北京学生的公意，而且是国人的公意。北京学生苦心孤诣把教育基础维护住，正幸有以对国人，忽有少数败类与教育界公敌安福俱乐部联络，阴谋破坏大学，借此动摇教育基础，自是可羞之事。侦觉以后，北京大学学生毅然决然惩罚内奸，宣布他们的罪状，以谢京中各校学生，以谢国人，涉讼之后，甘入牢狱，抱定"出了研究室便入监狱，出了监狱便入研究室"的宗旨，奋斗和牺牲的精神何等丰富！有了这可羞的事才现出这可钦的精神，所以我说是北京学生的羞亦是北京学生的荣。那些回原籍的北京学生得到这消息，更是怒喜交集，一面颂赞在京的大学生的勇敢，一面口笔宣布安福俱乐部的罪状。

（丙）布新的时期

这个时期从九月北京各校开学起，到现在不过两个多月，这样短的时期那里说得上布新，但是我用"布新"两个字是因为北京学生近来很有这样的趋向，不久一定在"布新"两个字上用实地的功夫。我的观察对不对此后北京学生的活动自能证明。

从前我们对于旧制度只晓得致不满意的词，现在便不然，于不满意外并想到用什么替代他，怎么改良，解放从哪里入手，改造用什么方法。具体的办法是什么？具体的办法是什么？天天听到这种声音，我就断定有布新的趋势。

我说的布新也有见诸事实的。高等师范学生近实行学生自治，把校舍划分做几个自治区，区内一切设备管理卫生等等事项悉由学生自己规划自己执行。北大学生会亦不久将实行参与校务。如这一类的事，不但不满意于旧制度或现制度，且进而谋改革旧制度，或竟推翻旧制度代以新制度。

以上说"五四"以后北京男学生的活动。女学生的活动得略述如下。

（甲）与男学生一致"争外交"

北京男女学生素来不相问，所以"五四"运动男学生事前不通知女学生，女学生遂未加入。但是一闻到男学生被捕，风潮险要，便派代表向男学生表示援助的诚意。从此以后，男学生有所举动，女学生一一赞助，男学生露天演讲，女学生家庭讲演，经费亦量力捐助，不过没有加入北京学生联合会罢了。之所以不加入的原因，大概是旧的男女观念还没有破除。

（乙）女子师范学生赴新华门请愿释放男学生

“六三”运动军警拘禁男学生于北京大学法科讲舍，女子师范学生义愤填膺，欲赴总统府请愿释放，为校长方远所阻，前后门封锁，不得出，乃拼力破后门而出，直往新华门以遂他们的请愿举动。女学生的奋斗精神很可以从这件事看出来。

（丙）女子师范学生要求更换腐旧的校长

女子师范校长方远脑筋腐旧，平日不准学生看报，新思潮的出版物轮不到女学生看更是不用说的了。去年该校开学生成绩展览会，我抽个空儿去观览，壁上悬的是字画，桌上摆的是手制品，间有几本课卷，关于作文修身历史等科的卷翻开一看，无非是今人说古话，哪个是贤母，哪个是良妻，陈述死人该做我们什么好榜样。文笔好的很不少，只可惜思想太旧，是谁的过？听说方远对于学生来往的信检查得非常之严，简直不当学生是人。“五四”运动发生之后，他虽也同各校的教职员维持教育基础，然而对于本校学生用种种方法禁止他们的爱国运动，上节说的封锁学校的前后门使学生不得往新华门请愿不过是一端。自从学生不服破门而出那件事发生后，他就通知学生在北京的家属押学生回家。你道他的手段辣不辣？更有一件可笑的事，就是他有一次请美国杜威博士的夫人到校演说，他央人同杜威博士的夫人说，关于学生自动的话请不要说，杜夫人回答他，不能因为他一句话把伊平日的主张牺牲了。“五四”以后，女子师范学生的思想天天改变，知道这样的校长要不了，便大张旗鼓要方远走，方远就不得不走。方远走了之后，教育部派一位姓毛的做校长，听说与方远相伯仲，恐怕女子师范学生又要干一下。

（丁）女子师范学生邓春兰要求大学开女禁

男女教育不平等，求别的平等是不可能的事，所以有觉悟的男子应该提倡男女教育平等，有觉悟的女子应该运动与男子受同等的教育。今年暑假承“五四”之后，正苦沉闷，忽然霹雳一声，有甘肃女士邓春兰绕道蒙古历尽艰辛来北京，要求大学开女禁。她在报上发表她给大学蔡校长请求开大学女禁的信，很引起北京教育界中人的注意。近来关于大学开放问题也很有人讨论。大学开放迟早必见诸事实，只可怪邓女士的信发表后，没有第二个女士发表同样的文字，难道不敢主张吗？我以为大学应该开放已经不成问题，成问题的是怎样准备入大学。现在邓春兰女士已入女子师范，她既为大学开女禁问题远道而来京，想来一定约集同志研究这个问题。不过我以为关于怎样增高女学生的程度——外国文程度增高尤其要紧——

男子也应该讨论,讨论出的办法男子可以帮助实行的也应该尽力帮助。(我在《少年中国》(月刊)第四期妇女号里面发表一篇“开放大学生与妇女解放”的文字,主张大学对女子开放,至于妇女怎样准备入大学没有说到,现在说男子要帮女子忙增高她们的程度使她们可以入大学,与我从前的主张也不发生冲突。我以为现在女子能够入大学预科的一定不少,若把外国文程度提高一点,女子入大学尽可以说毫无阻碍。)

一九一九、十一、二八

(《少年世界》(月刊)第1卷第1期,1920年1月1日)

一九一九年秋季开学后的北京学生界

一、请愿与北京学生

一九一九年秋季开学前后，北京发生请愿事两次，读者当还记得。这两次请愿，各地各界都有代表参加，所请愿的，是德约不得补签，撤换山东师长马良和集会言论自由等。北京学生以地主资格，招待各处来京代表，并效奔走输馈之劳，这是应该的。第一次请愿的时候，散在各处的北京学生只有小部分已经回京，为壮声援起见，也就加入各地代表请愿。第二次请愿在开学以后，酝酿的时间颇久，论理北京学生应全体参加，何以反取旁观的态度，其中自有道理，等记者略述一番。请愿的性质怎么样？请愿是国民公意最坚决的表示。若所请愿的不为政府所纳，就该直接行动。这样才有强制力，所以请愿之前，要有若不见纳，便直接行动的决心。请愿应向哪种机关行使？不消说，应向立法机关请愿。中华民国的立法机关是旧国会，现在搁浅着，向新国会请愿吗，哪里配！其实这由新国会产生的北京政府，也不犯着同他说话，不过因为事实上他已掌权，但求于国有利，也顾不了合法不合法。可也要料量料量里面是什么人，吾们对他请愿，他能容纳不。那两回来京请愿的各地代表都不注意这两层，北京学生看出不妥，也曾暗示各地来京的代表，无奈他们不听，又想着自己等听见未必尽是，也就加入，壮壮声换(唤)，岂知北京政府连面子都不敷衍——其实要面子干什么！共和国的大总统接见国民，算得什么？就令接见，肚子里怀着鬼胎，面子上说得很好，有什么用？——新华门外鹄立着想仰瞻大总统风采的人，挨饿不够还要挨打。北京学生见的不妥，果然不安。哪知道各地代表回去之后，各地团体依旧坚持请愿，以为一而再，再而三，哪怕不遂愿。不想一想直接行动是第二步，也不打量自己有直接行动的决心没有，只一味要请愿。北京学生在第二次请愿酝酿的时期中，也劝告过各地已经来京的代表，终究无效，没法子，让他们请愿。自己等不再加入。那时候，北京学生着实遭了些毁骂，直到了被拘留的请愿代表出狱，才稍稍见白于国人。

写到这里，我有所感，与《少年世界》的青年说说。吾们所托命的教育，近来常被恶魔蹂躏。如湖南，如湖北，如安徽，如江西，如福建，最近还有北京；不是克扣教育费，就是解散学校。吾们要恢复教育根基，稳固教育根基，并从此发扬光大，须得继续奋斗，不怕牺牲。他们所挟的是弹和刃。吾们有饮弹冒刃的决心，哪怕他们不向吾们合十！不去饮弹冒刃，专在派代表，请求政府撤换这个撤换那个上面做工夫，如近来湖南各校青年的做法，是不中用的。要知道在中央的和在各省的是一样的。要贼伙惩贼，贼伙哪肯干，一不提防，便遭暗算。请愿的青年呀！叩阍的青年呀！请一回愿，呕一回气，叩一回阍，伤一回心，既肯如此不惮烦，何不同那些恶魔拼个死活？况且在这昏天黑地里面，没有霹雳一声，谁管吾们叫苦？《少年世界》的青年呀！奋斗！牺牲！实地做去！别当作口头禅！

二、双十节与“神圣面包”

双十节是国庆日，庆什么？庆武昌起义，推翻专制，建立共和。共和取其名，还是取其实？自武昌起义至民国八年十月十日，历了八周年，有共和的实在吗？何尝有！不过有这样一块招牌罢了！——也曾摘下两次！谁得大家呐喊，重新挂上。只这(这只)空名儿，已是可怜虫，听说又要闹复辟，《少年世界》的青年防备着！——有名无实，哪里使得，须要求其着实。从哪里入手呢！从“分担工作分取所获”入手。“分担工作”是大家分头生产，有多少力尽多少力的意思。“分取所获”是大家各自消费，要多少取多少的意思。这“分担工作”和“分取所获”是互相关联的。必定先分担工作，然后能够分取所获，犹如先有工作，有生产，然后有所获得消费。反过来说，就是因为要大家都有。所以要大家都作工，大家工作，大家消费，这是何种境地，还不是共和吗？必入了这个境地，然后“平等”、“自由”、“博爱”有所附托，什么阶级都没有，哪里还有军阀官僚？所以“劳工”竟是解决一切问题的锁钥，怎能叫人不加上“神圣”两个字！北京学生在双十节那一天，全体出发，一面讲演，一面分散面包，面包的上面盖着“劳工神圣”四字的红印，数有十余万个，弄得全城热闹异常，一般苦力尤其眉飞色舞。吾们为什么要在双十节分散面包？就是想用“劳工神圣”这四个字引北京市民明白共和的意义——叫他们明白什么叫作共和，共和国的国民应该怎样。面包是工作出来的，不工作，哪里有面包？没有面包，怎样活得了？这是“劳工神圣”一个好例，所以就把“劳工神圣”这四个字印在面包上。并且同一般市民说，这是“神圣面包”。取这个名的用意，是要把“由劳工得来的面包是神圣的”和“我的神圣面包不容不劳的人掠夺去”这两层意思传给市民。这两层意思拿一句成语来表，便是“己欲立而立人”。不劳有食，必不免劳反无食或缺食。若劳的果，劳者不许不劳者享有，——老者少者不能劳，自当别论——那么游闲的人(Leisure Class)不能存在。游闲的人既不能存在，阶级自然消灭。这才是真共和！

三、北大林德扬自杀

自杀与国民性有关，国民性强烈的国家，自杀的人多，国民性怯弱的国家，自杀的人少。自杀的人性情类皆强烈，不堪环境压迫时，宁自了此生，不肯见役于环境。他们的意行远出流俗一般人之上，所以自杀虽不可奖励，然也不容非难。人类想减少自杀，只宜在改良环境上面做工夫，什么法律呀，道德呀，都是无用长物，不但制止不了自杀，反是增加苦闷，促成自杀。论中国现在的社会，凡性情强烈的人都有自杀的机会，这是最可怕的景象。恰好林德扬君自杀，以他一人的自杀，止住无数青年的自杀。记者景仰林君，特把林君为什么自杀和他的自杀的影响介绍给读者。林君四川人，年二十七，系北京大学法律学系三年级学生。“五四”运动起，虽呕血，力疾从公，暑假期间，与同志创办北京第一国货店，中经许多波折，全赖林君毅力坚持，终究办成，然劳瘁太甚，病增剧，血几乎呕尽。林君见国货店已成立，营业很发达，颇自慰。然转念自己负七尺躯，所做事业止于此，又自愧，遂决意自杀。以为留此病躯，无补于社会，反累及社会，不如自杀，遂于十一月十六日晨起驱车至万牲园，赤身投溪而死。这样看来，林君责任心重，所以自杀。不但愧死一般行尸走肉，并令想自杀者自己振起，以为林君求无累于社会，所以自杀，吾们无病，无所为累，然宜以林君为法，替社会谋幸福，不可辜负一生。以林君的刚劲自分已矣的青年的气，这是林君自杀的影响。

（《少年世界》第 1 卷第 2 期，1920 年 2 月）

合众国国立研究会

自从威尔逊总统在一九一八年五月十一日发布了一道命令,两年前成立的暂时组织就取得永久性,成为合众国国立研究会(The National Research Council of the United States)。这个组织的历史教我们知道在国家危急的时候,当政的人深晓得有得科学的团体或个人的协力的必要,这些科学的团体或个人若在平时,很少得人的重视或扶助。

当国内战争的时候,林肯促起和英国的王家学社(The Royal Society)相应的国立科学院(The National Academy of Science)的组织,借此收罗一班足以代表科学的人,给国家用。他们的义务是应某政务部的请求,研究任何于国家为重要的问题。一切费用由国家支给,但是学院不受什么报酬。在战争过去后五十三年的平和中,国立学院继续走他的为最高级的通常科学社的路,时时应政府的要求,给以报告。

一九一六年四月 Sussex 遭打击之后,国立学院献议于总统说:应组织研究的机关以备合众国参战后的厚力,愿任组织之劳。这个建议为总统所采取,国立研究会因此组织起来。在那年七月,这个国立科学院组织的研究机关的成绩已很可观,足以唤起威尔逊总统的感谢。

在接续上来的十八个月中间,国立研究会完全组成,这个时期,于指导关于战争的继续和关于国家的福利之研究和调查效极大的劳于国家。他的活动不只限于研究,一很重要的部分被普通的关系占了去。从国外搜集报告来,分配给那些需要者。大问题如改造、教育和国际关系都从科学的产业的方面去解决。

这个会的艺术的分部如下:军事;土木;物理;数学;天文和地文;化学和化学工业;地质学和地理学;医学和与医学相关的科学;农业;植物学;林业;动物学和渔业。在这些部类之下,一大批的会员协力探究各种特殊的题目。

从此看来,这个很完备的组织使国立研究会能够实地收罗个个有用的人在它的指挥之下,这些人的研究能力,就是国家的一种资产。

这个会实行托付的计划如此其有成绩,致令总统在一九一八年五月十一日要求国立学院将国立研究会改为永久的机关,使它不但对于战时各种问题有所建白,就是对于平时各种大问题亦可以效力。

总统于其中撮举国立研究会的义务的六段文字是研究和研究者对于国家的效用的关系之最明晰的说明,但是这六段文字把什么是国家对于奖励研究应负的责任也指出来。着重在同力合作,但是指明所谓协力须是不害个人的创始那一种格式的协力。

总统的命令当中特别可以注意的是政府中的科学的艺术的各局所,不问是武的是文的,应和国立研究会合力操作。但是推荐政府的局所里面哪些人到会是由国立科学院的院长酌定之。指定了的人由合众国的总统任命,正式就国立研究会中的职,照这样办,政府的代表都是科学的造诣为国立科学院的院长所证明的人。

由此看来,合众国国家的研究的指导已移给一班人,他们在战时所表白的研究的成绩教人知道他们的能力并足以应付与平和和改造同时起的诸大问题。这是一个好计策,因为他引起政府和研究者的最接近的协力,而又不害研究者的创始,关于研究各种问题的方法让专门家去决定。

国立研究会调查研究所需的费用由好几种资金支给,这些资金的总数在一九一九年会计年度达五四〇九六镑。这些资金出于劳克饭录的基金(Rockefeller Foundation)、卡内齐的积款(Carnegie Institution)和总统的资金(The President's Fund)。

自从会成立以来,有两个重要的发展。第一是由劳克饭录的基金内拨出一〇〇〇〇〇镑,由该会管理,以充合众国教育机关中物理、化学的研究五年内的费用。这个计划的要点是吸引会员。这件事为多数能力充厚的研究家开一条科学的途路以应诸大学诸产业之急迫的需要。预期来年当有十五至二十个会员可以听用。(译者案,此篇写于去年五月,那么这里所谓来年就是今年)

第二个发展就是使该会和合众国的一切科学的艺术的会社立于极接近的关系。经该会的一个最近的决议,一个分部的大多数会员须是各主要的科学社选出的代表。例如在化学和化学工业这一部里面,九个委员是化学会(The Chemical Societies)选的,各电气化学会陶器学会(The Electrochemical and Ceramic Societies)各选出一人,化学工师会选出一人。只有六个会员是该会自己选的。

看他把国家的研究的指导放在能力充厚的科学家手里,看他给有创作力的青年以发展他们的本领的大机会,看他教国家的元首和他的僚属深信创造的研究在任何增加国家的效用之计划中有绝对的必要,这个计划为合众国开一个科学的生产的纪元,他的丰厚直要远过于我们在战前所习见的重要出产,那是没有疑问的。

译自英国《Nature》周刊

(《少年世界》第1卷第4期,1920年4月1日)

社会主义在中国应该怎么样运动

近来一般承认——明认或默认——社会主义是改造“非人”的生活确立“人”的生活的人，本着“知则行”底精神想实行社会主义运动时，常发问：社会主义在中国应该怎么样运动？

这个问含着无余的希望，凡研究社会主义的人，都应该切实解答。我以为要解答这个问题，先要看看中国现在社会的经济的状况是怎么样，然后拿它和美欧各国社会主义运动发端时底社会的、经济的状况比较，再参酌异同以定结论。这也是“借鉴”底一端。原来，社会主义运动有两大派，一是西欧派——德、法，一是俄国派。我尝细加考虑，觉得中俄两国底社会的，经济的情形很相类，俄国底社会主义运动，吾们可以“借鉴”的地方很多。中国近年来发生的事实，也有许多与俄国社会当初发生的事实“不期而合”的。所以我先把俄国社会主义运动底历史略述一番。

近世社会主义运动在德、在法和在其他欧洲的国家，大体是经济的运动。在俄却不是如此，社会主义运动在俄，一向就是着重于政治、伦理的运动。德、法等国底社会主义运动，主要的拥护人，是工业上的劳动阶级；俄国底社会主义运动，代表者大都是境遇良好的知识阶级底男女。这是运动底性质不同之点。为什么不同？答案是：在社会主义诞生于俄底时候，俄和其他欧洲的国家，彼此底社会的经济的状况绝不相同。当近世工业的局面十分开展，代议制度确立于欧洲其他重要的国家底时候，俄纯粹是一个农业的国家，大部分底人民，是刚从农奴解放出来的农夫，没有值得称呼的制造阶级或工业的无产阶级，他的政治差不多是亚洲式的独裁政治。俄底社会主义不是经济的发展收的果，不是一种资本家和劳动者间的阶级斗争：一部分是反抗俄皇独裁政治底表示，一部分是社会主义论者底经济理论，经过适合于俄国底特殊的经济状况的修饰的反映。

俄国社会主义的思想与农奴解放运动同时并起。那个时候，社会主义有名的代表，是一班有声望的公法家和批评家，其中有资产颇富、出奔外国底贵族，名 Alexander Herzen，出版一种杂志，Kolokol（钟），竭力鼓吹俄脱离伦敦羁轭，有势力雄厚的杂志 Sovremennik（并世）底编辑人，名 Nicholas Chernyshevsky。他在壮年底时候，被放逐到西比利亚，回时年已老，身心都受亏损，不能再有所作为。

俄国社会主义运动底第二期，是“否认一切”底时期，所谓 Nihilism（虚无主义）就是指此。这个字是有名的小说家 Ivan Turgenev 造出来的，从一八六〇年到一八七〇年,俄国有一种很发达,很有势力的新思潮,他的特色,是极端的唯物主义和否认一切现成的信仰,这个字就是用以讥刺这新思潮的。

Nihilism 是思想的运动,不是政治的或社会的运动,可是他的效果,由两方面助长社会主义;他造成一种对于俄底旧有事物怀疑的否认的态度,他增进男女青年求知的欲望,这些青年,因为在国内不能满足他们的欲望,大批跑到西欧,进大学,尤以进瑞士诸大学的为多。这年少、求知心很切的俄国学生,大为西欧警觉的社会主义运动所摄引,并且受他们的亡命海外的国人底影响,如 Michael Bakunin, Alexander Herzen 和那时科学的社会主义底最有声望的俄国代表 Peter Lavroff,都是他们所倾倒的。这些俄国学生对于社会主义表示同情,如此其显,弄得俄国政府起了恐慌,于一八七三年,下一道令,要他们全数回国,不听便放逐。这道命令底功效,对于政府,不算满足:学生大批回来,原不错,可是回来竟为社会主义有力的宣传者。

在这个时期,俄国社会主义运动极其和平。少年宣传团所尽底力,大体教育的;他们的主要的努力,是把占人民底大部分农人底知识增高起来。他们散布于乡村,与农夫同住,模仿农夫底习惯语言,连服饰都竭力模仿,宣传社会主义底工和普通教育底工合做,换句话来说,就是一面教授普通知识,一面宣传社会主义。但是他们的活动,惹起政府底虐害;"政治犯"底罪名马上加到他们头上,驱逐的驱逐,杀的杀,囚的囚,放到西比利亚去流放,往往连审问底手续都不经过便定罪。不出五年少年团底活动完全受制:社会主义底宣传者,人数减少,残恶的虐害又相寻不息,于是舍弃和平的宣传方法。那时,适有一桩仿佛偶然的事业发生,此后俄国社会主义运动底态度,就被这件事决定。

一八七八年有一个少妇名 Vera Sassulich,为 St. Petersburg 陆军司令官 General Trepoff 虐杀一个政治的囚犯,心抱不平,枪射他。Vera Sassulich 因此获罪,被捕就讯,然因人民中底优秀部分都誉她,问官不敢徇私,遂宣告无罪。俄国社会主义运动者——见于 Sassulieh 底成功,又因和平的活动方法全被剥夺,警吏底残忍一天凶似一天,遂转而援用强力和权谋。

一个骤然的,急激的改变,发见于俄国革命运动。旧式和平的宣传家梦想家不见了,代他而起的,乃是阴郁的、坚决的敢死家。从此俄国社会主义运动者与独裁政治和独裁政治所托命之人 Czar——死战。这个战争持续底年数虽不多,可是要算历史上最可惊异的事。以少数理想家,人民当中又益有那一阶级对于他们有实力的帮助,受抗拥有强有力的警察,庞大的陆军,无限的富藏底俄国当权者势非对手;可是战仍很凶,凶猛底程度两面相敌:政某底"白畏队"被革命党底"红畏队"控制住,好像天平,两端完全的等。俄国社会主义运动者——有男的有女的——在那个时候显出来的热情、勇敢、聪明,没有人可以同他们比。这几年社会主义运动底年鉴,是国际的社会主义史中最可惊奇的,他们的特色,是许多政治的暗杀和天才最高的俄国社会主义底首领底囚他杀。这个运动,到了俄皇亚历山大第二遭暗杀算是达到最高点,这虽是第一期革命的恐怖底胜利,不是他的终局。俄国革命党以为杀了 Czar,全国革命就要起来,哪晓得竟不然,信号拿出去,没有响应的,他们的失望可想而知了。这也不足怪,俄国人民在那个时候,不预备革命,对于兴起的社会主义运动者,没有多大的同情,他们的抱负怎么样,也不甚了解。

革命党当时有一个战斗机关,名"国民底志愿"(The Will of the People),是愿备死战的,亚历山大第二遭暗杀后没有几年,就不存在了。

在这个时候,俄国工业发达的很怪,近世工业的状况都完备,一种新的社会势力跟着发达起来了,这就是工厂里面做工者起成的阶级。

于是德国制社会主义运动变了式样,从前西欧式的运动不适合于俄,到了这个时候,俄已开出土来,让他下种子,不多时就有了很丰富的收获。在革命的恐怖期间已有 George Plekhanoff,Paul Alexander 和 Vera Sassulich 为首领的社会主义运动者底小团体对着新兴的工业劳动阶级,为俄国社会主义底将来,抱无穷的希望,他们的宣传跟着那个阶级发展。在前世纪底九十年代那几年,俄国官场中人非常惊异非常害怕,为什么呢?就是因为他们发现所有的工业中心里面,都有组织得很好,很急进的劳动运动,任你政府用什么高压的手段,屈降他不了,任你政府想什么阴谋,破坏他不了。这个有组织的劳动运动给政治的社会主义运动以新的动力。社会民主党本是俄国政治的亡命者在瑞士组织的,到了这个时候,立刻有许多支部设立于俄底各地方,更有犹太波兰亚米尼亚等处社会民主党底组织为他的声援。当现世纪之初社会民主党虽是秘密的结合,党员当不免于政府底迫害,然而势力一天扩张一天,到了一九〇五年之末,一九〇六年之初,俄国革命爆发,骚动大起底时候,指导运动者就是这一党。俄国社会主义运动复活之后,无限制的独裁政治底产物——革命的恐怖——跟着渐渐再出现。这个运动底代表,起初是四散的小团体,到了一九〇一年,这些小团体底大多数联合起来,成为社会革命党。俄国大革命以前,很多政治的暗杀都出于这一党,革命成功后拥有强大的军队以及现在南征北伐震动全球的多数党,都是这一党。

俄国社会主义底势力现在到怎么样一个地步,大家都知道,不用我说了,俄国底现状从表面看,好像是乱七八糟的样子,其实这算不了什么,破坏是不可少的。一面破坏,一面建设党是除旧布新的说法,且看鲍尔锡维克党破坏之后有什么建设,除去旧之后布什么新,炮火连天,看不见天和日,天和日固在那里,吾们依这样想他们建立下来的东西才对!

吾们看俄国社会主义运动底历史知道:

一、俄国社会主义运动底起因是政治腐败。

二、为社会主义运动的人是知识阶级底青年男女。

三、运动底出发点是思想改变。

四、运动底手段是教育和宣传。

五、收效于工农底觉悟。

六、成功底枢纽在于由政治的转为经济的。

试稽诸中国前两项完全相同。年来种种运动不是由于思想改变吗？运动底人不是知识阶级底男女青年是谁？“五四”运动不是为政治腐败而起的吗？各种运动虽没有说是社会主义运动，可是社会主义运动底种子已在那里，萌了芽之后，一定一天一天长起来。我想俄国社会主义运动底发端也和中国一样，当初旗帜都不甚鲜明。俄国有 Nihilism，中国也有 Nihilism，青年求知的欲何尝不深。跑到外国去入大学的一天多似一天，为的是什么？方今欧洲诸国社会主义之蔓延，这些青年哪能不受影响？俄国有 Terrorism，这是偶然的事，全是俄国政府迫出来的，中国政府若逆世界潮流，横施压迫，亦许闹出 Terrorism 来。关于第四项中国近来各种运动都引用教育和宣传，社会主义运动必定有同一的趋势，不过口笔宣教不如加入所要传所要教的人里面共同生活来得亲切，这是吾们可以“借鉴”于俄的地方。但俄国少年们加入农村生活，教导农业劳动者，没有加到城市底工业劳动者里面去生活，这是他们偏执的地方，吾们应该两方兼顾，不要取此遗彼。况且农人比较地“安土重迁”，经济比较地能独立，不大好动，工业劳动者易动，不满意底时候，就要作“不平之鸣”，若知道罢工是利器，更会利用这利器，只要比较俄国在 Terrorism 起来底前后，社会主义运动成绩底不同，就可以知道工人比较农夫能感受号召。然此绝不是说，只要工人觉悟，农夫觉悟不觉悟不要紧。工人要他觉悟，农夫也要他觉悟，俄国革命成功快不单是工人底力，农人底力更大，在以农业为主的国家，农人要就不起来，起来力量一定比工人大。依中国现在的经济组织，农人底觉悟对于社会主义运动非常切要，更应注意。所以关于第五项——收效于农工底觉悟——中国社会主义运动应力求和他 Conform。第六项——由政治的转为经济的——非常要紧，非和他 Conform 不可。原来，社会主义底骨子是经济的，离开经济，社会主义便没有附丽底地方，马克思底科学的社会主义就建在这个原则上面。中俄两国底社会主义运动出发于政治，本是特殊的状况，要不是由政治转到经济，运动百年也没有成功底希望，这经济的状况无时不存在，可以说他是一切现象底定命者，政治若见出破绽，经济组织必决也有破绽，不过人底注意易偏于一边，顾到这个，顾不到那个罢了。这“顾不到”是暂时的，将来终究要“顾到”的，不过吾们希望理想中的社会早日实现，现在就要把眼光转过来，由求和第六项 Conform，以得着成功底枢纽。

我现在答“社会主义在中国应该怎么样运动”？底问题如下：

> 挟着经济改造底热忱，加入城市底工人中和乡村农民中共同生活，默运潜移，使工农都觉悟，大家起来推翻游闲阶级(Leisure Class)坐食，劳动阶级劳而不得食的旧社会，建立共同消费，共同生产的新社会。

一九一九年一月十八日

(《国民》第2卷第2号，1920年6月)

取消不平等条约

一 引 言

前年冬间，曹吴下台，孙中山先生乘机北上，取道上海、东京、天津，以抵北京。沿途大唱召集国民会议及废除不平等条约的论调，自此以后，虽经段氏宣布“外崇国信”的打击，而取消不平等条约的呼声，仍然一天高似一天。去年五卅，沙基、汉口及其他各地惨案发生以后，取消不平等条约的呼声，更加普遍。到了现在，差不多已成为全国民众的呼声了。但是条约是什么，不平等条约是什么，不平等条约的内容怎样，不平等条约为什么要取消，不平等条约为什么有取消的可能，取消不平等条约民众应该怎样努力，这些问题，似乎尚未有人加以简明的答复，而这些又是我们民众应该急急解答的问题。

二 条约是什么

条约就是国与国间的契约，人和人相交际，因为某种事件，求遵守及履行的保障，常有某种合同，或契约的订立条约。

三 不平等条约是什么

照字面看来，不平等是平等的反面，不平等条约是一般平等条约对立的。所以要明白不平等条约是什么，最好是先拿一般平等条约，来看看是什么东西。原来一般平等条约就是同等的国家间履行相互间的协定的权利义务的一种契约，彼此互尊主权、互尽义务的，例如《英日同盟条约》、《日法协商》等等。就一六八九年我国和俄国所结的《尼布楚条约》，也还算平等。不平等条约呢，却是义务全归于此国，福利全由别国享受的，列强对我国所结订的条约，自鸦片战争以来，其性质大概都是属于这一类的，都是义务及损失全归于我国，权利全归于列强的所以叫做不平等条约。所以孙中山先生又说不平等条约是以前政府把我国民押到了外国去，所写的卖身契。

四　不平等条约的内容怎样

一八四〇年我国对英鸦片战争失败了，到了一八四二年便和英国结订了《南京条约》，这就是结订不平等条约的开始。《南京条约》以后，美法帝国主义者，见英帝国主义如此胜利，便以“利益均沾”为名，乘满清政府新败之后，无力抵抗，且以满清政府昏瞶可欺，同于一八四四年结订了《中美条约》、《中法条约》。这几种条约是自成一系统的，已表现出帝国主义的国家，协同步伐，向中国进攻的狞恶面目。这四种条约，中国所丧失的权利，却已不小，略举其荦荦大者如左。

一、割地

二、赔款

三、创设外国人民居留地。将广州、福州、厦门、宁波、上海辟为商埠，同时并准许外国人民在商埠内，取得自由居住贸易的权利。渐渐儿，这些划与外人居留的地方，成为租界，而租界内的地方，完全归于外国领事统辖，变成他们的领土。他们在这些租界内，不特有设立军警及掌执民刑裁判权的权利，他们还可把租界，来窝藏汉奸，作为侵略中国的根据地。

四、取得领事裁判权。什么叫做领事裁判权呢？领事裁判权就是外国人在中国境内——无论租界或非租界——犯法时或被人侵略时，不受中国法律的制裁，要归由他们的领事裁判，这么一来，中国法律不能自由行使于中国境内，外国法律倒可横行中国内地了，这是多么侵犯我中国的主权的事。因为有了领事裁判权，他们的人民便可在中国横行无忌了。他们可以在中国设立银行，滥发纸币，操纵金融。他们可以在中国自由设立工厂商店，以破坏我国的工商业。他们可以在中国滥设教会学校，制造洋奴，实行文化侵略。他们可以在中国设报馆通讯社，捏造谣言，摇惑视听。中国窒碍于领事裁判权，莫可奈何。

五、协定关税。世界上完全独立的国家关税都是自主的。自关税自主，就可实行关税保护政策，随时增加入口税以裕国库，并抵制外国货的侵入，而扶助本国工商业的发展。怎么呢？因为关税保护政策随时把舶来品的税率尽量加率，对于自国的工业制造品极力减低税额，使洋货因税率太高而价格高昂，无人购买。本国货也许质地较劣，但因税率很低，取价从廉，易于销行。这种保护政策，是为各国所采用的——尤其是产业落后的国家，必须采用这种政策，工商业才有发展的希望。但是我国，以《南京条约》、《虎门条约》的结果，中国关税由自主而变为与外人协定，换句话说，就是由自主变为他主，把关税权断送到帝国主义的手中。从此，中国政府，休要实行保护政策。结果，一方面，国库收入不能增加，他方面，洋货以低价畅销国内，自国的落后的工商业，再也无法保护，再也不能振兴，自然民穷财尽，沦于灭亡。

有了这种种重大的权利和主权的损失，中国便渐渐失去国际上、政治上、经济上的平等地位，此后八十年间，不平等条约的结订，大约四十余次。不平等条约的结订，加多一次，中国即加多一重的束缚，中国权利和主权，即多受一番的损失，兹综计其损失的大略于左。

一、领土 割让于英的，有香港、九龙的一角，西藏的哲孟雄科干等。

割让于俄的有，黑龙江以北之地，吉林东边乌苏里江以东之地，蒙古旧环之地，霍斯果以西之地，搭尔巴哈台所属巴尔鲁克一带平地等。

二、藩属 琉球、朝鲜，归于日本。安南归于法。缅甸归于英。

三、租借地 有胶州湾、旅顺、大连湾、威海卫、广州湾、九龙半岛全部等。现除胶州湾已由德国退还外，余为日、英、法分别掌管。

四、商埠 在条约载明，强迫开放的共有七十三处，其余自动开放的当不止此数。我国已失却关税自主权，多一商埠，便仿佛是多一大漏卮，而且既开为商埠的地方，大概便有像外人的领土般的租界。

五、关税 完全不能自主，总税务员也要由英帝国主义者充当。

六、赔款 至少十次以上，最厉害的大宗赔款，要算《庚子和约》所载，其数为四万五千万两，分三十九年付清，本利共八万八千余万两，其余也不必去细数了。

七、领事裁判权 得行使此权于我国的，除俄国已自动取消，德、奥以战败国关系，当然取消外，现在还有大小帝国主义的国家十个。

八、军备权 把军备权让给外人，就好像容许强盗在我们家里佩刀带枪一样，他们可以随时恫吓我们，宰割我们，军备权之最严重的损失，是《辛丑条约》所载明，容许各使馆境界内，得设立警察，驻屯军队，并且架炮于南城，从此他们随时可以粉碎北京，他们积渐造成了北京政府的太上政府。

九、借债 满清政府和民国以来的军阀政府，滥借外债，已成惯技，其数目之多，一时也无从算起，或因赔款而借入，或以整理内政为名而借入，或以振兴实业为名而借入，到头总是一面增加人民的负担，一面把利权断送于帝国主义者。

此外如铁道权、航行权、邮政权、无线电权、电话电报权、矿山采掘权、森林渔业及垦牧权，损失不少。

五 不平等条约为什么要取消

我们既然大略明白了不平等条约的内容，便可看出不平等条约束缚我国，妨害我国的自由平等，到了多么厉害的程度了。约言之，关税主权不收回，我国永远不能增加国库收入，以整顿国是，也永远不能实行保护政策，以防阻外货的侵入，而扶植我国幼稚的工商业；领事裁判权不收回，我国主权永远侵害。外人尽可在中国境内横行，干经济侵略、文化侵略及其他种种的勾当，内政及司法的改革也无从做起。军备权、租借地、租界等等不收回，那么，去年五卅、沙基、汉口，及其他各地惨案，还可以时时发生。这就令到中国人的性命，无时无刻，不在危险里头。所以中国人不图自救也罢了,不敢恢复中国的自由平等也罢了,如果要自杀,要恢复中国自由平等,便必须把不平等条约取消,重订双方平等互尊主权的国约。

六 不平等条约为什么有取消的可能

有的人说,“条约的结订,是经过双方同意的,不能不顾国际信义,而轻言取消”。哼!我国和外国结订的不平等条约,自鸦片战争以来,都是帝国主义者和那卖国政府(如清廷及军阀)所结订,我国国民何曾注意,何曾承认,而且有的极力反对,例如日本的廿一条件。而且帝国主义者和我国结订不平等条约,用的手段,都是欺骗及诈术,难道是讲国际信义的国家所忍为所敢为吗?就是国际法,他们说是用来维持国际信义的,不也有下列的明文么。

一、条约虽有履行的义务,但不能绝对限制履行条约者的意义及自由。

二、凡条约与人民的权利幸福发生冲突的时候,履行条约的可以摈弃。

三、凡条约内,如有割让或放弃主要的自然权利时,该条约的履行,可以不负义务。

四、凡条约的阻碍履行国家的发展时,可以宣布废除。

——见国际法的条约自动废除原则,——我们进一步,再看看历史上取消不平等条约的先例罢。

一、自行取消的,如苏俄联邦,对我国自动取消。德奥以战败国的缘故,当然放弃。

二、日本、暹罗,最近如土耳其,取消他国的领事裁判权等等。

三、一九〇八年,奥匈两国取消《柏林条约》第三十五款。

四、一九〇八年,保加利亚国取消《柏林条约》第一款。

所以不平等条约,从理论上看来、从事实上看来自有取消可能,是不成问题的了。

七 取消不平等条约民众应该怎样努力

不平等条约有取消的必要,有取消的可能,都是很明白的了。然而我们知道,帝国主义者,依仗着不平等条约,把我国牢牢缚住,一步一步的施行其经济侵略、文化侵略,吸取我国民的脂膏,销蚀我国民的心灵,目的都只是为维持他们自己的利益。因为他们国内有很多卖不完的商品,有很多用不完的资本,如果找不到销场和发展的地方,他们便要陷于经济恐慌停滞状态,他们国内的劳动阶级,便因失业,要起来革命,他们便完。所以我们要取消不平等条约,他们当然反对,而且拼命的反对。但是我们为国家的自由平等起见,我们不等他们怎样反对,我们必须向他们进攻,和他们拼命作一争战。第一,全国民众齐集到领导国民革命的国民党旗帜下来，组织起来，团结起来，打倒一切残余的军阀及反革命势力，速开国民会议，夺取政权，自动宣布取消一切不平等条约。第二，联合反帝国主义的国家，及世界上一切弱小民族，如印度、安南、高丽等，及各帝国主义内的被压迫阶级，成为一个反帝国主义的大战线，共同努力，打倒帝国主义，我们从前两种方法，努力做去，最近期内，帝国主义必然打倒，不平等条约必然取消的。

一、全国民众齐集国民党指导之下。

二、联合世界上以平等待我之民族。

三、打倒一切反革命派。

四、打倒帝国主义。

五、召集国民会议。

六、取消不平等条约。

七、国民革命成功万岁。

八、世界革命成功万岁。

（上海《民国日报》1927 年 8 月 26 日。此系周炳琳任《民国日报》主笔时所写的“代社论”）

《字林西报》所称誉的"最良又最有势力之华字报纸"
——时事新报!

与帝国主义者一鼻孔出气,当然博得帝国主义者之同情。获得了帝国主义者之同情,当然在帝国主义底眼孔中,认为"最良又最有势力"了。

这是什么说?有事实为证。有何事实,请看十八日《字林西报》所说:

> 本埠最良又最有势力之华字报纸《时事新报》,昨揭载一极有兴味之社论,以最率直而无畏之论调谴责干涉临时法院行政之企图。此种论文之发现,表示舆论现已一致援助卢君为该法院独立之奋斗。盖该法院之独立,因不断的受某方面之干涉而曾大为妨碍也。

原来《时事新报》在十七日做了一篇社评,名叫《临时法院易长问题》,大致说"以任命不及数月之临时法院院长,而遽撤换",要"损司法之尊严",要使"法官人人自危,不敢为独来独往之判断,要使法官不能久于其任,那经历富事理熟之法官不能养成,末了并且顾虑到何以塞外人谤毁之口"。《时事新报》以如此顾法理,顾到外人心理,无怪它获着了"最良又最有势力"之令名。然而我们却以为《字林西报》,在中国的上海发行者,确为帝国主义者的喉舌,堂堂的最良又最有势力的华字报纸,其令名乃不出自中国民众之口,而发现在帝国主义者底机关报纸的纸面上,实不能不使我们艳羡。于是乎我们底话来了!

临时法院院长,无论是谁来做,我们都可不问,因为我们只问法院院长之是否称职;所谓法院院长底个人,本来不是我们注意点之所在。临时法院直隶于江苏省政府,法院院长之易人问题,关系于中国底内政,至少可以说是中国人自身的问题,用不着外人来干涉,用不着外人拿"东交民巷"的空气来罩住性懦的中国人,想使中国人吓得尿屁直流。

而且所谓"司法之尊严",当然不限于外人硬管下的租界。但因政治底变迁,中国各地法院,或司法官之易人,亦屡见不鲜。我从未闻"最良又最有势力的华字报纸"如《时事新报》者倡过"最率直而无畏之论调"。即就租界论,去年的所谓会审公廨以及临时法院,处处都听了什么五省联军总司令的话,要引渡谁便引渡谁,要封闭某报馆便封闭某报馆,处处夹杂着政治问题,处处侵犯了所谓司法的尊严。然从未闻"最良又最有势力之华字报纸"如《时事新报》者,倡过"最率直而无畏之论调"。但到了今年,因为有反帝国主义的革命势力和帝国主义树了相对抗的壁垒，于是乎“最良又最有势力之华字报纸”如《时事新报》者，倡起“最率直而无畏之论调”来了。在革命的过程中，所谓“司法之尊严”，应视是否违反革命而定；但是“最良又最有势力之华字报纸”如《时事新报》者，其爱护“司法之尊严”的心，却没有顾到这一点，实在使我们不胜遗憾之至！

至于法官底判断，应当根据于法理，同时更宜注意到政治的环境与在某政治环境下的人情。如不适于此类客观的条件，则法官底判断，为违反公意；违反公意的法理，当然有废止或修正的必要。况且，政治底最高机关，可以接受了民众底意思来创制法律，那民众底意思，施行时当然有效；在法官方面，如有违反了这种人民公意，当然也有纠正的必要。所以江苏省政府拿“惩办共产党不力”而为撤换法院院长的理由，当然极有力量；我们纵是死读法律的人，也不至说省政府有“侵犯司法尊严”之处，也不能说省政府因任免一法院院长而有使“法官人人自危”或“法官不能久于其任”的弊病。

而且，据愚见看来，省政府从成立以后，从没有给过任何司法官以暗示，使任何司法官不能依据法理而判决案件，使任何司法官必须依据政府所授予的暗示而断决任何案件；我们如何可以说省政府是侵犯司法的尊严？而且，据我们所知，司法机关之合理的判决，江苏省政府从未予以横来的干涉；我们如何可以说省政府是侵犯司法的尊严？所谓司法尊严，是否因撤一司法长官而有所侵犯，这真是一绝大的疑问了。所以我们如依据舆论和事实讲，省政府实在没有做过一件侵犯过司法尊严的事情。

《时事新报》记者，为了江苏省政府撤一司法官而诋省政府有侵犯司法尊严，并以挑拨离间之词，淆惑一般司法官的心，在革命的立场上，似乎不能不说是有故意蹈着反革命嫌疑圈子的错误！而且，以“塞外人谤毁之口”为反对撤换法院院长为理由，那更不成话了。因为我们要求得中国之自由平等，要完成国民革命，处处要遭帝国主义者之忌，处处要遭帝国主义者之毁谤革命党的立场，重在威武不能屈之反帝精神；如处处要防“外人毁谤”，那除非处处听命于帝国主义者啊！

综合以上的论点，来观察《时事新报》之所以被《字林西报》称誉为“最良又最有势力之华字报纸”，最大的原因，还不在《时事新报》会错解“侵犯司法之尊严”，实在是在《时事新报》效帝国主义者之口吻而与帝国主义者一鼻孔出气！

呜呼《时事新报》！呜呼“最良又最有势力之华字报纸”！呜呼独受《字林西报》称誉之华字报纸！

（上海《民国日报》1927 年 10 月 20 日。此系周炳琳任《民国日报》主笔时所写的“社论”）

党权底制度化

虽然现在有许多负重望的本党同志，连对于本党底基本主张，以党治国，都发生了怀疑，但是过去的经验告诉我们，想叫本党成为并老是一个活动的有权威的革命党，负得起国民革命底重担，首先要把党的主义和政纲具体化，党的权威制度化；要是不然，主义和政纲便成了纸面上口头上的成语，不给一般民众以实际体验底机会，党的实在的力量便无从表现；党的权威便成了依人的而非超于人的，在人为实而在党为虚的力量。

现在只谈党的权威底制度化问题。这个问题，明白地说，便是"党治呢？还是人治？"底问题。

十三年改组是本党的权威制度化底起点。经过了这番改组，本党的权威在党的内部和在党的外面，都发生了力量。在党的外面，由改组后制度底确立，和措施底合乎客观的需要，一般民众对于本党之为有力量的革命党有了相当的认识。在党的内部，由改组后党权的制度化，一般党员渐晓得尊重组织，尊重纪律；即浪漫惯了的老同志们亦肯与少年后进的新同志们同站在严整的队伍里头实施党的整个的权力，接受党的整个的命令。那时候，党的号令是统一的，步伐是整齐一致的，国民革命的工作也十分顺利地进展。

可惜这种整齐不久便凌乱了，实施权力的和接受命令的在这由整齐转到凌乱底当中都只看见个人而不看见党了。于是大家竞尚意气，不顾党，但顾个人面子和权利底现象发生了；于是改组精神在组织上在纪律上都完全消失了。于是党员烦闷和民众对于本党失了同情底声音日有所闻了。这是国民革命运动中多么一个大的打击，多么一个大的损失？

现在第四次全体会议开成了，党权可望提高了，想求会议底决议案能畅行无阻，党的权力能及于一般，首要注意的是恢复党治。而要恢复党治，首须党内措施，无论其为党务，为政治，概从客观的需要：勿以个人偏颇于其间；然后大家实施的权力是党的权力，大家接受的命令是党的命令；然后党的组织能有永久性，党的纪律能具客观性，而党在民众间的力量亦渐能恢复，革命的成功可以期待。

（上海《中央日报》1928年2月8日。署名周枚荪，即周炳琳，时任上海《中央日报》主笔）

打破现状的外交

中国国民党所领导的革命运动，总而言之，统而言之，是一个打破现状的运动。中国处于不自由不平等的地位，国民党领导着民众去实行国民革命，为的是求中国的自由平等。而能否得到自由平等，换句话说，即国民革命能否成功，全看有无能力打破现状。依着三民主义的途径，为中国建立新国家，新社会，是中国国民党底使命。而怎样肩负这个使命，只看怎样打破现状。自然，打破现状云云，它的含义是破坏的，同时又是建设的，绝不是只图破坏，借以取得政权，而丝毫不顾建设的无意义的行动。

中国国民党以打倒军阀，打倒帝国主义相号召，便是说它要对内打破军阀宰割中国的局面，对外打破列强侵略中国的局面。北伐所以打破前一种局面，虽只是初步；取消不平等条约所以打破后一种局面，虽只是初步。北伐进展到中途，不幸因共产党夺取党权，宁汉分裂，前进横生了阻力，荏苒至于今日，犹见奉鲁军阀积极备战。① 其在外交，在北伐锐进时亦曾一再冲破帝国主义者的重围，开出一条新路，如汉口、九江两处英租界底收回；可惜亦因宁汉分裂，大业中断。谅解者敢说这是军势使然，不明实况者总说这是由于外交当局底庸懦无能。但无论如何，在外交上，本党尚未达到有破现状底地步，端是事实。

现在中央四次全会开成了。党权统一了，北伐事业底继续，正在积极开展中；同时，奉、鲁残余军阀底灭亡，无论从哪一方面看来，都可断定是数月间事。于是所谓北京外交团者，乃大施展其手腕，希望以或种方式迎合国民政府表面上的需要，借以维持其在不平等条约上所享的实利。为要维持税关行政底统一，乃有易纨士南下，以为国民政府方在需款，可诱以目前实利，以延长关税底外人管理权。知奉逆必倒，国民政府不久将统一全国，乃有蓝博森底历游国民政府统辖下的各口岸，日本驻宁领事底游豫访冯。最近且有驻北京美使玛慕利将来宁与国民政府有所接洽底消息。凡是种种，均告诉我们，国民政府底外交局面，又有了新发展。对付得好，折冲得好，足以打破现状，换句话说，即不平等条约底废除，可望作到相当成绩。而此仗外交当局努力者甚大。新外交部长黄郛定于今日在宁就职，我们敢以打破现状外交之说进，甚望黄外长本此精神，讲求如何打破现状底方法，以慰国人喁喁之望。

（上海《中央日报》1928 年 2 月 21 日。署名周枚荪，即周炳琳，时任上海《中央日报》主笔）

---

① 其时周炳琳任中国国民党中央党部组织部秘书，此语基于国民党立场而言，为保历史真实，此处不做删改。——编者注

继续北伐建立党底中枢

中央全会闭幕以后,有一件最满意的事,是革命军将领会商北伐,已有具体的办法。有一件最不满意的事,是全会闭会已十余天,常务会议亦开过两次,而全国党员所渴望的组织大加变更后的中央党部,还没有正式成立,负责的人还没有产生出来。把这积极准备继续北伐与不措意于党底中枢底建立两件事连在一起看起来,好像以党治军底精神渐渐消沉下去,将代之以惟军独尊了。固然,掌军政的人同时是党员,他们的措施,必能以党为依归。但授权的党至少亦得顾形式,因为没有形式的党权,无法行使,等于无权。所以建立中央党部,即在形式上,亦是目前刻不容缓的事。

有些党员这样论事,他们是着眼在巩同军事发展底基础。

(上海《中央日报》1928 年 2 月 23 日。署名周枚荪,即周炳琳,时任上海《中央日报》主笔)

对日新方针与讨伐伪国

顾维钧氏到京向政府报告参加国联调查团调查东北经过情形后，即被邀偕行政院长汪精卫、外交部长罗文干等赴浔与军事委员会委员长蒋介石会晤于庐山，议商今后政治大计，其中最重要的讨论殆属于对日新方针之确立。庐山会议后返京，汪罗顾诸氏复来平。在辞职中之宋子文氏亦于此时打销辞意，与诸氏俱来。四氏到平后，连日在行动与谈话上表示，令人判明其任务侧重在外交问题。因国联调查团不久即东渡，故先与该团交换意见。闻已有两次之会见。同时，罗文干氏对新闻记者表示，外交宜求之在己，不宜依赖他人。

可知对日问题近来已在急转直下中，政府当局已在抖擞精神以应付此危艰之局。吾侪见此，不但解除了南京将有政变之疑虑，并敢信对日外交僵局将从此开始被打破。

惟所谓"求之在己"，此时虽未便追问究有何具体方案。应已在确定其方向中。据本日《北平晨报》载汪精卫氏对各记者询问各点之答复，中有"……抵制日货，非因沪事而起，实因东北问题而生。此事人民有自由权利，政府既不能干涉，亦不便干涉。关外义勇军亦应加接济。此可为诸君告者"几句话。特别提及抵制日货与接济关外义勇军，自然不见得便是说我们的新方针定后专赖这两种方法来运用，但如果在不久之将来政府无其他宣示或行动足以证实此"求之在己"之说话，我恐怕人民将疑政府本就没有新方针，只是一时兴奋，随便说说而已。

至少在表面上，政府还没有已经确定的新方针。但最近罗外长对记者说过："现在我国虽未对外宣战，而实际已陷于战事外交。山海关问题，关系东北全部，不仅是山海关一地也。我们决定根据原来精神前进，设法谋一出路。"他又说："去年九月到十二月间，国联议决日军应退至南满附属地，而日军反进攻黑龙江。今年三月，国联议决上海撤兵，其结果适相反。而所谓九国非战公约及五国照会，最后之效力又将如何？上海方面因抵抗之故，蓝博森、詹森等乃得调停签字撤兵协定。故无论至何地方，完全在自己靠自己。"从这几句话看起来，又似乎外交当局确有了深刻的认识与强固的决心，并非一时兴奋，随便说说。

* * *

在此仿佛已经有了对日新方针，而又若尚未作较具体的决定之当口，此新方针之实质究应如何始能收不丧权辱国之实效，乃一极关重要之问题。依我个人所见，确定此新方针应着眼于下面几点：

第一,此新方针之实行应能收振奋关内外民气之效。

第二,此新方针之实行应能转变国际视听,增强国际间对满洲事变之注意。

第三,此新方针之实行,其本身应能稍抑制日本之野心。

"九一八"事变发生之后,北方受刺激较深,故民气亦较激昂。"一·二八"事变发生之后,南方受刺激较深,故民气亦较激昂。自"一·二八"事变转移了全国人之视线到上海后,东北事件之深刻映象逐渐磨灭。自上海撤兵协定成立后,南方民气亦逐渐销沉。到了今日,关内已无复民气可言。关外在日本军阀运用傀儡政府横施压迫之下,民众之愤慨蓄而未宣,其潜力本甚大。但若关内不为援救,久之亦将转生失望。因为但见敌与贼压力日增,未见同胞奋臂兴起,结果亦惟饮泣吞声,消失其抵抗力而已。故在今日,若非全国一致作有组织的动作,足以重振关内民气,维系关外人心,东北失地决无收复之望。汪精卫氏在对记者谈话中特别提出抵制日货与接济关外义勇军,殆已有怵于民气销沉,国将沦亡之大祸。但不在整个紧张的空气笼罩之下,抵制日货只是国人之无组织的极散漫的动作而已,其效力甚微。证诸历次抵货运动一遇空气稍缓和即弛懈下去,应知信有是理。无整个的联络与指挥,而徒给予零星的接济,关外义勇军亦终将因势力分散而处处受挫。此二事在民气已振奋起来,并有一种举动使此振奋的空气弥漫于全国之时,行之始有效。并非由此二事之实行即能振奋民气。其间因果关系不可倒置。

日本军阀乘世界经济凋敝,西洋列强方注全力于本身及彼此间矛盾之解除之时,谋攫夺满洲,国际间对此非不重视。但因不能分心力到此,故取延宕主义,冀由时日之假与徐谋传统的对华势力平衡政策之保持。日本军阀亦知时间要素在其并吞满洲之计划中有战略上的价值,故迩来于经营满洲极其激进。事已如此,中国欲以一国力量抵抗日本侵略,自然是万无此力。不能不引他国力量相助。但他国力量适在此时不能东顾,若中国自己不能挣扎一下,势将立遭摧毁。故时间要素在中国之抵制日本中亦有战略上的价值。不宁惟是,中国若真能在此时挣扎一下,必且在转移视听中促起西洋列强对远东事态注意力之尖锐化,而缩短其延宕时间。国联调查团将提出之报告书当然全是理智的,欲其凭此而采取行动,尚须授以情感的推动。中国若能于此时奋发对付强敌,对于世界人类之情感自必有大刺激。故此时必须有一种举动,其实行能转移世人耳目,增强国际间对于远东危机之注意力。政府当局对于此点似亦有了相当的认识。若是不然,何以罗外长告诉记者,上海因抵抗之故乃得蓝博森暨詹森调停成立撤兵协定?

时机迫矣,即不从取攻势以求对日整个问题出路之打出设想,自亦当取守势为此整个问题之解决预留回旋之余地。日方现正并力吞满洲,正是稍纵即逝之时。若我方不于此时积极行动使形成相持之势,等到日本实行吞并满洲或毫不掩饰地运用傀儡政府,我们岂尚能自救,国际间制裁岂尚能施用?不宁惟是,在战略上日本必更进一步利用傀儡政府侵入关内,得势则逐步推进,被阻亦足成屏蔽,在此屏蔽之后积极经营,正好遂其大欲。山海关方面为何近来益复紧张?此中线索可玩味得之。故罗文干氏谓山海关问题关系东北全部,不仅是山海关一地之问题,实具卓见。在此严重情势之下,我们惟有突进始得保关内,惟有突进始能救东北。非如此不能成相持之势,为时间一要素留地步;非如此不能稍抑日本之野心。日阀以迅速成功为利,我方以成相持之局为利。相持之局成,日方财政将益陷窘境,日阀之声誉将趋低落,日本社会将有解体之虞:日本将毕竟少敛其蛮横,少恢复其理性。上海因抵抗之故,未完全为城下之盟,固由于经此而国际间视听为之转移,国际调解发生相当效力,然大半还是因为日阀受了重创,不能不少抑其野心。

* * *

依我个人所见,对日新方针中应有讨伐伪国一着为其主要部分。我们本应早有讨伐伪国一举,目前政府似在隐约中捉摸新方针,汪罗二氏谈话中又似表示其对于此举有相当的认识,故不妨在此明白说出来。自然,此事是下决心求自救,要有相当的准备与组织。同时,对伪国与对日本是一而二、二而一的事,为何要讨伐伪国?也毋庸再申说其理由了。

最近天津《大公报》社,与胡适之先生在本《评论》(第五期)中,都有文论对日外交方针。其着眼都在对日问题最后解决中我们应持之态度。胡先生佩服《大公报》之有胆量,敢说平允的负责任的话。我亦佩服胡先生之始终不摇动其“知识上之诚实”。但我觉得中日间纠纷之最后解决诚非持如《大公报》社与胡先生所主张之纯理性的态度不可,此情也,势也。只可惜日本军阀一味蛮强,根本不讲理性,即与吾国外交当局依《大公报》社与胡先生指出之途径,未必定有把握能使日本军阀踏入同一平面以解决中日间整个纠纷。

廿一,六,二十夜。

(《独立评论》(北平)第一卷第7号,1932年7月)

挽张国华(介然)将军联

习武不死疆场,局促一隅,良非所愿。
修文亦复潦倒,风晨月夜,长忆斯人。

(1934 年 9 月作)

第十八届华北运动会开幕宣言

大会开幕宣言

第十八届华北运动大会经过数月的筹备,在各界帮助期望之下,现在正式在天津开幕了。华北运动会于过去二十几年内,已经举行过十七次,久已为华北及全国人士所深知。这次的大会,因为把田径赛全能以及各种锦标都集中一起,规模比较以前的十几次都大,而地点又是在华北最繁盛的天津市,时间是在国难日深的国庆纪念日。凡是我们参与筹备的人们,都感觉到有把大会的意义和对于大会的期望向各界同胞宣告一下的必要。

体育的重要现在是人人都知道的,它的功能不是几句话可以说得清的。它不但是能够养成锻炼身体和增进健康的习惯,它并且是训练勇敢、团结、合作、守纪律、负责任、各种的美德的工具。再从历史上看,各国国力的发扬和民族的复兴,许多是先以体育树立强固的基础,所以体育绝不是消磨光阴的娱乐品,更不是养成粗暴的赳赳武夫,华北体育联合会对于体育如此重要的情形早已认识,并曾有二十余年的努力。近来受华北省市政府以及中央极力提倡的影响,将更有发扬光大的希望。这次第十八届运动会就是一个很显著的明证。

华北运动会自从采取以省市区为比赛单位以来,已成为促进华北体育最中坚的成分,不独各地方体育组织日见发达,大体育场的建筑也一年比一年增加。组织的发达,体育场的增加,都是普遍体育最重要的工具。并且每次大会的举行,直接参加的虽不过是极优秀的一千多人,如果把各地方预选时参加的人数统计起来,间接参加的恐怕不只数万人,普遍的效果更由此可看出来。所以这一次十八届华北运动会的举行,无异于是华北全体青年体育的总检阅,对于华北青年,其意义自然是万分的重大了。

因为在天津开这一次十八届的华北运动会,产生了一个规模很大的河北省体育场,这个体育场虽然不能说是极其雄伟壮观,但在今日财力支绌的中国,自然也是不可多得的建树了。这个体育场,虽然因第十八届华北运动会而完成,可是绝不是专为开这一次运动会而建筑的。希望以后它的功用可以普及到河北全省的民众,可以作华北体育发展的新中心,可以为增加民族复兴动力的新基础。如此,这一次华北运动会的贡献才能垂之于久远,这是本次参加筹备的同人所最希望的。

这次大会不但河北省党政军警当局和教育界直接参与了筹备工作,其他各界都给予大会以很多的帮助,这是很值得感谢的。开会这几天中,在中央及各方指导爱护之下,集聚华北许多体育专家来执行大会向前开展的工作,更是值得敬佩的。所以为发展华北的体育和振作我全民族的精神,凡是参加大会的运动员都要本着历届的成规和运动道德使这一次的大会,在我国体育上更放一个大的光彩。凡是关心大会的同胞,无论亲来参观和间接由新闻或无线电得到本会消息,全要本提倡体育和促进民族复兴的精神来扶助大会使之成功,这更是参加筹备的人所馨香祷祝的了。

今天是我们同胞的国庆日,同时就是使我们感到国难日益严重的日子,但是我们不要气馁,要努力,要奋斗,要有坚强的自信心。这种精神我们要在这一次第十八届华北运动会充分的表现出来,谨此宣言。

(《大公报》(天津),1934 年 10 月 10 日。周炳琳担任河北省教育厅厅长、华北运动会副会长时起草此宣言)

吾人对于第十八届华北运动会之感想

第十八届华北运动会，举行于天津市河北省体育场，国庆日开幕，连亘五日，时维深秋，篱菊怒放，健儿云集，观众逾万，跻跻跄跄，极一时之盛焉。

华北运动会已有二十余年之历史，叠在北平，天津，太原，开封，济南，青岛，沈阳等处举行，凡十七次，今年第十八次，参加者为华北各省市选手，吾人夷考此华北体育组织二十余年之经过，不禁生今昔之感，发深长之思焉。

体育原不重比赛，惟非有比赛不足以得标准而资提倡，本届华北运动会，男子百公尺径赛之成绩为十一秒五，女子百公尺径赛之成绩为十三秒二，其他项目各有精确之纪录，不但今昔比较，可以验其进退，亦所以为各学校及体育团体练习之标准，即不能至，心向往之。

惟多数人对于运动会，不视为健康之表现，而视同五光十色之游艺会，是大谬也。夫吾国积弱，号称东亚病夫，其耻孰甚，时人提倡体育，不遗余力，深知教育目的，为人类生活之训练，体育系肌肉活动，足以助身体之发育，而增其康健，其效果可由生理作用，而引起心理变化，盖思想之灵敏，可以运用体力，指挥如意，所谓心之使身，身之使臂，臂之使指，固已，而体力之活动，更可以调节脑力之张弛，却其疲劳，且吾人非有健全之体魄，不足以发深沉之思想，而持坚忍不拔之意志。古来任大事立大业，见义勇为，临难不苟者，要皆有康健之身体，过人之精神，可以思矣。

此次华北运动会，自筹备以至毕会，主持之努力固矣，各方赞助之功尤巨，吾国体育前途，方兴未艾，深愿社会人士，起为普遍之提倡，促进民族之康健，斯得其谛已。

（《勤奋体育月报》，1934 年 2 期）

1934 年 10 月 10 日在第 18 届华北运动会开幕式上的致辞

第十八届华北运动会……于昨日双十节中正式揭幕……

华北运动会副会长周炳琳[河北省教育厅厅长]致辞：

今日为国庆纪念日，第十八届华北运动会即于此万众欢腾中开幕。炳琳愿在大家欢呼之中，提供一两点感想：

（一）举行运动会是考察大家努力之结果，比较何方努力得多，进步得快。

（二）今日与会选手，皆有得标决心，都有希望作为英雄的机会，愿大家努力。

（三）观众在此次大会会场情形，乃表现社会组织能力，尊重规律之精神。此外当此国难时期举行大会，吾人是否只有愉快，细考实际，只是苦中作乐；但此种作乐，乃吾人求进步之一种表征。

（《大公报》（天津），1934 年 10 月 11 日）

国立平津院校教职员联合会宣言

近有假借民意,策动所谓华北自治运动,实行卖国阴谋,天津、北平国立学校全体教职员二千六百余人,坚决反对,同时并深信华北全体民众均一致反对此种运动。中华民国为吾人祖先数千年披荆斩棘艰难创造之遗产,中华民族为我四万万共同血统、共同历史、共同语言文化之同胞所组成,绝对不容分裂,大义所在,责无旁贷,吾人当尽全力向中央及地方当局请求立即制止此种运动以保领土,而维主权,并盼全国同胞一致奋起,共救危亡。

(1935 年 12 月 2 日)

(《国闻周报》第 12 卷第 48 期,1935 年 12 月。本宣言由周炳琳、傅斯年共同起草)

平津国立院校全体教职员通电

南京中央党部国民政府各院部署钧鉴：

今有假借民意，策动所谓华北自治运动，实行卖国阴谋，同人等坚决反对，并发表宣言，唤起全国同胞一致奋起，共救危亡。务恳迅即设法制止此种运动，以保领土，而维主权，不胜迫切待命之至。

平津国立院校教职员全体同叩冬（二日）。

（1935 年 12 月 2 日）

（《国闻周报》第 12 卷 48 期，1935 年 12 月。本通电由周炳琳、傅斯年共同草拟）

中日国交调整中几个要点

中日关系,演至今日,已达到最严重关头,东亚两大民族自今以后将携手同进于康衢,为人类增加福祉;抑将同陷入狭路,互相厮杀,将决于今后数周或数月中两国政治家之努力成功或失败。我说两大民族,邻邦之浅见者流或方趾高气扬,不欲以有独立资格之民族视我;或方枕戈待发,欲一举而夷我为附庸,以畅达其所谓生命线:兹以大民族自居,毋乃矜夸? 此固毋须辩。抑我人亦不必以祖先之成就文饰其大。在近数年中,有此邻邦之压迫,其嘉惠我人者固亦匪浅。我人相信,我人之倚自己力量求国家民族之复兴,已获得巨大效果;邻邦明达之士如能烛见几微,勿再有以厄我,改求有以助我,固两国之福,亦世界之福,否则一旦踏入厮杀之悲境,甲杀乙,乙亦能杀甲也。我说两国政治家,因在此最严重关头,能如斯烛见几微,播下异日收获无穷之种子,在邻邦自非真正政治家不足与语此,即在我国,亦须当政者有真正政治家之忍耐气度与沉着应变风范,方足以当此艰巨。过去我国当政者之忍耐乃无办法之忍耐,结果使贪食者能畅食而愈增其食欲。此非忍耐,畏怯耳。今日之事,一面要有办法,一面要能运用忍耐,非绝对不能忍耐下去时宜忍耐下去。等到情势不容再忍耐,则决心应变,沉着应变。所谓要有办法,最大并无避免余地之办法应即指此。

在此严重关头,我想略论中日之为敌为友及中日之间和或战问题。

中日两民族原无必要为敌之理由。不必说同文同种应相亲善,即在人类生存意义上说,不相与协力以制服天然之困难,乃互相敌视,驯至互相残杀,其愚为不可及。人类进步到今日,其最足以自豪者,当莫过于近代科学的发明之给予吾人以控制天然改善生存环境之利器。若不能用之以增加人类福祉,或用之而不彻底,反以为自相残杀之工具,此本人类愚鲁所造成之悲剧。此义西洋人虽了解,其启示力量固尚未能完全表现。然一九一四至一九一八欧洲大战一剧,要不能谓参加者悉为要砍杀而砍杀,实因对此义之认识程度不齐一,有一二野心国家发难,其他国家为争生存或为保持原有地位,势不能不有以制之。大战终了后,群致力于生活元气之恢复,在泪与汗中领受黩武之教训,虽仍未能改善环境,袪除祸根,其戒惧之心固已昭然。至于今日,欧局虽万分紧张,而战祸不致即发,补苴弥缝,一试不成再试乃至三四试,且大有人者,则此戒惧之心使之然也。惟在东亚,我以积弱当彼新强,我虽惴惴焉不遑宁处,人方自诩其武力高强,可以为所欲为,兵凶战危之义为从未受过挫折者道,固宜如耳边风也。侵假且傅会达尔文适者生存之学说,谓其力之伸张固有大造于东亚之安定;或竟易其词,谓必也有大造于东亚之安定斯其力能伸张。人类相处,有一方竟以此种道理为其生存之领导原则,他方安能不遭受苦厄?苟不自甘毁灭,自必起而抵御,以卫护其生存权。于是相敌之势成。然一方为施者,另一方为不受施者,形成敌仇,其实固在彼面不在此也。

邻邦之所资以掩饰其侵略者,曰人口过剩,不能局于固有之一隅;曰将以制俄,以保持东亚之和平。人口过剩,必有以宣泄之,此说原有二义:一指移民出国,创造新环境而定居焉;一指增厚本国之工业化程度,借制造品之推销取偿于国外,虽人口日见增加,而食料原料不虞不给。移民出国,依历史上成例,其移往之处大都是尚未开辟,有赖于人力经营之地方。故地非新辟者不发生殖民问题;人力不相当者亦不发生殖民问题,即欲强以国家武力驱策之,终亦必归于失败。东邻近数十年来其政府非不极力提倡人民外移至朝鲜,至东三省,但卒鲜实效,去者始终不踊跃,既去而废然返者又不知凡几。此盖表示其国之人口未必真成过剩,即或过剩,亦不能恃移民出国以宣泄之。非基于人民实际需要而强为攫取他国土地,适见其武力侵略用心之辣恶。而文明人类相处之道亦于是丧失殆尽矣。

宣泄人口过剩说之另一义为增厚本国之工业化程度,借以保证食料原料之外来供给。邻邦年来工业化程度之增高,系一令世界其他工业发达国家惊惧之事实。如真有人口过剩情事,宜于此寻宣泄之道。唯工业化者,制造业高度发展之谓也。其吸收外来之食粮与原料,盖恃制造品之输出以相交换,此交易之事,非攘夺所能济事。必须培养能吸收其制造品者之善意,肯尽量吸收并交付其交换物,始克畅其流,并能宏其宣泄之效。邻邦制造品之市场年来虽扩充到英之诸自治领及属地,但频受限制,要不能有甚大之发展。其唯一主要市场,当仍在我国。正有待于彼邦人士之善意开辟。惜其近年之所为适与此背道而驰。浅见者流方庆军事控制胜利,而不知适以窒其经济生活之命脉也。

将以制俄之说,五年来自关外至华北,每扮演一剧,辄隐示寓有此意,闻之熟矣。俄于中国,自苏联政府成立以后即已放弃领土之野心,当初固曾抱赤化中国之念,近年来以力求在国际中图自身之生存且不暇,本亦已几乎完全放置。其于日本,本亦处处表示退让。谓俄威胁日本固远不若谓日本威胁俄国之含有真实意义。现今俄之对日,情势诚极紧张,但紧张之祸根不在俄而在日。俄为自卫而备防,一独立国家固应如是。即因不愿见日本在满蒙与华北之势力增厚而增加其军力,亦属情理宜尔。诚欲见东亚局势改善,釜底抽薪之法在日本停止侵略中国。祸根在己,而反扬言将以制俄,东亚之安定势力非日本莫属,诡辩若能胜事实,国际间可直毋庸说是非矣。近有诬我联俄者,其用心更险。是直欲在欲宰之羊身上栽一罪榜,以表示其欲宰杀之有理由耳。此与缔结所谓防共协定之要求,同一做法而异其面相。

中日原无必要为敌之理由,以日方于人类相处之道认识不清楚,用心不正大,态度不光明,乃成相敌视之势。邻应可以为友,但恶邻如何能与为真友?我政府曾颁睦邻之令,睦邻者,畏其恶,求自抑,勿与启衅,授人以柄也。如本为真友,何需乎此?盖倘云睦友,即不成其为名词。唯天下无不可解之仇。中日间友善之障碍多半是心理上的,其情形诚属严重,但苟能彻悟,可立即化凶戾为祥和。而在我国,亦应承认中日两大邦在经济上有互相提携之需要。在强邻恃强正以盛气凌人之此际,尤宜认弱,善有以自处。逞小忿而乱大谋,凡我国人均须凛戒。在经济上,我与并世任何国家均生相需之关系,特与东邻关系尤密耳。诸种经济关系中有不少系频年以特殊军事或政治力量造成者,只要肯撤去此种特殊军事或政治力量,其已成之事实关系不妨在平等互惠之原则下可认之,并进而与谈商长久之提携办法。具体言之,日方须取消伪国,返还东北四省之领土于中国;须取消冀东伪组织,恢复我国地方行政之完整;须停止策动察北诸县之匪乱并撤退该地伪军;须停止策动华北走私;须勿再企图增加冀察两省之特殊性或更进一步欲并晋绥鲁三省而特殊化之,因此须承认废止塘沽协定及所谓《何梅协定》,须准备会同各国与中国商《辛丑条约》之修改或废止。必先廓清此类以特殊军事或政治力量造成之黑暗局面,中日关系始有趋于正轨之可能。只要邻邦肯承认如此行事,种种经济性质的悬案为彼邦认为与其国民经济有特殊密切关系者,经我方考虑后,认为在两国经济提携上确有需要,行之可以同受惠者,可即与商讨,以订立商约之方式条列商谈之结果而平等互守之。至此则仇解友成,将为必然之事。

以上所述,是中日关系中几个要点。我认为两国国交之能否调整,关键全在此。因之中日之间和或战问题,其性质亦由此确定下来。邻邦强,我服其强。我并欲善事之,免得自招欺侮。受欺侮之后,我须更善自处,免得加重受欺。是得谓之和。其意只是和平相处而已。若超过此程度,在生存权要受侵夺时,亦俯首帖耳任其所为,此亦命之曰和,乃是中国外祸史上所谓"和戎"之"和"。中日关系之恶化如由现实更踏进一步,即是交到我之生存权要受侵夺关头,当然不复有选择之余地,只有出于战之一途。我之国力虽弱,我民族幸尚未堕落至连生存权都放弃也。

近二三旬来情势之紧张,并非因有几桩偶发事件,同时日方加强其军事压迫而然,乃因在所谓整个调整开始谈判之际,模样险恶,前途为祸为福正未可逆料。中日将恢复友好抑将永为仇敌,将于今后数周或数月中卜之。愿两国政治家努力,并馨香祷祝努力成功!

[民国]二十五年十月十一日

(《独立评论》(北平)第223号,1936年10月18日)

冀察现局

上月二十四日,天津《大公报》登载东京二十三日同盟社电云:"天津日军参谋池田,携华北经济工作之现地成案,抵东京后,于二十二日赴日陆军省,会晤陆相寺内,次官梅津,军务局长矶谷,以及其他关系首脑部,详细说明现地案,已经中央部全部予以承认。"一面张群川越代表两国政府在南京正式谈商所谓国交调整,一面任平津,冀察地方当局与华北日军司令间却作成了一个"经济工作"之"现地成案"。在国人注意力集中于中日整个交涉之际,冀察现地便给你演出一出当场喝彩的戏。演员们之技术差称巧妙。无怪人家显出十足满意的样子,如上电所溢露。我们自家人中有多少听见这消息后觉得啼笑皆非,恐怕演员们未曾想到吧!段芝泉先生逝世,大家悼惜。据本月六日《大公报》的短评第二则里透出来的消息,李思浩从北平到上海,谒段氏,段氏询华北情形,李初不肯说,经力逼,乃尽述所知,段大怒几绝,病遂转剧,未数日竟不起。这是一条凄绝的新闻,我想大家看了都要觉得凄然。

南京及东京的电报频传,张群川越会谈中意见最难接近之处,是关于"华北特殊化"及"共同防共"两个问题。据我们所知,"华北特殊化"只是日本外交方面人士的一个外交辞令,并非真有心想以它为题目而从事于实际的折冲。至少,华北日本军部方面人未尝想要提这样一个要求。真的,"特殊化"最好是给作成已成事实,现刻既在依此方向迈进着,得着实惠要紧,作名义上的要求乃是不急之务!奉告国人,我们不要被这个外交名词吸收了大部分的注意力,而忽视了冀察现地鼠窃狗盗之事实。我们要唤起中央及地方当局认识冀察现局之严重性。抗争"名"的要求,自非不重要。但若止于此,而对于明白摆在面前的狞恶的事实装作未曾看见,那便是自欺。

"共同防共",宣传成了两难题之一。"防共"所指的是防俄,是一个千万不可上的圈套,似乎谁都明白。但如果解释为其作用是单纯对俄,尚不算能把握住这一着棋的真正危险性。大家应仔细想一想,难道日本真想在此时由外交途径得到中日军事同盟以制俄之结果吗?机会到时,要实施强力以求中国与日本缔结防俄军事协定,那诚是它的处心积虑。但目前尚非其时,日本军人应也明白。其所以在此时提出"共同防共"的话,小部分用意是让中国朝野先习闻此语,随后把它当作"悬案"要求解决,大部分用意是想借以掩盖正在迈进中的华北之实际特殊化。所以话便说回来了,华北特殊化才是日本军人及政客目前并且终极企求的东西。他们对我们说:“因为要防俄,所以要把华北特殊化。”我们应对他们说:“你们是要畅你们对我国的大欲,所以硬要特殊化我华北。你们说为防俄,那是遁辞。如果与俄真有冲突之可能,那必是你们对我华北的野心惹出来的。为什么不停止侵略,我们大家可以相处泰然?”

所谓两难题,实是同一行动揭着两面幌子。华北的实际特殊化,才是日方的真意向。闹了一阵热闹,原来还是一个骗局!我们固主张调整中日关系,但这样不诚意的谈判徒错乱了国人的视听,于事毫无补益。不如早日搁置,好集全力以应付目前冀察局势之更形恶化。日来已传东京方面将令谈判告一段落,“两大问题”留待将来交涉。此固暗示日方在冀察得着了现地实惠后踌躇满志之情状,于以证明其真实意向在华北之实际特殊化,为我们可由此不再受无聊的纠缠,亦毋宁望其真能早日作一结束。调整之宏愿虽不应放弃,行时却不可不审察利害,计其缓急。非其时而强为之,究属无益。

*　　　*　　　*

日方所谓“华北经济工作之现地成案”,我冀察地方当局说,这是“华北经济合作”、“经济提携”;本“平等互惠,共存共荣”之原则,与华北日军司令田代之间成立了经济合作或提携之“了解”,而并非“协定”;“了解”之内容有七八项;“自原则上有所商定后”(“了解”之另一表示法),现经双方交涉进行者,有通航,修筑津石铁路,及开采龙烟铁矿三事;通航路线,日方要求甚广,事实仅能限于冀察两省范围。

依连日报纸所载官方消息,三事中通航一事,已于十月十七日由冀察地方最高当局与天津日总领事堀内签定协约。由双方合组惠通公司经营,资本定为二百七十万元,双方各半,已各筹五十万元。惠通公司于十月二十三日在北平成立。开成立会时,双方发起人李思浩、纽传善、张允荣、儿玉长雄(“满洲”航空公司经理)等均出席。关于会务以及通航事宜内容,将于完全决定时,由中日双方同时发表。此事进行甚速。据日方消息,筹备已渐就绪,定本月十七日实行通航。惠通总公司设天津;在北平、张家口、锦州、大连各设办事处。天津东局子飞行场已修成可容纳大型飞机十数架之飞机库应用。此次开辟之航空路,系以天津为中心,即(一)天津锦州线,(二)天津大连线,(三)天津承德线(经过北平及张家口)。

津石路修筑问题,路线及其他详细办法,已大致决定。由天津至石庄,全线共长二百八十八公里,较原定之沧石路线长六十五公里。将采取借款购料包修办法。全线需用工款二千余万元,将由南满铁路株式会社方面供给新旧筑路材料,代替借款。筑路合同,传已由我方草拟竣事,俟与日方关系当局开会研究,双方认为满意,即签字实行。其所以决定改沧石路为津石路之缘由,据称有二。(一)若依原拟路线,由石庄修至沧县,可少修六十五公里,工程费用自较节省;不过路成后,由石庄运货至津浦路之沧县站,再转运到天津,津浦路本身即须增加机车等项设备,所费甚巨。若由石庄直修至天津,工程费虽较多,但津浦路毋庸增加机车等项设备。联运亦较为便利,货商运费藉此减轻。(二)修筑此路之最大目的,原在使晋棉晋煤得有外输之途径。今改沧石路为津石路,即所以益增晋棉晋煤外输之便利。虽自沧县至天津一段,与津浦路沧津段平行,在全国铁路修筑计划上,似为一弱点,但在联运以便利货商及铁路经济上讲,势须如此。路筑成后,车辆问题,北宁路现租给其他各路车辆共达四五十列之多,将来如将租出车辆全部收回,必可敷用,周转上不致发生困难。如此又可省去五六百万元。路线传已开始测量。为修筑此路,将设一津石铁路工程局,负责进行。局长一席,内定北宁路局长陈觉生兼任。

龙烟铁矿,由陆宗舆负责筹办,系复活性质。该矿在北京政府时代,即由陆筹办。在石景山厂址设有二百五十吨之炼铁炉一座,炉砖购自美国,升火后可用二十年,认为现仍可用。矿的蕴藏,据云有九千一百余万吨生铁,曾在汉冶萍试炼八百吨,铁质甲于全国。当年的开办计划,以种种原因,未能实现。陆本人为此有了赔累。此次筹备再行开办,关于整理部分,工作已开始。清理旧股及旧债办法,闻已拟定草案。拟依照原定计划,不仅炼铁,并设厂炼钢。资本额数,拟定为二千万元,开办后徐图增加到四千万元。将由日方投资。投资数目及投资对手,日军部正在考虑中。大概投资对手,非兴中公司即满铁会社。

以上关于三件要先举办的事之事实材料,集自连日见于报端的官方消息。我以其每显得情见乎词,关于沧石路之改为津石路,说得尤形欲盖弥彰,所以未加怎样大的删削,将它们录出来。

所谓经济合作“了解”,内容原有七八项,除了上述三项外,其余的四五项究是些什么,未见当局公表。从李思浩十月十九日在天津访晤田代堀内后所透露的,谓关于经济提携事宜,日方最注意者,厥为关内外通航,修筑津石路,及开采龙烟铁矿等,其他则为植棉问题,虽无具体决定,但已倾向于决定之途(见十月二十日天津《大公报》),我们知道植棉成了一项。从大连满洲《日日新闻》(满铁机关报)十月二十日所载天津电列举关于华北中日经济提携已判明之事项(见十月二十一日天津《大公报》),中有塘沽筑港计划,白河水利事业,及产销合作社三项,我们知道这三项也构成了重要项目。电中说及津石铁路至迟明春开工,一年半竣工之后,关于筑港计划,说道:“铁路完成后,有开辟吞吐港之必要,因决定以塘沽为主港,大沽为副港。经费需三千万元内外。”关于白河水利事业及产销合作社,谓“在计划研究中”,“在调查研究中”,并谓估计前项需款数千万元,后项需款五百万元。我们从别一方面得到消息,谓日人要攫取我渔业权。这两项与此事有何关系,我们现在还没有明白。此外由从侧面得到的消息,我们知道还有冀察两省电气事业之由中日合办,及井陉正丰两煤矿之整理。天津市电业之让与于日本兴中公司办理,中国受了绝大损失,是大家知道了的。现在,大概冀察两全省之电气事业也要同样办理了。关于煤矿,十月二十六日报纸登载过一段井陉煤矿德国股份有人垂涎的消息,见之于井陉矿务局局长谷钟秀的谈话中。我们害怕,事情或不仅只如此而已。

* * *

这些是事实。就凭这些事实,虽不应说华北整个特殊化了,冀察确一毫不苟地特殊化了。由这“合作”或“提携”之成立，我们一点都不马虎地让人攫取了中华民族国防所系，华北人民经济命脉所关的航空权、筑港权及路矿等权以去。如此而尚谓“一本平等互惠之原则”，“不丧失国家主权”，“不损害民众利益”，请言者自反，言之真有物乎？应知若离开国家与民族之利益，平等互惠一原则即无所附丽。今若有人谓，“兹所谓平等互惠，是将国家利益搁置一旁，只在被误认为地方的特殊利益上求我与人处于平等地位，同受实惠”，闻之者将何以解此嘲！

“将国家利益搁置一旁”，我们是不肯信的。但现局确是教人战栗的危局，掉以轻心是万万不可的！

［民国］二十五年十一月九日

（《独立评论》第 228 号，1936 年 11 月 22 日。本文和张奚若的《冀察不应以特殊自居》一文，曾导致《独立评论》杂志受到立即停刊的处分）

写致法律系同学供同学录补白

在中国现状之下——不,在任何时都是如此——,我们要以法律教育促进社会之进步与安定。对旧有的一点儿东西“敝帚自珍”,最足为前进之阻。乃至“适合国情”一类口头语,亦以少说为是。要悉心去研究西洋的东西。工具不够用时,努力求获得之。愿共勉之。

民主宪政与统一

各位都是从事实际业务的人,自己讲话不免空疏,怕没有什么可以贡献。今天选择这个题目来讲,多少系对目前时局之需要而发。近来似有人对于现状失望之余,对我们二十年来流血所换来的统一局面,亦不加以重视。我觉得在这一点上,每个国民都应有一明确的观念。我今天所讲的,一方面是强调统一不可破坏,一方面说明惟有实行民主与宪政,统一乃能确保。统一与民主实相互为用,而不能偏废的。现在先讲两者间之关系,然后就当前之局势说一说。

民主即人民主宰其国家之政治。非由君主,也非由某一特权阶级执政,乃由全体人民管理政事。执政者一部分由人民直接选出,大部分则由人民间接选出。

人民授权于官吏后,对种种法令之实施得随时监督。官吏应时时向人民交代,如听候定期改选。如继续当选,是即表示其所行之政策,人民认为满意;否则即表示人民对其所行之政策深致不满,故另换执政者,听其试行新政策。民主之特点,即政权之泉源在人民,官吏经人民选出后,应随时向人民交代,并听候定期改选。

宪政内包括若干民主之成分,但非恰恰与其一致。可依四点分述之:

(一)实施宪政的国家,其官吏政事之重要原则,必须经提议、讨论,而后决定之。

(二)宪政实施中,官吏之权必受一个限制,即不能违反人民之基本权利,如言论、出版,及身体自由等。

(三)宪政中掌政之人都经选举而产生。

(四)被选出者,其执行政务有一定之年限。

民主与宪政大体相同,惟但言民主,不一定便能保障宪政。因民主为多数人决定政事,易为群众心理所支配,有时作盲目之蠢动,不一定能保障人权,有时可选出一暴君,如法国拿破仑第一及拿破仑第三之被选出,听受专制,即其例。宪政则由人民选出之人,必须照宪法行事,人民之基本决定权利不许侵犯。根据宪法去执行政事,是即宪政。

要求统一为近代国家之特质。其统一之求得,或以兵力,或以政治力量,自不一律。人民切望统一,每不遑追究其来历。民主与宪政必在统一局面之下,乃能实施。既统一矣,有何纷争,每以政治方法去求得解决,绝不肯轻动武力。盖一动武力以解决政治纷争,则民主与宪政即告崩溃。必须在统一局面之下行民主,民主乃有着落。政党间应有尊重对方之雅量,一切纷歧,用政治方法去解决,决不诉诸武力，先将统一破坏。必须如此，人民之知识乃能日益进步，国家政治乃能走上轨道。民主与宪政，系诸道德素养者，实在是至大。必须在统一局面之下，谈民主与宪政，谈的方有着落，否则徒增国之混乱，招致社会不安定而已。

当前中国局势，全国大多数人民在要求民主，要求实施宪政。政府亦已一再宣言，将即准备实施宪政。问题所在，是党治尚未结束，军事正在进行到严重阶段，一切不能令人满意。惟国内政治问题，在政府应力求以政治方法去谋解决，须力避武力冲突，在民间应明了统一获得之不易，于呼吁用和平方法去解决政治纷歧之外，应竭力维护统一。盖一旦统一遭破坏，民主与宪政即无着落。由统一而归宿于民主与宪政，此其时矣。但步伐不可稍乱，乱则徒耗国力耳。

（苏茂邦笔记）

（《云南民政》第3卷第5期，云南省民政厅发行，1944年12月31日）

实施宪政与政党政治

今天我根据政治常识及20年来的历史来谈这个题目，我所要讲的可以分为十点：一，宪政是什么；二，宪政与民主是否为一事；三，宪政与宪法；四，宪政如何实施；五，宪政与政党；六，什么叫做政党政治；七，中国现有的政党；八，由党治到宪政的实际问题；九，中国宪政之前瞻；十，吾人之负责。

首先谈宪政是什么？宪政的内容有四个要素：第一，行宪政的国家，其政治权力的泉源在全国人民，而非存一人一家，也并非在哪一党或哪一阶层。第二，行宪政的国家，国家大事须经过一定的方式与手续才能决定，如经议会的讨论等等。第三，行宪政的国家，其政治上的负责人，是由人民直接选举出来的，其职权是有限制的。第四，这种政治上的负责人任期届满，须向人民交代，故宪政国家必定期普选。上述四点可说是宪政的主要因素及象征。

其次谈宪政与民主的关系。实行宪政的国家多是民主国家，然而民主若不取宪政的方式是否真正的民主呢？在事实上民主而不循宪政之路，常会演成暴民专政的局面，如法国第一、第二两次共和，都是民主而不行宪政所引起的暴政的实例，故二者的关系可以说是宪政的国家必是民主的国家，若民主而不循宪政的路，则很可能变成暴民专政。在政治学上说，民主是指依照人民的意志而决定政体及政事，然而民意常是粗浅的，必须经过一番提炼工夫始能得其精华，在一般的形式，这种民意提炼的工作都是由议会来完成的，即人民的意志须透过议会而表达，议会之所以能担负这种工作，自非借宪政之力不可了。

现在谈宪政与宪法。英国以外实施宪政的国家，普遍都有成文宪法，即在英国也有一些重要历史文件及习惯，国家一切大事须照规定依步骤去办，这都是宪法所规定，故宪法是宪政最基本而最重要的根据。谈到中国实施宪政的实际问题，中国究竟将施行哪一种宪法，虽不可肯定置答，然而就目前情势推测，五五宪草的可能性最大，将来或许还要有些修改，然而修改的范围恐怕不会很大。在五五宪草中争执最烈的是国民大会的权力问题。从前年起直至今日，讨论的重心在此，将来如何解决，颇难预测。惟就两月前宪政实施协进会讨论的结果，所提出的意见，大致在行政权方面是采取美国的总统制，国民大会为最高的民意机构，立法院则为经常的立法机关，监察院则行使相当于议会的弹劾权。故五权三权不过是名词之争而已，将来的国民大会可能系此意见通过。

至于宪政如何实施的问题，凭政治常识我们知道一部健全的宪法是极端重要的，然而除此以外，诸凡政治的措施、人民的政治训练及常识、政党的风度以及从政者的操守都是很重要的。这中间尤其需要一个组织，以为推动宪政之实施的动力。这不得不寄望于一般有先见卓识的有志之士，仅仅通过了一部宪法便说宪政规模告成，这是绝对不可以的。我们行宪政，宪法上的条文固然不可违反，然而最主要的，我们要注重宪政精神，有许多事不是刻板的宪法条文所能规范，这完全需靠宪政的主要精神来解决。在这里，宪政先进国家实施宪政的方法与态度，也可以供我们参考。

接着要谈的是宪政与政党。宪政固可以民意为基础，然而在事实上全体人民并非都能从事政治活动，真正负担这一份任务的只有其中的一部分。这一部分人不过要以民意依归罢了。这一部分人，常有组织，且在事实上也需要组织，这便是政党产生的由来。因为这般智才之士，提出公开的政见，人民可以根据自己的常识及各方面的情形以为考虑，选举哪一党可负他们的重托，而将政权交与该党代表行使。且在宪政的实际推行中，也必须这样的党，使人民有选择的余地，否则便易流于专制。在各国由历史的背景及政见的出入而演成各个政党，如英国的保守、自由、劳工三党，美国的民主、共和两党，都是政党的典型。他们不但因传统的政策不同，而且常也因对事物的看法不同，而采取不同的态度。在实施宪政的国家，政党确是不可少的，在普通情形之下，大概总是二三大党主持其事，若无有力的大党在其中领导，则很容易演成政治上的混乱局面。法国内阁的不稳，其原因即在此。

什么叫做政党政治？就政治常识来说，政党政治是各政党在遵循宪法的大前提下如何来玩政治，不过这里的“玩”字隐作依法活动、依法运用的解释，它的目的即在如何推动宪政。然而若无一定的准则将形成无目标的情形，一般宪政先进国家都有宪法惯例可资依循，然而这并非凭空而来，必定有它历史的渊源与社会的背景所促成。我们准备行宪政的国家，固然要参考宪政先进国家的情形，然而本国文化的传统、历史的背景以及社会的物质状况等等，也都是应当特别注意的。

至于谈到中国现有的政党，诸位都知道有两大党，即国民党与共产党，此外有青年党、国社党等，还有历史的渊源所促成的今日的民主同盟，为着要了解它们的实质与它们是否能担负起领导人民实行宪政的责任，我们必需从它们本身的历史去分析，也唯有如此才看得出它们的长处与短处。国民党的历史最悠久，从宪政运动的观点上看，提出宪政的要求很早，是以反对专制为历史背景的。从兴中会到中华革命党是在野时期，以施行国会政治为目标，当时与进步党竞争颇烈，并主张以内阁制来代替总统制，与袁世凯是站在反面的。其后国民党在南方以护党为号召，其结果遂有中华革命党的新名称、新组织出现，主张重新革命应由地方作起。其后经过俄国的革命成功，以及国内新文化运动新思潮的影响，中山先生觉得俄国的情形是一个好榜样，在此时期，一般青年在政治上也渐形分野，有的主张激进，有的趋于保守，在此情形之下，遂有中国共产党的产生。当时孙中山先生的意见而为要增加党的青年分子，故有国共携手的局面，在事实上受俄国的影响不小。当“五四”

运动中有“少年中国”的组织，当时参加的人颇多，其后一部分成为共产党，另一部分成为青年党。我当时也是“少年中国”的一分子，然而“五四”次年即出国，十四年才回到北平，当时李大钊先生为国共两党在北方的负责人，他说我加入任何一党均可，由此可看到当时的情形及青年在动荡时期中的境遇。十三年以后，国民党采取苏联的形式，“一党专政”即系来自苏联。十四年中山先生逝世，十五年北伐，国共两党即渐分离。起先分裂的情形在下层，上层还负责联络。十六年武汉政府成立，否认北伐的力量，并有清党运动的产生，其中枉死了不少青年！由此而后，国共两党形成对立的状态。“九一八”事变后形势有转变，在一致对外的大前提下，某些问题获得暂时的解决。然而，“七七”事变抗战发生后，情形又不同了，形成今日两党武力的对峙。在目前的情况之下，国民党提出还政的问题，其应注意的即在如何过渡才不致发生问题。

青年党最先成立于巴黎，在 15 年以前他们斗争的对象以国共二党为主，其后这般人归国，李璜、曾琦等在上海办《醒狮》，那时反对共产党言论亦不少。他们的基层工作以在四川作得最好。国社党在今日仅有一群人而已，没有什么大规模的组织，由张君劢等人领导。第三党有邓演达、章伯钧等人。此外，参政会中还有“七君子”一派及黄炎培等人的江苏教育学会，然而他们自己也不承认是正式的政党。近几年由参政会的接触，有民主同盟的形成，然而这只可说是在社会上已露头角的人一种个人的结合，而非有广大群众的政党。就我国目前政党的情形看，自以国共二党的问题最重要，而在他们的关系中，军事问题实为其主要症结所在。现在两党都有军队，拥兵自雄而谈宪政，是不会有好结果。现在，在实施宪政的总目标下，最现实的办法是如何想得一个较妥当的办法，以为实施宪政过渡期中比较正常关系的建立。

目前的党治到宪政的途径，确是相当费力的。假若军事问题能在抗战期中以美方的调解而得到解决，这确是一个好机会。又若政治上的局面能顺利逐渐开展，则国民大会的开与不开或是否圆满将无大影响，所谓联合政府，其最佳的后果恐也不会比此好多远。凡是以武力作后盾的事吾人不必讨论，真正的民主政治不能以现有的武力支持。无论那一党，他对人民对国家以及对自己，最重要的不是时价还价的问题，而是需要真正的有作为。

就目前的局势来观察，我对于我国宪政的前途似不便于十分乐观，不过我这话应加以时间性的限制比较妥当。由政党方面来看，若不取消以武力为后盾的局面，则一切其他的问题难得解决。国民党最近在某些地方颇受人责难，然而它有一个基本的观点，即必须还政于民，还政以后的国民党即与他党平等。然而在国民党的希望里以及在事实上，仍将为一个有大力量的党。共产党人认为国民党若不放弃现有的制度，他们势必会继续斗争，延安《解放日报》对蒋主席元旦及 3 月 1 日文告批评的态度，其中很少能寻出互谅互信的成分，距离一个宪政国家里正式政党的风度尚远。可见这问题并非单方面的。另外就人民一方面看，也不能使人太乐观，不但一般普通人民没有受过充分的训练，即知识分子能否圆满达成其一分子的任务，也还是相当费考虑。不过这样的局面与情形应当是暂时的，我们这样希望，同样我们也必须为此而努力。在实施宪政与民主的国家里，人民是主人而不是一群任意被某党支配的群众，是否能如此，那就要看我们作主人的人的修养与态度。为着将来中国能顺利实行宪政与民主，我们每一国民都应先从充实自己、坚强自己作起，俾能作一个真正主宰政治的民主主人。

（吴显祺记）

（昆明《海鸥周刊》创刊号，1945 年 5 月 26 日。台湾“中央研究院”近代史研究所收藏。“海鸥”为抗日烈士戴安澜将军的号）

钱端升、周炳琳关于国民大会的书面声明

钱端升、周炳琳两先生发表书面声明对国民大会问题审查意见，有三点与多数未能一致。

关于国民大会问题的意见，有若干点端升、炳琳未能与多数一致。谨列举如下。并请提出大会作为委员会之少数报告。

一、国民大会召集日之期先后为次要问题，首次国民大会之职权限于制宪抑兼及行宪亦为次要问题，主要之点在代表人选必依立宪国家通例由普选产生，在普选有可能以前，国民大会必须召集，关于大会召集有争执之问题，各方须从协议先求解决，求大会勉能反映广周之民意。

二、协议可采取设置政治解决委员会之方式。在实际政治上，关于国民大会召集之争执与其他政治争执彼此牵连，不能分离，为便于前一种争执之解决起见，政治解决委员会应对一切政治争执均有讨论协议之权。

三、无论国民大会何时召集，如何召集，人民身体自由、言论自由及政治结社自由，政府务须立即作最确切、最有效之保障。

（《新华日报》（重庆），1945 年 7 月 20 日）

《国立西南联合大学张奚若等十教授为国共商谈致蒋介石毛泽东两先生电文》

张奚若　周炳琳　朱自清　李继侗　吴之椿
陈序经　陈岱孙　汤用彤　闻一多　钱端升

1945 年 10 月 1 日

重庆国民政府文官处分转蒋介石先生、毛泽东先生大鉴：

日本投降，先生等聚首重庆，国人方庆外患既除，内争可泯，莫不引领企望协商早得结果，统一早成事实，新中国之建设早获开始。顾谈商逾月，外间第传关于地区之分辖有异议，军额之分配有争执，而国人所最关切之民主政治之实施，及代表此政治之议会之召集，转未闻有何协议。诚所传非虚，则谈商纵有结果，亦只是国共两党一时均势之获得而已，既不能满足全国人民殷殷望治之心，亦不足以克服国家目前所遭遇之困难。奚若等内审舆情，外察大势，以为一党专政固须终止，两党分割亦难为训，敢请先生等立即同意召集包括各党各派及无党无派人士之政治会议，共商如何成立容纳全国各方开明意见之联合政府，再由此联合政府于最短期内举行国民大会代表之选举，定期召开国民大会以制定根本大法，以产生立宪政府。必如此，一切政治纠纷乃可获致圆满之解决，而还政于民之口号乃不至徒托空言。在立宪政府成立以前，国共两党既为今日中国力量最雄厚之两大政党，先生等又为其领袖，故刷新政治，改正方向，先生等实责无旁贷。

今当除旧布新之际，有数事应请特别注意，并立即施行者。

十余年来，我国政权实际上操于介石先生一人之手，介石先生领导抗战矢志不渝，自为国人所钦敬，惟十余年来政治上之种种弱点，如用人之失当，人民利益之被漠视，以及贤者能者之莫能为助，其造因为何？诚宜及时反省！今后我国无论采用何种政制，此一人独揽之风，务须迅予纠正。此其一。

十余年来，由于用人之专重服从，而不问其贤能与否，遂致政治道德日趋败坏，行政效率日趋低落。即自日本投降以来，收复区人事之布置，亦在在使人惊讶失望。今后用人应重德能，昏庸者、贪婪者、开倒车者，均应摒弃，庶我国可不致自绝于近代国家之林，而建国工作乃能收效。此其二。

军人干政，在任何国家任何时代皆为祸乱之阶，今后无论在中央或在地方，为旧军人或为新军人，隶国民党之军人或隶共产党之军人，皆不应再令主政。此其三。

奸逆叛国，其罪莫逭，政府纵恻隐为怀，不将大小伪官一一加以惩处，而元凶巨慝及直接通敌之辈，绝不可使逃法外。须知过于姑息，便损纪纲，忠奸不分，何以为国。此其四。

以上四者，皆属今日当务之急，亦为国家根本之图，先生等领导国内两大政党，倘刷新政治，改变作风之决心一经表明，目前政治上之纷乱局面，可立归于澄清，而来日宪政之实施，亦可大减其阻力。抑更有进者，民主制度之所以能风靡全世，而战胜反动集团消灭法西斯主义者，乃因其能以全国人民之意志为国家之意志，以全国人民之力量为国家之力量。故真正民主国家，其政府对于个人之价值，与夫个人之人格与自由，莫不特别重视，对于全体人民之智慧，亦莫不衷心信赖。先生等领导大党，责逾寻常，务望正心诚意，循宪政之常轨，以运用其党力，诚能以实际之措施，求人民拥护，借人心之归向，作施政之指针，则一切纠纷自然消弭矣。夫导国家于富强康乐之域，其道自尊重人民始，而树立宪政轨范心理上之因素，尤为首要。奚若等向以教学为业，目击政治纷乱所加于人民之损害，亦既有年，值此治乱间不容发之际，观感所及不容缄默，率直陈词，尚乞察纳。

（昆明《民主周刊》第 2 卷第 12 期，1945 年 10 月 17 日）

西南联合大学1945年11月26日致教育部长朱家骅急电

急。教育部朱部长钧鉴:本校学生与云南大学中法大学及英语专科学校学生,于本月二十五日晚在本校举行时事晚会,由本校教授钱端升、伍启元、费孝通及云大教授潘大逵四先生讲演,对于内战问题有所讨论,秩序良好。事前地方当局与学校当局商洽,不准学生开会。学校以为学生在校内开会事,事属寻常,请勿操之过急,并负责不使学生有轨外行动。乃于甫开会之时,竟有军警在本校四周施放枪炮,断绝交通。学生愤慨,于今日罢课。除已函省府交涉,勿再有此项措施,并令学生即日复课外,诚恐传闻失实,谨电请并派员来昆彻查,以明真相。

国立西南联合大学叩寝(二十六日)印

(本急电是周炳琳作为西南联合大学常务委员会代理主席时,于1945年11月26日起草和签发的。原件存南京中国第二历史档案馆。见中共云南省委党史资料征集委员会、中共云南师范大学委员会编:《中国共产党历史资料丛书·"一二·一"运动》,中共党史资料出版社1988年版,第373页)

国立西南联合大学全体教授为十一月二十五日地方军政当局侵害集会自由事件抗议书

近代民主国家，无不以人民之自由为重，而集会言论之自由，尤为重要。无此自由者，应使有之，既有此自由，应保障之、充实之，此固社会进步之常理，经世建国之要道，而为政府与人民所应共晓者也。其在我国，集会言论之自由，载在约法，全国人民，同应享受，大学师生，自无例外，且断非地方军政当局所得擅加限制者。乃本月二十五日晚，方本大学学生，与云南大学、中法大学及英语专修学校学生，在本大学举行晚会之时，竟有当地驻军，在本大学四围，施放枪炮，断绝交通。际此抗战已告结束，举国方以进入宪政时期，而地方军政当局，竟有此不法之举，不特妨害人民正当之自由，侵犯学府之尊严，抑且引起社会莫大之不安。兹经同人等于本日集会，全体一致决议，对此不法之举，表示最严重之抗议。

国立西南联合大学教授会
民国三十四年十一月二十九日

（本抗议书乃西南联合大学教授会推举周炳琳教授牵头起草，当时周炳琳是西南联大常务委员会代理主席。见“一二·一”运动史编写组编：《“一二·一”运动史料选编》上册，云南人民出版社1980年版，第69页）

西南联合大学致教育部长朱家骅快邮代电

教育部朱部长钧鉴:

本校师范学院,突有暴徒数十人侵入,捣毁教具,学生图谋拦阻,该暴徒等突掷手榴弹四枚,学生因此受伤者八人,内男生李鲁连女生潘琰及昆华工校学生荀极中(按:即张华昌)三名因伤致命。又晨十一时,本校工学院学生宿舍亦被暴徒冲入,捣毁校具;下午二时后复闯入该院办公室,继续捣毁校具。当有本校教授马大猷上前劝解无效,手部复被殴伤。本校师院附中午间亦被暴徒闯入,捣毁校具多件。先是云大亦有类似情事。本校新舍,适有身着军服军士百余人,行经校门,学生深恐系前来寻衅,乃将校门关闭,冀免侵入。乃竟不免冲突,以石块锄棍等项武器隔墙互掷,结果学生受伤者十人。窃查:学术机关竟致发生如此惨案,刻下事态严重性仍未减低。已将事实经过就近通知钧部周司长及云南警备司令部,请求察看,及采取处置外,理合据实陈报钧部,仰祈鉴核,除分呈蒋主席、宋院长外,并请钧座来昆,亲加处理,不胜迫切待命之至!

国立西南联合大学叩冬(二日)

(本快邮代电是1945年12月2日周炳琳代理西南联大常委会主席时签发,原件存南京中国第二历史档案馆。见中共云南省委党史资料征集委员会、中共云南师范大学委员会编:《中国共产党历史资料丛书·“一二·一”运动》,中共党史资料出版社1988年版)

国立西南联合大学教授会为此次昆明学生死伤事件致报界之公开声明

昆明云南大学、中法大学、英语专科学校及本校四大学学生自治会，于十一月二十五日晚，假本校校址，召开时事讨论会，当日上午本校暨云大当局曾特应党政当局李宗黄之邀约，面告此种开会，过去常有其事，尚未发生事端。不料在该会开始前一二小时，本校又接到云南省政府暨云南警备司令部会衔公函，内开："查目前集会，均须事先请准，始得举行。顷悉云大、联大、中法、英专四大学学生自治会，发起演讲会，于本日下午六时半在云大至公堂举行，欢迎各界人士前往参加。此种集会，并未先行请准，应即停止举行，以免影响治安，希即转知贵校学生自治会遵照为荷"等由。本校认为学生在校内集会，过去情形良好，且当日上午已与李代主席说明，似无劝阻之必要，初不意党政当局蓄意与教育界为难也。当晚该会进行中，突有军队将本校包围，枪声四起，流弹横飞，幸学生持以镇静，未肇事端，相持至深夜始告解围。翌日本市报纸载有昨晚联大附近匪警之消息，因此群情愤慨，本市中等以上学校学生，遂相率罢课，要求地方当局查办前晚开枪及包围学校之军队，并收回与中央法令相抵触之集会禁令。罢课后，本校当局再三晓谕学生，劝令复课，预计本月三日可以上课，至三十日复有便衣暴徒闯入云大及中法等校内捣毁校具，当日学生偶有三五人出发至街头，说明罢课，呼吁和平，皆遭暴徒痛殴及枪击，学生亦有被暴徒拘入宪兵驻在所者。当晚学校当局又复告诫学生，以后勿再出校，免生意外，乃本月一日暴徒愈益逞凶，晨十时许即有身穿杂色制服之军人数十人，并有佩带领章符号者，手携木棍扁担，呼啸冲入云大校门，捣毁器物，适在该处之少数学生，均被打受伤。少顷联大新校舍门前陆续到有军人百余人，佩有第二军官总队符号，先向学生寻衅，继即以木棍石子向校门进攻，学生拦阻问故，军人破门而入，以致发生互殴情事。军人本持手榴弹预备投掷者，为本校教授高崇熙所见，立劝队长加以阻止，该队长尚明大义，即将该手榴弹夺回，掷向南区校舍外时，有南菁中学教员于再先生，来到联大理发，被阻于门外，竟遭暴徒殴伤，头部复被弹片中伤，当晚身死。学生遭受毒打重伤者十余人。本校教授袁复礼适在南区校舍，冒险向军人劝阻，亦被殴打数棍。同时复有暴徒四五十人，或御军服，或穿便衣，由三青团云南支团部某干事率领，先到联大附中捣毁门窗牌告，并毁坏捐款箱，劫去捐款，中学生见状躲避，幸未伤人，该暴徒继哄至联大师范学院强行闯入，先在饭厅前开枪并掷手榴弹一枚，学生闻声避入隔壁昆华工校内，初未伤人。及暴徒等已退出，学生返来关门，暴徒复返身将校门打破，向内掷手榴弹二枚，当场炸伤学生多人，内联大学生李鲁连即时中弹倒地，昆华工校十七岁学生荀极中（即张华昌）头部重伤，均于当晚毙命。更有甚者，对于已经受伤倒地之联大女生潘琰，乃用刺刀在腹部猛戳数刀，终至毙命。联大及云大医学院学生及护士等闻变前来救护，并将死伤同学抬至云大医院，当时复有大队军人跟踪而至，将甫至医院退出之学生包围殴打，其中联大学生高金堂受重伤，该军人等更劫去钢笔、手表及学生证等物。下午二时许，有身穿灰色制服之军人及便装暴徒六七十人，由一身材高大服黑衣者，领导闯入联大工学院办公室及教职员宿舍，任意捣毁校具，破坏门窗，本校教授马大猷、钱钟韩及教员牟光信出面劝阻，即遭毒打，暴徒临去时，复将校警手持之步枪二支带走，当晚关司令前往调查时，学校同人面告以暴徒带走学校枪支，关司令立即声明枪支已交到总部。早在当日晨六时，即有暴徒六七人闯入工学院学生宿舍，时学生尚未起床，幸无死伤，暴徒只破坏门窗牌告而去。总计本月一日，军人暴徒在本校散在四处之各学院及附中所肇事端，共有五起，而师范学院所遭事变，最为惨重，以上所述各节，为是日惨案经过概况，就调查所及，当日学生被殴杀者凡二十九人，计立时毙命者一人，逾时死亡者三人，受重伤住医院者十一人，轻伤者十四人。综观惨案经过，自非偶然事件，此数十百武装军人暴徒，在光天化日之下，结队横行，为所欲为，对于手无寸铁之学生教员到处殴打，恣意残杀，前后历四五小时之久，谓非当地党政军当局有意嗾使，谁复能信？查前云南省政府兼代主席兼党务主任委员李宗黄，云南警备总司令关麟征，第五军军长邱清泉，于惨案形成期内，实综揽当地军政大权，对于学生集会，恣意高压，应负激成罢课风潮之责任。盖党政军当局，对学生既不知劝诱，又不听各校当局之忠告，欲以一纸命令禁止集会，姑不论其本身已属违法，即就情理言，学生讨论的事，宜加疏导，不可压制。二十五日之集会，竟有军队包围开枪，横加恫吓，显属蓄意挑衅，及罢课已经激成，该兼代主席、党务主任李宗黄，复于中学校长联席会上宣称，对于罢课学生，拟采用武力压制，不惜流血，又声言决组织反罢课委员会以资抵制，殊不知此举适足刺激青年之情绪。自罢课事件发生后，本市任何报纸，对于罢课实际情形，及暴徒殴杀员生事件，未获有正确之登载，而关于反罢课委员会之消息及其布告启事等等，未能拒绝登载，应有尽有。学生情绪之被抑，无可告诉，其悲愤概可想见。查惨案发生时，关司令及邱军长所属部队有驻扎大西门城楼者，离联大不过数步，对暴徒等之呼啸杀人，达数小时之久，学生等之惨号呼救，声动全城，绝无不闻之理，而该处驻军事实上竟未出而阻止，更无当场拘捕凶手之事；复次数十百暴徒，于分批至各校杀害师生后，均高呼口号，游行过市，军政当局对于各学校校内集会尚加干涉，并颁禁令，何以对于军人暴徒结队杀人，叫嚣过市，置若罔闻。此项矛盾措施，更足以证明该项暴徒，闯入学校捣毁校具，殴杀员生，实为兼代主席兼党务主任李、警备总司令关、第五军军长邱，明目张胆所共同指使。自惨案发生以来，此间全体教育界，已人人自危，随时随地均有横被殴杀之可能，地狱恐怖，无以复加，邦国前途，更难设想。本校教授会因设立法律委员会,根据法律,向政府有关部门提出法律上之控诉,以维法纪,亦所以平师生之公愤。兹敬以简单事实报告各位,并祈共同主张公道,教育幸甚,国家幸甚,固不仅本校全体师生所感幸者也。

国立西南联合大学教授会
[1945年]十二月十日

(周炳琳作为西南联大教授会推定的法律委员会的主持人负责起草和签发此声明)

西南联大教授会告同学书

本校罢课已将届月。其中所经过惨痛之事实,已为国人所共见。本会措施,亦屡经决议执行。关于本月一日之惨案,现在除军事负责首脑人员停职议处外,本会并请求政府对行政负责首脑人员先行撤职,决以去就力争。促其实现。关于非法禁止集会之禁令,已于本晚推举代表与现军政当局洽商,望其对合法之自由予以尊重。同学诸君心怀冤抑,同人深有同感。但默察校内外之情势,如学校早日恢复常态,同学对于政府之要求,亦可早日实现。如坚持罢课,则前途演变,恐有不忍言者。同人爱护同学,爱护学校,本中心之热诚,经屡次之会议,已请学校定于十二月二十日务必复课。务望同学诸君于是日晨照常上课。其因故不能上课者,亦勿对上课同学有拦阻之举动。否则,同人在校所司何事,尸位之讥,义不能受,亦当有以自处。谨此忠告,惟同学诸君察之。

国立西南联合大学教授会
[民国]三十四年十二月十九日

(1945 年 12 月 19 日西南联大教授会推举周炳琳、冯友兰、赵廼抟三教授草拟教授会告同学书,并代表教授会与卢汉主席、霍揆彰总司令接洽。见"一二·一"运动史编写组编:《"一二·一"运动史料选编》下册,云南人民出版社 1980 年版,第 44 页)

联大教授会为控告杀人罪犯李宗黄、关麟征等呈国民政府军事委员会告诉状

《罢委会通讯》编者按：

为此次昆明军政当局屠杀学生事件，西南联大教授会除发表事实经过外，又决定依法提起公诉，控告杀人主犯李宗黄、关麟征等。原告诉状有二，一为呈国民政府军事委员会，控告罪犯关麟征、邱清泉等现役军人；一为呈法院，控告罪犯李宗黄、周绅等非军人。本处所发表者系呈军事委员会之告诉状，其呈法院之告诉状与此大致相同，惟罪名及被告项下更详述李宗黄及特务之罪名，因限于篇幅另外不再刊印。

又本文所指证人及一部分罪犯名字，因目前尚未至发表时期，故均以“×××”代之，请各鉴谅。

为对于本案共犯中军人部分提起告诉请求依法审判事，缘云南省政府委员前兼代主席李宗黄，云南全省警备司令关麟征，第五军军长邱清泉等，利用职务上之权力及方法，阻扰集会，妨害自由，聚众强暴，扰乱秩序，滥用权力，违法杀人，加侮辱伤害于教授，施毒打轰炸于青年，败法乱纪，罪大恶极，苟不依法严惩，岂仅死者含冤，生者衔恨，实足玷辱法纪，影响人心，昆明学潮，尤难解决。唯是被告等或主管行政，炙手可热，或军权在握，叱咤风云。除李宗黄等非军人部分已另行状请最高法院依职权裁定移转管辖外，对于云南全省前警备司令关麟征、第五军军长邱清泉等军人及准军人，兹分(一) 被害事实及证据；(二) 罪名及被告两项详呈于左：

第一项　被害事实及证据

一、阻扰集会妨害自由之事实

先是国立西南联合大学、国立云南大学、中法大学及云南省立英语专科学校四校学生自治会联名召开时事演讲会，因欲集思广益，遂并欢迎校外人士参加，预定十一月二十五日午后六时半假云南大学至公堂举行，期前临时变更会址，改用国立西南联合大学新校舍北区图书馆前为会场。因期前曾贴通告于校内集

会，当日并有某报报道此项消息，事为关麟征、李宗黄等所悉，意欲禁止，李宗黄乃于是日午前向西南联大及云南大学当局有所表示。午后约四时以后，西南联大复接云南省政府与云南省警备总司令部会衔公函内开："查目前集会均须事先请准始得举行，顷悉联大云大中法英专四大学学生自治会发起演讲会，于本日下午六时半在云大至公堂举行，欢迎各界人士前往参加。此种集会并未先行请准，应即停止举行，以免影响治安，希即转知贵校学生自治会遵照为荷"等语，惟联大当局以平时开会，法所容许，校内演讲，虽以时事为题，仍系求知性质，不乏学术意味，本无应禁理由及合法根据，兼之当日午前已经联大当局面陈李宗黄表示并无阻止必要。况演讲地址原定云南大学，临时改至联大，亦非意料所及，矧集会时在黄昏，已非学校办公时间，抑亦不克禁止。该演讲会遂获按时开始，未遇阻碍。正进行中，发现新校舍区域已处第五军邱清泉部军队包围中，随即枪声大作，火光四射，流弹纷飞，交通断绝。联大北区集会及寄宿学生数千人，顿感置身前线，陷敌重围，不仅行动已失自由，生命亦无保障，不复自觉其所践履实为爱好和平增进知识之学府黉宫，幸军队目的仅在威胁，无意杀伤；益以被围人众类皆知识分子，尚能忍辱镇静，专心研讨，坐待解围，无意发生冲突。待至深夜军队始行解围，恢复交通，城内赴会人士方得自由返寓，北区寄宿学生之行动自由及心理安宁亦告恢复。此项事实不仅当时与会者及北区寄宿学生数千人所身历目睹，且为昆明西北隅城墙外内居民所共知，彰明较著不容否认。依据二十六年上字第一二四七号判例之说明，毋庸证明即可认定。翌日昆市报纸虽传联大附近匪警之讯，揆事论理，苟非记载失实，即属存心造谣。盖果属匪警，则处包围中者理应为匪而非联大新校舍，且出动如许军队必系股匪来扰，然昆明为军警林立之地，联大新校舍毗连北校场军营，何来股匪胆敢自投罗网？果属匪警，来自何地？去向何方？何人目击？何故竟未侵入一户劫去一物？以当晚枪声种类之繁多与稠密，何故军匪双方均免死伤，更无一匪就擒？且匪既撤退，军警理应追击，其追击又止于何处？军警剿匪，职责攸关，又何故不予穷追剿灭，听其逸去？凡此种种足见所谓匪讯，即系伪讯，其所谓匪，苟非指当晚包围新校舍之军队而言，则其所指实属子虚不待多言。

二、聚众强暴破坏秩序之事实

（甲）中法大学被害事实：

十一月三十日午后三时二十分，三民主义青年团团员赵斌率领便衣三十余人及无番号军人二十余人，持棍闯入该校，撕毁标语，捣毁桌凳，并冲入学生自治会办公处所，破坏门窗桌凳，势甚凶猛，因学生退让，未加阻止，幸无杀伤。破坏痕迹，一目了然，有相片可证。

（乙）云南大学被害事实：

十一月三十日下午二时，有服装不一之群众[1]约三十人，或穿便衣，或穿草绿色军服，或穿灰棉军服，或着长衫，或穿美军制服，手持木棍铁锤，冲入该校大门，捣毁张贴壁报之黑板及附近桌椅笔墨，并书写“赤匪”、“共产党”等荒谬字句于被毁处所，扬长而去。破坏痕迹，相片可证。

又十二月一日午前约十时，有武装士兵五十余人，后随装束不一，衣服不整，品类不齐者三十余人，手持铁锤木棍扁担等物，擅入该校大门，门警无力阻止，大门内之校警岗亭及校舍之门窗均被捣毁，痕迹俱在，照片可证。

（丙）拓东路联大工学院被害事实：

十二月一日午后二时半，有身着长衫、西服、中山装、军服，头戴军便帽之群众两百余人，手持木棍扁担砖石，穿军服者多在门外把风，另由一年约三十，头戴呢帽，身穿法蓝绒西服，鼻架眼镜，率领大部便衣及少数军服群众进入该院，扯下所悬党国旗，撕毁标语，捣毁会客室及校警室之窗户玻璃，破坏学校布告栏及布告牌，击破航空系门上玻璃，并曾闯入教授宿舍，打坏窗户玻璃。情真迹实，该院街邻××、×××、×××、××、×××，学生×××，教授马大猷、刘恢先、钱钟韩均曾身历目睹，尽可质讯。

（丁）钱局街联大附中被害事实：

十二月一日午前十一时许，有服装不一之群众，或穿黑布长衫，头缠白毛巾，或着灰色长衫，戴瓜皮帽，或着美军茄克，手持木棍或桌脚，侵入联大附中大门内，捣毁贴有标语之黑板，撕毁校内所贴标语，逗留约二十分钟，始离该校向大西门而去。有×××当场目击，尽可质讯。

（戊）龙翔街联大师范学院被害事实：

骚扰联大附中之群众，出大西门，于十二时左右到达联大师范学院门口，撕毁墙上标语，捣毁张贴标语之黑板，随即发喊举棒，侵入大门，用砖石捣碎办公室门上玻璃及门旁之布告牌，并进入学生宿舍院内，撕毁四周墙壁上所贴标语，闯进食堂，破坏桌凳饭碗餐具，并以木棍砖石掷击学生，随即掷手榴弹三枚均经爆炸，弹坑三处，一目了然，照片可证。并有×××、×××当场目击。事后关麟征亦曾到场视察，确认非虚。

又十一月三十日午后二时许，有服装不一群众，偕同着灰色军服者约近百人，手持木棍出大西门，沿途撕毁标语（并张贴反罢课委员会标语），经龙翔街口，陆续到达该院，首由一身材矮胖，年约三十左右，着黄色毛呢衣服，戴美军草绿色毛线帽之男子率领，口称“老百姓”，并高喊“撕呀！打呀！”当经在场学生×××劝阻不听，将该院内黑板及板架毁损，并劫持其一部分，用作武器。继在门口耀武扬威，破口大骂，群呼口号扬长而去。有×××目击可证。此类群众×××，即为十二月一

① 文中“群众”系指冒充群众的暴徒。

日第二次捣毁该院投掷炸弹之群众，尽可质讯。

（己）城北路联大新校舍被害事实：

十二月一日午前约十时四十五分前后，遥见身着灰色棉军服三列纵队军人约数百人，即关麟征（邱清泉）所辖军官队之一部，手持锄头、铁铲、木棒、石块等，由马路东端南菁学校方面向新校舍前进，高喊"打呀！杀呀！"斯时新校舍学生已知云南大学被打事实，情知不妙，当时新校舍北区大门关闭，并用物堵塞，以阻侵入，及军人行抵门前，一面冲打校门，同时用多数石子砖头瓦片掷入围墙，势如雨下，并夺取面店板凳，路旁摊贩扁担，以充武器。斯时其中有一军人声称"回去抬机关枪去"，语音未了，即有六七军人取道东路，飞奔而去，校门经继续攻打数分钟后，已经打破，当有四五军人由破门进入校内，旋复退出，隔墙对峙继续多时，其领队军官戚某立于门外电杆上，向内表示误会，双方进行交涉，停止进攻，旋有手榴弹一枚在门外爆炸，有新校舍内外×××、×××、×××、×××、××、×××、×××、×××、袁复礼教授及××、×××、×××、×××等多数人所身历目睹，悉可质讯，并有照片可证。

三、公然侮辱伤害教授之事实

（甲）十二月一日大队军人进攻新校舍北区大门之际，联大教授袁复礼适在门外，见势危急趋前劝解，在门前马路中心横遭殴辱，幸经×××、×××解救，始获脱险。被害人袁复礼教授记忆犹新，×××、×××在场可证。

（乙）同日，拓东路联大工学院被众多暴徒侵入肆行强暴之际，一部分凶犯侵入教授宿舍，殴辱该院马大猷教授成伤。有医院诊断书可证，并为钱钟韩教授所目击。

四、多众强暴伤害之事实

（一）十二月一日大队军人进攻联大新校舍之际，黄其道登梯与隔墙电杆上之军官总队官长模样人物交涉，请其下令停止强暴行为，被墙外军人飞石击中头部，跌落地上，有伤为证。

（二）魏立中立于校门内，距门约十五公尺处为墙外军人飞石击伤面部，自左眼皮至鼻尖，伤口约长一寸，深宽各二分，事后施行手术，取出碎石，有伤痕及云南大学附属医院门诊记录可凭。

（三）罗纪行亦被军人由大门破洞飞石击伤头部，伤痕俱在。

（四）门外学生李德宁，因向军人劝导息争，并救护袁复礼教授，惨遭多数军人用扁担、木棍、铁锤、石子等共同乱殴，遇救未死，有医院记录及伤痕可证。

（五）陈琪亦于围攻时遭木棍击中头部，皮破血流。张君平被铁器击伤左肩关节，向大甘背手二部亦被击伤。张福元头、肩、大腿均被扁担打伤，曾经昏去。吴达志右腿打肿，何惠众口腔打肿，各有伤痕为证。

（六）刘杰立于新校舍门内左侧，当军人破门冲入之际，被木棍击伤左臂、右肩及腿部，右肩肿胀呈青紫色，左臂及左腿伤处流血不止[①]，至今未愈，有伤为证。

（七）李德宁之友马振仪因救护李德宁，被军人用木棍击伤头部，血染内衣，当即倒地，背部、腿部亦受伤青肿，有伤痕血衣及云大医院门诊记录可证。

（八）当军人进攻新校舍时，南菁中学教员于再及张人鹤均在北区门外，于再见军人蛮横，上前劝阻致被围殴，张人鹤见状趋前为于再解围，竟遭军人用板凳毒殴，经用手臂拦挡，因伤手臂，后幸脱出重围，未遭毒手。有伤可证。

（九）当进攻新校舍之际，非联大学生许鲸伯，适逢其会，道经校门马路，被棍伤头腰，住云南大学附属医院就诊，尽可调查。

（十）十二月一日，群众在联大师范学院投掷手榴弹炸伤多人，当经同学牛兆恒、高金堂等抬送云大医院。牛、高二人归途中在南菁学校附近，遭遇二十余军人之截击，牛兆恒当被击伤左头顶部，高金堂背、腹二部各受挫伤，皮面青肿，均有云南大学附属医院门诊记录及伤可凭。

（十一）十二月一日群众在联大师范学院投弹，弹片钻进缪祥烈左大腿膝盖骨内部，血管破裂，腿已由甘美惠滇云大三医院医生会诊锯去。李复业亦被弹片穿入左腰后部，杨莼腿部同时受伤。有×××目击。并有云南大学附属医院门诊记录可凭。

（十二）群众在联大师范学院投弹时，有四暴徒用刺刀木棍击伤李云头部并打伤右手左腿。亦有云大医院门诊记录可证。

（十三）十一月三十日午后二时，联大学生杨文浒在武成路遭遇流氓多人用垒球棒殴打，继以足踢，致伤背部两肋。有×××、×××、×××等人目击可证。

（十四）同日田振邦亦在武成路遭遇便衣暴徒打伤头部胸部，有伤可验。

（十五）十一月三十日午前九时半，云南大学女学生蒋怀明等五人在报国街遭遇流氓及军人一群用木棍石块击伤蒋怀明身部及肩膀，木棍击伤王增华头背及左腿，砖石打伤陈为灼臀部。事后送请该校附属医院治疗，记录伤痕，均其铁证。

（十六）同日午前云南大学女生刘英菊，男生秦学柳在光华街遭遇便衣及军人之拳殴，复被宪兵第十三团逮捕。用吉普车载赴该部，拘禁至下午一时始获释放。（附近居民均目击可证）

（十七）同日午后三时半，云南大学学生邵椰祥在光华街福照街口，遭遇便衣及军人十余人，用铁棍、石块等击伤胸、背、腿部，立即倒地。旋被二军人拖往小西门方面，幸经同学救回，送该校附属医院就医。有医院记录及伤痕可证。

（十八）同日午后四时，云南大学学生陈志让在正义路因救护被打同学，致被暴徒五六人用木棍扁担围攻，击伤背部，伤势甚重。亦经送该校附属医院治疗，尽可调查。

---

① 《刘杰同学的书面材料》记载是："木棍击伤右臂、右肩及右腿。"

（十九）同日午后四时许，西南联大学生吕端墀、张天珉、何泽庆在南屏街美国新闻处门首，遭遇一群暴徒之围攻，其中有身穿草绿哔叽军装之暴徒，公然开枪，击伤何泽庆右臂，另一军人则用小刀刺伤张天珉右臂，伤口长约一英寸，深三四分。先后经美新闻处职员及联大学生分别救护脱险，送往惠滇医院就诊，由该院外科主任开刀取出臂中子弹，包裹伤处出院回校，有惠滇医院记录及美国新闻处华籍职员×××、×××、×××、×××等目击可证。同时吕端墀则被左轮手枪柄击伤左上臂及胸部，木器打伤头部，有伤可证。

（二十）同日午后二时许，张崇安因阻止暴徒捣毁联大师范学院院内壁报，被打二拳踢二脚，疼痛不已，有×××目击可证。

五、炸毙人命之事实

（甲）军官队学员于十二月一日进攻联大新校舍北区之际，有一队员取出手榴弹一枚，扯动火线，正欲投入北区大门内，被该军官队长戚某夺取在手。斯时南菁中学教员于再适在门外，见状上前劝阻，被戚某蛮力推拒，并将手榴弹投其身旁，于再被炸伤害头部，耳内出血，卧倒北区墙外。旋经抬入云南大学附属医院就医，于当晚十时不治身死，有医院诊断记录及死者照片，并有×××、×××先后目击可证。且陈尸西南联大图书馆时，关麟征亦曾到场视察，确认非虚。至于此项手榴弹之原持有人，本欲投向北区新校舍门内，因被戚某夺取，遂未果行。戚某曾亲自面告×××尽可质讯。

（乙）暴徒在西南联大师范学院共投三弹，一弹系由十一月三十日凶殴张崇安之矮胖男子亲手投于该院广场西北角上，因四周无人，未有死伤。有××目击可证。其余二弹炸伤李鲁连头部，经送云南大学附属医院，施救无效，旋即身死。有该院记录及照片可凭。并有×××、×××目击被炸受伤情形，可资质讯。

（丙）潘琰亦于此时被炸重伤，倒卧于二门左面白蜡树旁，复遭暴徒用刺刀戳伤胸腹，经送云大附属医院，医治无效，旋即毙命。受伤倒地时有×××目击，事后复有医院记录及照片可凭。

（丁）同时炸伤者尚有昆华工校学生张华昌，伤在头部，倒卧于门外小柏树下，复为暴徒棍击背部，有×××目击，旋经送往云大附属医院就医，经该院医生宣告无救，复于当日午后五时许转送甘美医院求医，于抬送途中气绝。有云大医院记录及甘美医院证明书并照片可凭。并有×××在场目击，可资质讯。

六、违法审判草菅人命之事实

惨案发生后，关麟征提出无业流氓陈奇达、刘友治等三名，称系投弹犯人，由关麟征、李宗黄等合议审判。虽经被告自白罪行，而绝无佐证，军法会审之日，问官虽以曾经有人目击投弹反诘被告陈奇达，然何人目击，既未据问官指出姓名，尤未令其当庭对质，乃竟草率判处陈奇达、刘友治死刑，执行枪决。有三十四年十二月十一日云南省政府与云南警备司令部会衔布告及记载公判详情并枪决事实之日报记载可证。

第二项 本案被告及罪名

一、十一月二十五日，云南省政府与云南全省警备司令部会衔致函西南联大，表示四校学生自治会召开讲演会，事前并未经呈准，不合手续，禁止开会之事实。各该机关主管人理应成立刑法第一五二条之罪，李宗黄、关麟征皆为正犯。盖平时集会，法所不禁。事先呈准之说，勿论是否事实，究属于法无据。足见此种干涉系属违法，关麟征用职务上之权力及方法，妨害集会，依据刑法第一三四条尚应加重其刑至二分之一。

二、十一月二十五日晚，当演讲会已在西南联大新校舍北区举行之际，第五军邱清泉部施以包围，断绝交通，并开枪示威。此种情形显应成立刑法第一二五条及第三〇二条及第三〇四条之罪。除邱清泉及实施包围妨害自由之军队均为共犯外，关麟征应负教唆罪责。盖此种行动，凭事论理，均为当日午后李、关会衔禁止集会公函之延长，若无有力反证，安得谓非由于关麟征之指使教唆。

三、十一月三十日多众实施强暴，捣毁中法大学、西南联大师范学院及十二月一日捣毁云南大学、西南联大工学院、师范学院、西南联大附中及西南联大北区新校舍文法学院之事实，在场实施之群众理应成立刑法第一五〇条及第三五三条、第三五四条之罪、其中捣毁攻击西南联大文法学院者为驻北校场军官队之一部分。查军官队为关麟征、邱清泉所率统，兼之多众强暴，基因学生罢课，罢课由于非法阻扰集会，据此推论，此种罪行关麟征、邱清泉显非无关。兼之十二月一日午后二时余，暴徒曾经抢去工学院门警步枪二支，及至当日午后五时半关麟征亲到该院视察时，即对该院陶代院长表示：步枪二支已缴警备司令部云云。若非关麟征主使，暴徒何故向该部缴枪？该部何竟不将缴枪暴徒拿获？此项事实，不啻关麟征自白罪行。又十二月一日捣毁联大附中之暴徒，途经大西门时，城上士兵报以微笑，亦足以引为军人暴徒本属一体之明证。此为×××所亲见尽可传质。

四、十一月三十日及十二月一日云南大学学生及西南联大学生多人分别在街头被暴徒袭击，及刘美菊、秦学柳为宪兵十三团拘禁数小时之事实，理应分别成立刑法第二〇九条之公然侮辱罪，第二七七条第一款之伤害罪，及三〇二条之私禁罪，第一五〇条之妨害秩序罪。其实施暴行及拘禁者皆为正犯无可怀疑。所应注意者此类强暴事实，一见再见，公然行之，到处行之，连续两日，警察不加干涉，宪兵抑且帮凶，若谓非关麟征之教唆，其谁敢信？矧罗纪行于十一月三十日在正义路所遇军队官员曾称彼此并无仇恨，系因奉命不得不尔云云，尤足引为关麟征教唆铁证。

五、十二月一日午后在南菁学校附近，截击抬送西南联大师范学院炸伤同学赴云南大学附属医院后取道返校途中之牛兆恒、高金堂等之军官队员，因为刑法第二七七条第一项及第一五〇条罪名之实行犯。此类犯人，于实施暴行时，曾对×××声称："此次我们奉关总司令的命令，遇到你们联大这些赤匪，可乱打乱杀，所以我们有打死你们之权，但是我是受过教育的人，今天可放你回去。"有×××可证。又高金堂被打倒卧路旁时，被一暴徒搜出学生证正欲掷还离去，另一暴徒制止之曰：关总司令说要学生证就不要人，要人就不要学生证等语。乃×××亲耳所闻，足见暴行伤害，妨害秩序，实关麟征暗中主使，依法关麟征应负教唆罪责。

六、十二月一日在西南联大文法学院门前及师范学院内先后投掷炸弹杀伤人命事实，理应分别成立刑法第二七一条之罪。其在师范学院滋扰之一群实行犯，除多数既不识面而又不知名者外，其中周绅、××、×××、×××、×××均当时在场，×××、×××、×××、×××、×××、×××、×××等所认识，尽可质询。该犯等应负实行杀人罪责，无待烦言。至于关麟征应负教唆帮助杀人罪责，亦无可疑。兹姑勿论李宗黄曾在中学校长会议席上有"不惜流血"之言，即就当时情形观察，当暴徒轰炸师范学院之际，大西门城楼上有军队约四五十人，或架机关枪，或执美式冲锋枪、步枪，均以枪口对准该院，同时从大西门至龙翔街警察宪兵均布双岗，有×××、×××、×××、×××、×××、×××、×××等身历目睹，尽可调查。此类军警对于暴徒之肆意横行，招摇过市，视若无睹，不加干涉。关麟征等视为投弹凶手之陈奇达、刘友治并非当场捕获，而系事后在东门外车站就逮。由此足见关麟征事先教唆，临时帮助，其应负教唆帮助杀人罪责，理至显明。

七、李宗黄、关麟征违法审判，宣告无业流氓陈奇达、刘友治二人死刑，从而请准执行，实应成立刑法第二七一条，第二八条之共同杀人罪。盖炸毙人命为刑法第二七一条之罪，依理为普通刑法犯，亦即普通刑事犯，依据刑事诉讼法第一条应由法院审判。且陈奇达等两名，均系无业流氓，并非现役军人军属，依据陆海空军审判法第一条，军法机关显无审判之权。无权审判之裁判，于法无效，理所当然。关麟征自为无效判决，据以请准执行，显系故意杀人并不阻拗违法。

综上所陈被害事实非只一端，有关人犯数以百计，考之被害情形，要属牵连案件，应由普通法律及军事机关分别审判。最高法院二十九年非字第六二号判决，早著明例，除非军人部分人犯李宗黄等已另行状请最高法院依职权移转管辖依法追究外，对于云南全省前警备司令关麟征、第五军军长邱清泉及十二月一日在大西门外站岗并执行拘禁之宪兵十三团宪兵，连同同日在大西门城楼助势以及十一月二十五日晚实行包围联大之第五军军官及军官总队参加暴行之学员等，均系现役军人或准军人，其所犯刑法上之各罪，依陆海空军刑法第一条第二项之规定，应依刑法处以应得之刑。具状人以此等人犯，罪大恶极，过去万恶军阀所不敢为者，竟贸然为之，泰然处之。苟不严惩，国将不国，特根据陆海空军审判法第二十条之规定，

缕陈各节，提起告诉，伏恳钧会迅予调集证据，依法审判。岂仅生者感恩，死者衔环，滇省社会秩序，中国法治前途，均利赖之，谨状
国民政府军事委员会

具状人　国立西南联合大学教授会
民国三十四年十二月二十日

（民国三十四年十二月二十一日《罢委会通讯》增刊。国立西南联合大学教授会委托周炳琳教授牵头组织法律委员会起草本告诉状，由蔡枢衡、费青教授执笔，周炳琳教授修改、定稿）

国立西南联合大学教授会为控告杀人罪犯李宗黄、关麟征等呈重庆实验地方法院告诉状

为请依职权裁定,准将本案共犯中非军人部分,移转管辖于重庆实验地方法院,以期公平而维公安,事缘:云南省政府委员前兼代主席李宗黄、云南警备总司令关麟征、第五军军长邱清泉等,利用职务上之权力及方法,阻扰集会,妨害自由,聚众强暴,扰乱秩序,滥用权力,违法杀人,施毒打轰炸于学生,加侮辱伤害于教授,败法乱纪,罪大恶极。苟不依法严惩,岂仅死者含冤,生者衔恨,实足破坏法纪,影响人心,昆明秩序,尤难维持。惟是被告等或主管行政,炙手可热,或军权在握,叱咤风云。除军人部分应由军事委员会管辖外,李宗黄等非军人部分,若由昆明地方法院或云南境内其他同级法院管辖,揆情度理,法院殊无自由执行职务之余地,凭事论势,苟非偏袒不公,即难免变生意外。为此,状请

钧院鉴核,适用刑事诉讼法第十条第二款,准依职权裁定,将本案共犯中非军人部分移转管辖于重庆实验地方法院,并陈:第一,被害事实及证据;第二,罪名及被告;及第三,请依职权裁定,移转管辖之理由三端,如左:

第一,被害事实及证据

一、阻扰集会妨害自由之事实

先是国立云南大学、中法大学、云南省立英语专科学校及本校四大学学生自治会,联名召开时事演讲会,求集思广益,并欢迎校外人士参加,定于十一月二十五日午后六时半集会,原定假云南大学至公堂,临时改假本校新校舍北区图书馆前为会场。党政当局李宗黄,于是日午前,特约本校及云南大学当局谈话,两校当局当即面告,此种开会,过去常有其事,向未发生事端,毋庸惊怪。午后四时以后,本校复接云南省政府与云南警备总司令部会衔公函,内开:“查目前集会,均须事先请准,始得举行。顷悉云大、联大、中法、英专四大学学生自治会发起演讲会,于本日下午六时半在云大至公堂举行,欢迎各界人士前往参加。此种集会,并未先行请准,应即停止举行,以免影响治安,希即转知贵校学生自治会遵照为荷”等语。本校认为,平时开会,法所容许,校内演讲,虽以时事为题,终属求知性质,含有学术意味,过去情形,一切良好,兼之当日午前已向李代主席说明,似无劝阻必要,初不意党政当局

蓄意与教育界为难也。当晚演讲会正在进行中，忽然发现新校舍区域已被第五军邱清泉部队包围，交通断绝，随即枪声大作，火光四射，流弹纷飞，在联大北区参加集会及寄宿于此之学生数千人，顿感置身前线，陷入重围，不仅行动失去自由，生命亦无保障，不复自觉其所践履，实为爱好和平，增进知识之学府黉宫。幸被围人士，类皆知识分子，尚能持以镇静，未生事端。待至深夜，始获解围。此一事实，不仅为当时与会者及北区寄宿学生数千人所身历目睹，且为昆明西北隅城内外居民所共知，彰明较著，不容否认。依据二十六年上字第一二四七号判例之说明，毋待证明，即可认定。翌日，昆市报纸，在统制下载出，昨晚联大附近有匪警之讯，显属存心造谣，意图掩盖。果属匪警，被包围者理应为匪而非联大师生，且出动如许军队，若果为匪，必系股匪来扰。昆明为军警林立之地，联大新校舍与北校场军营毗连，何来股匪？胆敢自投罗网？若果为匪警，来自何地？去向何方？报纸未予叙明。以当晚枪声种类之多，相接之密，何以军匪双方，均无死伤，更无一匪就擒？再匪既败退，军队理应追击，又止于何处？基此种种，所谓匪警，不攻自破。盖亦自知其包围学校干涉集会为非法行为，遂造作谣言，求掩饰于一时耳。

二、聚众强暴、破坏秩序之事实

（甲）中法大学被害事实

十一月三十日午后三时二十分，三民主义支团部某干事，率领便衣三十余人及无番号军人二十余人，持棍闯入该校，撕毁标语，捣毁桌凳，并冲入学生自治会办公处，破坏门窗桌凳，势甚凶猛，幸学生退让，得免死伤。破坏痕迹，一目了然，有相片可证。

（乙）云南大学被害事实

十一月三十日下午二时，有服装不一之群众约三十人，或穿便衣，或穿草绿色军服，或穿灰棉军服，或穿长衫，或穿美军制服，手持木棍铁锤，冲入该校大门，捣毁张贴壁报之黑板及附近之桌椅，并书写“赤匪”“共产党”等字句于被毁处所，扬长而去。破坏痕迹，亦有相片可证。

又十二月一日午前约十时，有武装士兵五十余人，随后装束不一者三十余人，手持铁锤、木棍、扁担等物，擅入该校大门。门警无力阻止，门内之校警岗亭及校警室之门窗均被捣毁，痕迹具在，有照片可证。

（丙）拓东路联大工学院被害事实

十二月一日午后二时半，有着长衫、西服、中山装、军服，头戴军便帽不等之群众百余人，手持木棍、扁担、砖石，穿军服者多在门外把风，由一身材高大、服黑衣者，率领大部便衣及少数军服群众，进入该院。撕毁标语，捣毁会客室及校警室之窗户，破坏学校布告栏及布告牌，击破航空系门上玻璃，并闯入教授宿舍，打坏窗户。情真迹实，该院街邻宋杰、魏文彬，校工魏嘉祥、刘凤庆，学生余田核，教授马大猷、刘恢先、钱钟韩，均曾身历目睹，可以质询。

（丁）钱局街联大附中被害事实

十二月一日午前十一时许，有服装不一之群众，或穿黑布长衫，头缠白毛巾，或着灰色长衫，戴瓜皮帽，或着美军茄克，手持木棍或桌脚，侵入联大附中大门内，捣毁门窗牌告，撕毁校内所贴标语，并毁坏捐款箱，窃去捐款，向大西门而去。有王乃梁当场目击，可以质询。

（戊）龙翔街联大师范学院被害事实

十二月一日午前，骚扰联大附中之群众出大西门后，于十二时左右，到达联大师范学院门口，撕毁墙上标语，捣毁张贴标语之黑板，随即发喊，举棍侵入大门，用砖石捣碎办公室门上玻璃及门旁之布告牌，并进入学生宿舍内，撕毁四周墙壁上所贴标语，闯进食堂，破坏桌凳饭碗及其他食具，并以木棍砖石掷击学生，随复投掷手榴弹三枚，均即爆炸，弹坑三处，一目了然，有照片可证。并有王乃梁、张崇安当场目睹，事后关麟征到场视察，亦确认非虚。

又十一月三十日午后二时许，有服装不一群众，偕同着灰色军服者，约近百人，手持木棍，出大西门，沿街撕毁标语（并张贴反罢课标语），经龙翔街口，陆续到达该院。由一身材矮胖，年约三十左右，着黄毛呢衣服戴美军草绿色毛线帽之男子率领，口称自己是老百姓，并高喊“撕呀！打呀！”当经在场学生吴锡光劝阻不听，遂将该院内黑板及报架毁损，并劫去一部分用作武器，旋在门口耀武扬威，破口大骂群众，呼口号扬长而去。有吴锡光目击可证。此一伙群众，并经张崇安识别，即为十二月一日第二次捣乱该院投掷炸弹之群众，人证具在，可以质询。

（己）环城北路联大新校舍被害事实

十二月一日午前十时四十五分前后，遥见有身着灰色棉军服之军人百余人，佩带第二军官总队符号，手持锄头、铁铲、木棍、石块等，由马路东端南菁学校门前向新校舍前进，高喊：“打呀！杀呀！”斯时，本校新校舍学生已知云南大学被打之事实，情知不妙，当将新校舍北区大门关闭，并用物堵塞，以防侵入。该军人等行抵校门前，一面冲打校门，同时用多数石子、砖头、瓦片掷入围墙，势如雨下，并夺取校门外面店之板凳及路旁摊贩之扁担，以充武器。其中有一军人声称，回去抬机关枪来扫击，当即有六七军人取道来路，飞奔而去。校门经继续攻打，数分钟后，终被打破。当有四五军人由破口处进入校内，遂发生互殴情事。有众多学生受伤，并有于再君被殴兼被弹片中伤毙命，详见下列各条。有新校舍内外黄其道、寻兆华、马振仪、李德宁、刘杰、王瑞沅、陈琪、张人鹤、袁复礼教授，及门前梅州食店店主安日华等多人身历目睹，悉可质询，并有照片可证。

三、公然侮辱伤害教授之事实

甲、十二月一日，大队军人进攻联大新校舍北区大门之际，联大教授袁复礼适在门外，见情势危急，趋前劝解，在门前马路中心横遭殴辱，幸经李德宁、马振仪解救，始获脱险。被害人袁复礼教授记忆犹新，李德宁、马振仪在场可证。

乙、同日，拓东路联大工学院被众多暴徒侵入，肆行强暴之际，一部分共犯侵入教授宿舍，殴侮该院马大猷教授成伤。有医院诊断书可证。同时，钱钟韩教授及牟光信教员亦被击受伤，均经当日下午五时以后，关司令前往查明证实。

四、众多强暴伤害之事实

（1）十二月一日，大队军人进攻联大新校舍之际，黄其道登梯与隔墙电杆上之军官总队官长模样人物交涉，请其下令停止强暴行为，被墙外军人飞石击中头部，跌落地上，有伤为证。

（2）魏立中立于校门内，距门约十五公尺处，为墙外军人飞石击伤面部，自左眼皮至鼻尖，伤口斜长约一寸，深宽各约二分，事后施行手术，取出碎石，有伤痕及云南大学附属医院门诊记录可凭。

（3）罗纪行亦被墙外军人由大门破洞飞石击伤头部，伤痕具在。

（4）在门外之学生李德宁，因向军人劝导息争，并救护袁复礼教授，惨遭多数军人用扁担、木棍、铁锤、石子等共同乱殴，遇救未死，有医院记录及伤痕可证。

（5）陈琪亦于围攻时遭木棍击中头部，皮破血流。张君平被铁器击伤左肩关节，向大甘背手二部被击伤，张福元头、肩、大腿均被扁担打伤，曾经昏去。吴达志右腿打肿，何惠众口腔打肿，各有伤痕为证。

（6）刘杰立于新校舍门内左侧，当军人破门冲入之际，被木棍击伤左臂、右肩及腿部，右肩肿胀呈青紫色，左臂及左腿伤处流血不止，至今未愈，有伤为证。

（7）李德宁之友马振仪，因救李德宁，被军人用木棍击伤头部，血染内衣，当即倒地，背部腿部亦受伤青肿，有伤痕血衣及云大医院门诊记录可凭。

（8）当军人进攻本校新校舍时，南菁中学教员于再及张人鹤均在校门外，于再被军人围殴，张人鹤见状，趋前为于再解围，亦遭军人用板凳猛击，用手臂拦挡，遂伤手臂，后幸脱出重围，有伤可证。于再继被弹片中伤，以致身死，详见另条。

（9）当进攻新校舍之际，有非联大学生许鲸伯者适逢其会，道经校门外马路，被棍打伤头腰，在云南大学附属医院就诊，可以调查。

（10）十二月一日，群众在本校师范学院投掷手榴弹炸伤多人，当经同学牛兆恒、高金堂等抬送云大医院，牛、高二人归途中，在南菁学校附近与二十余军人遭遇，遂被截击，牛兆恒被击伤左头顶部，高金堂背腹两部各受挫伤，皮面青肿，均有云南大学附属医院门诊记录及伤痕可凭。

（11）十二月一日，群众在本校师范学院投弹，弹片伤及缪祥烈左大腿膝盖骨内部，血管破裂，已由甘美惠滇及云大三医院医生会诊锯去。李复业亦被弹片穿入左腰后部，杨莼腿部受伤，有吴锡光目击，并有云南大学门诊记录可凭。

（12）群众在本校师范学院投弹时，有四暴徒用刺刀、木棍击伤李云头部，并打伤右手左腿，有云南大学医院门诊记录可证。

（13）十一月三十日午后二时，本校学生杨文浒，在武成路遭遇流氓多人，用垒球棒殴打，继以足踢，致伤背部两肋，有陈鲁生、颜琳、金碧等人目击可证。

（14）同日，田振邦亦在武成路遭遇便衣暴徒，被打伤头部胸部，有伤可证。

（15）十一月三十日午前九时半，云南大学女生蒋怀明等五人，在报国街遭遇流氓及军人一群，用木棍、石块击伤蒋怀明背部及肩膀，用木棍击伤王增华头背及左腿，用砖石打伤陈为灼臀部，事后请该校附属医院治疗，有记录及伤痕为证。

（16）同日午前，云南大学女生刘美菊，男生秦学柳，在光华街遭便衣及军人之拳殴，复被宪兵第十三团逮捕，用吉普车载送该部拘禁，至下午一时始获释放（附近居民目睹可证）。

（17）同日午后三时半，云南大学学生邵椰祥，在光华街、福照街口，遭遇便衣及军人十余人，用铁棍石块等击伤胸背腿部，当即倒地，旋被两军人拖往小西门方面，幸经同学救回，送该校附属医院就医，有医院记录及伤痕可证。

（18）同日午后四时，云南大学学生陈志让，在正义路因救护被打同学，致被暴徒五六人用木棍扁担围攻，击伤背部，伤势甚重，经送该校附属医院治疗，可以调查。

（19）同日午后四时许，本校学生吕端墀、张天珉、何泽庆，在南屏街美国新闻处门首，遭一群暴徒之围攻，其中有身穿草绿色哔叽军服之暴徒，公然开枪击伤何泽庆右臂，另一军人用小刀刺伤张天珉右臂，伤口长约一英寸，深三四分，先后经美国新闻处职员及联大学生分别救护脱险，送往惠滇医院就诊，由该院外科主任开刀，取出臂中子弹，包裹伤处，有惠滇医院记录及美国新闻处华籍职员郝诒纯、周云林、虞佩曹、孙桂云等目击可证。同时吕端墀被左轮手枪柄击伤左上臂及胸部，被木器打伤头部，有伤可证。

（20）同日午后二时许，张崇安因阻止暴徒捣毁联大师范学院院内壁报，被打两拳踢两脚，疼痛不已，有吴锡光目击可证。

五、炸毙人命之事实

甲、军官队学员于十二月一日进攻本校新校舍北区之际，有一队员取出手榴弹一枚，扯动火线，准备投入北区大门内，被本校教授高崇熙所见，立劝该军官总队队长戚某加以阻止，该队长夺得手榴弹后，仓皇掷向南区校舍外，时南菁中学教员于再适在门外，先已被暴徒殴伤，复被弹片炸伤头部，耳内出血，遂卧倒北区墙外。旋经抬入云南大学附属医院就医，于当晚十时不治身死。有医院诊断记录及死者照片，并有寻兆华、张人鹤先后目击可证。陈尸本校图书馆时，关麟征曾到场视察，确认非虚。

乙、暴徒在本校师范学院共投三弹，其中一弹，系由十一月三十日凶殴张崇安之矮胖男子投于该院饭厅前庭之西北角，幸学生逃避，未有死伤，有张崇安目击可证。另两弹投掷于学生出来关门之时，遂有惨重之死伤。李鲁连头部受伤甚重，送往云南大学附属医院诊救无效,旋即身死。有该院记录及照片可凭,并有吴锡光、古兆珍目击被炸受伤情形,可资质询。

丙、女生潘琰,亦于此时被炸重伤,倒卧于二门右面白蜡树旁。暴徒见之,复用短刀扎伤其胸腹,经送云大附属医院医治无效,旋即毙命。受伤倒地时,有缪祥烈目击,并有医院记录及照片可凭。

丁、同时被炸伤者尚有昆华工校学生荀极中(原名张华昌),伤在头部,倒卧于门内小柏树下。暴徒见之,复以棍击其背部,有缪祥烈目击,经送往云大附属医院就医,经该院医生诊断,认为无效。于当日午后五时许,转送甘美医院就医,于移送途中气绝身死。有云大医院记录及甘美医院证明书并照片为证,并有张仲宇在场目击,可资质询。

六、违法审判草菅人命之事实

惨案发生后,关麟征提出类似无业流氓名陈奇达、刘友治、陈云楼者三名,称系投弹犯人,由关麟征、李宗黄等合议审判,虽经被告自由(白)犯罪行,而绝无佐证,遂草率判处陈奇达、刘友治死刑,执行枪决。有三十四年十二月十一日云南省政府与云南警备司令部会衔布告,及记载公判详情,并枪决事实之日报记载可证。

第二,本案被告及罪名

(1) 十一月二十五日,云南省政府与云南警备司令部会衔致函本校,表示四校学生自治会召开演讲会,事前未经呈准,不合手续,禁止开会之事实,各该机关主管人,理应成立刑法第一五二条之罪,李宗黄、关麟征皆为正犯。盖平时集会,法所不禁,校内集会,更无事先呈准之例,此种干涉,显属违法。李宗黄、关麟征利用职务上之权力及方法,妨害集会,依据刑法第一三四条,并应加重其刑至二分之一。

(2) 十一月二十五日晚,当讲演已在本校新校舍北区举行之际,第五军邱清泉部施以包围,断绝交通,并开枪示威。此种情形,显应成立刑法第一二五条及三〇四条之罪。除邱清泉及实施包围、妨害自由之军队均为共犯外,关麟征、李宗黄应负教唆罪责。盖此种开枪行动,凭事论理,均为当日午后李、关会衔禁止集会公函之延长行为。

(3) 十一月三十日聚众实施强暴,捣毁中法大学、本校师范学院,及十二月一日捣毁云南大学、本校工学院、师范学院、新校舍北区文法学院及本校附中之事实,在场实施之群众,理应成立刑法第一五〇条及第三五三条及第三五四条之罪,其中捣毁本校新校舍文法学院者为驻北校场军官总队之一部分,显系关麟征、邱清泉嗾使。而聚众强暴,殴杀员生,党政当局李宗黄实参加主持其事。盖李于中学校校长联席会上,曾当众宣称:“对于罢课学生拟采用武力压制,不惜流血。”又声言:“决定组织反罢课委员会以资抵制。”稽之十二月一日午后二时余,暴徒曾抢去工学院门警步枪两支，当日午后五时半，关麟征亲到该院视察时，即对陪同前往视察之查训导长及赵凤喈教授当面表示，步枪两支已缴入警备司令部，又谓“此类举动系反罢课委员会所为云云”。若非由李宗黄与关麟征共同主使，暴徒何故向该部缴枪？该部何不将缴枪之暴徒拿获？此项事实，不啻关麟征自认与李宗黄共同杀人。

又十二月一日捣毁本校附中之暴徒，途经大两门时，城上士兵报以微笑，亦足引为党政军人员事先预谋之明证。此为王乃梁所亲见，尽可传质。

（4）十一月三十日及十二月一日，云南大学学生及本校学生多人，分别在街市被暴徒袭击，及刘美菊、秦学柳为宪兵十三团拘禁数小时之事实，理应分别成立刑法二〇九条之公然侮辱罪、第二七七条第一项之伤害罪及第三〇二条之私禁罪、第一五〇条之妨害秩序罪。其实施暴行及拘禁者皆为正犯，自无可怀疑。所当注意者，此类强暴事实一见再见，公然行之，到处行之，连续两日，警察不敢干涉，宪兵抑且帮凶，谓非由于李宗黄、关麟征之教唆，其谁敢信？刹罗纪行于十一月三十日在正义路所遇军队官员，曾称彼此并无仇恨，因系奉命，不得不尔云云，尤足引为李、关等教唆之铁证。

（5）十二月一日午后，在南菁学校附近，截击抬送本校师范学院被炸伤同学入云南大学附属医院后，取原道返校之牛兆恒、高金堂等之军官队员，固为刑法第二七七条第一项及第一五〇条罪名之实行犯。此类犯人，于实施暴行时，曾对邱如珂声称：“此次我们奉关总司令的命令，遇到你们联大这些赤匪，可乱打乱杀。所以我们有打死你们之权，但是我是受过教育的人，今天可放你回去。”有邱如珂可证。又高金堂被打倒路旁时，被一暴徒搜出学生证，正欲掷还离去，另一暴徒止之曰：“关总司令说，要学生证就不要人，要人就不要学生证。”此乃高金堂亲耳所闻。足见暴行伤害，妨害秩序，实关麟征暗中主使。依法关麟征应负教唆罪，尤属显然。

（6）十二月一日，在本校新校舍文法学院门前及师范学院内，先后投掷炸弹，杀伤员生之事实，理应分别成立刑法第二七一条之罪，其在师范学院滋扰之一群实行犯，除多数既不识面，又不知名者外，其中周某（按：指周绅——编者）、叶某等，有当时在场学生蒋永彬、王越峰、杨莼、朱树杰、崔向定、周建栋、冯应得、李岳嵩目击，可以质证。该犯等应负实行杀伤罪责，固无待烦言。李宗黄、关麟征之应负教唆帮助杀人罪责，自亦无可置疑。且无论李宗黄曾在中学校长会议席上有不惜流血之言，即就当时情形观察，当暴徒轰炸师范学院之际，大西门城楼上有军队约四五十人，或架机关枪，或执美式冲锋枪、步枪，均以枪口对准该院，同时从大西门至龙翔街，警察宪兵均布双岗，有刘朝荣、崔向定、张庭穆、何晓风、彭开鑫、和万宝、王越峰等身历目睹。此类有维持治安责任之兵员，对于暴徒之肆意横行，招摇过市，视若无睹，不加干涉，显系事前奉关麟征、邱清泉等之命，作此布置，故意袖手旁观。又关麟征等视为投弹凶手之陈奇达、刘友治，并非当场逮获，而系据称事后在东门外车站就逮。凡此均足见李宗黄、关麟征、邱清泉等事先教唆，临时帮助，其应负教唆帮助杀人罪责，理至显明。

(7) 李宗黄、关麟征违法审判，宣告无业流氓陈奇达、刘友治两人死刑，从而请准执行，实应成立刑法第二七一条之罪，依理为普通刑法犯亦即普通刑事犯，依据刑事诉讼法第一条，应由法院审判。陈奇达等两名，均系无业流氓，并非现役军人军属，依据陆海空军审判法第一条，军法机关显无审判之权。无权审判之裁判，于法无效。本校于十二月五日，曾致函云南省政府及云南警备总司令部，请求将非军人之罪犯移送普通法院审判，而李宗黄与关麟征均置诸不理，仍据以请准执行，显系故意杀人，并不阻却违法。至于李宗黄既非军官又非军法官，揆之陆海空军审判法，显然无权参与军法会审，是李宗黄之参审，及同意宣告陈、刘二人之死刑，并无法律根据。比之暴徒炸死员生四人，本质上并无不同，当然应负杀人罪责，并应依法第一三四条加重处罚。

第三，应该依职权转移管辖之理由

前述被害事实，非仅一端，有关人犯，数以百计，考之被害情形，要属牵连案件，应由军法机关及普通法院，分别审判。

钧院二十九年非字第六二号判决，早著明例。除云南警备总司令关麟征、第五军军长邱清泉及十二月一日在大西门外站岗，并曾执行拘禁之宪兵十三团宪兵，连同同日在大西门城楼助势，及十一月二十五日晚实行包围联大之第五军士官，及军官总队参加暴行之军官等，均系现役军人，或准军人，应由军法机关审判外，其他重要犯人李宗黄、周某、叶某等，及一部分暴徒，均非军人，应南普通法院审判。而李宗黄曾经兼代云南省政府主席，现任云南省政府民政厅长，与关麟征、邱清泉等同恶相济，一手造成此次罢课风潮，并进一步攻打学校，捣毁器物，闯入学校，炸毙学生，创历来学潮惨案之纪录，举过去万恶军阀所不敢为者，贸然为之，泰然处之，更敢虚构事实，淆乱听闻，颐指气使，为所欲为，其锋实不可当。欲在滇省境内公平裁判，其难何啻登天？一经开始侦查审判，受诉法院之公安，及承办推阶之生命，均将毫无保障。揆情度理，安知彼等不以施之于各校之员生者，转而施之于法院及法官？凶首未惩，公愤难平，生者含冤，死者不能瞑目。其有移转管辖于滇省以外法院之必要，宁容置疑？惟查此案，在昆迄未经被害人等告诉或自诉，昆明地方法院检查处，亦未自动开始侦查，以故现尚仅有被害人，并无所谓当事人，依法似不得申请移转管辖。窃幸钧院有权不据申请而为移转管辖之裁定，刑事诉讼法第十条定有明事，二十二年司法院院字第九二三号解释，并著先例；钧院二十八年声字第四五号判决，更有基因：无申请权人移转管辖之申请，而依职权裁定管辖之一例，用特详述经过，沥陈案情，状请钧院鉴核，准予依职权裁定本案非军人李宗黄等犯罪部分之审判，移转于重庆实验地方法院管辖，岂仅生者感恩，死者衔环，滇省社会秩

序,中国法治前途,均利赖之,谨状
重庆实验地方法院

具状人　国立西南联合大学教授会
民国三十四年十二月二十日

（国立西南联合大学教授会委托周炳琳教授牵头组织法律委员会起草本告诉状,由蔡枢衡、费青教授执笔,周炳琳教授修改、定稿。原件存清华大学档案室）

政治与经济

前此所言之政治窳败，人谋不臧，法令不行，内战之害等等，皆为经济症结之政治的因素也。旨哉周先生之言也。曰："目前经济之关键在于政治"。政治无能为，则经济无可为；永无起色，其理至明。经济与政治，历史上之渊源久矣。经济为个人团体物质福利追求之设施，个人必赖于团体，而政治乃保障团体利益机构之主宰，政治之不良，则经济福利之求，比诸行车之无輗軏，其何可得？吾人所见经济之病，思有以救治之者，具如上述矣，而政府之施为，固又迥然一事也。吾人相信政府之中亦有才智之士，所见未必逊于吾人。抗战时期之困难，政府已显出经济上、行政组织上之不健全，一切但求能勉强对付而不能改革之故，盖政治作风向来专制独裁，决定国策者，惟有一人。此一人深刻了解行政上之不够健全，亦知许多措施之合理可行，但政府本身之脆弱，使其受胁于左右，不敢采取断然手段，以引起麻烦。故物价管制，各种方案措施，不时而有，而成效毫无。其意乃在"喊叫由尔等喊叫，我亦能提出较尔等都完备之方案"以自解耳。战时之经验，非完全集权独裁不得把握：其所见者，以为我国为农业国家，不同英美，但得好天时，有粮食，有兵源，即可以对付；亦知有发国难财者，亦知有通货膨胀与官僚资本之产生；然皆难于制止。列宁尝言，摧毁资本主义，莫善于使其货币隳落（debauched）。战时中国财政，货币之膨胀，按理经济当早崩溃矣，尚幸未然者，实亦赖于一农业国家之大土地上，经济落后，筹码之流通尚少；农产品价格高，农民之苦尚不如固定收入阶级之甚耳。

外战甫息，继以内战，政府一切方法，皆袭战时作风。局势不变，终以为胸有成竹，可以守恃；拖延对付，以冀天赐机缘。然使不幸而数省饥荒，再加以军事失利，则将因民变，兵变，在政治上失去控制，经济之崩溃，随之如枯朽矣，可不慎哉？内战不息，经济无可起救，而拖延之局面下，国民惟有继续遭受苦难。国民之困苦极矣，吾人之呐喊，亦已声嘶力竭；虽百姓之能安于天命，吾人之徒作呐喊，然而天下国家之大势，可不顾哉？

（1947年5月5日晚北京大学经济系学生会在北京大学理学院礼堂举办"'五四'纪念周经济晚会"，周炳琳教授在会上作了题为《政治与经济》的讲演。此系燕京大学学生长端的记录稿，见于《论中国今日经济问题之症结——北大纪念"五四"周中之精彩一幕》，见《现代知识》第1卷第2期，1947年5月16日）

我们对于“经济改革方案”之意见

应廉耕 刘大中 蒋硕杰 樊 弘 赵迺抟 赵人儁
杨西孟 费孝通 陈岱孙 陈振汉 秦 瓒 徐毓楠
吴景超 周炳琳 周作仁 王毓瑚
（以姓氏笔画多少为序*）

我国经济状况日益恶化，国人均盼政府能有具体健全之方案，解救当前之危机，并树立日后建设之基础。“经济改革方案”经全国最高经济委员会数月之研讨，业已通过国务会议。同人等阅读之余，咸感失望。此方案对于目前经济危机，并无救治之能力；即作为长期计划而论，亦仅为胪列目标，并无具体内容；于工业化过程中各项问题之分析及策划，更属不得要领。此方案如为普通论文，实无加以讨论之必要。今此方案已成为正式国策，同人等从事于经济科学之教学，对之实难缄默。兹谨就其主要各点，发表意见，至其骈枝细目，无重要意义者，不拟一一讨论。

目前经济危机之起因，由于（一）军费支出之浩大，（二）过去经济、财政、金融政策之错误及（三）行政机构及人事之失败。政府如确具改革之决心，必须针对上列三端，提出具体改正之办法。此方案于此三点，并无正确之认识及精到之见解。就军费言，在政府决定推动军事期内，战费之支出为数必巨。然各项军事支出是否均为必需，有无靡费情事，所发款项有无流入其他途径之现象，方案中未有一语涉及。就政策言，关于经济、财政、金融措施之目标，政府过去曾历次发表纸面上之声明，人民早已熟悉。历次声明之目标，既欠正确，又多矛盾，且于实地执行时，每多敷衍应付，不贯彻；朝令夕改，人民无所适从。此方案不过为最近一次之申述。且观以金融资本之缺乏，为目前生产凋敝之主因。见解既已错误，所提方案自难中肯。就行政言，健全之机构及人事，为推行任何政策之必要条件。此方案于机构之裁减，仅有照例之声明，而于叠床架屋机构之增加，反有添置县银行之具体建议。

增设县银行机构，为此方案之唯一具体办法，故有先行讨论之必要。我国国家银行机构之复杂，实已为全世界所罕见。（此方案对于此种因过去人事关系而逐渐扩展之复杂机构，极力支持。）关于农业及工业之金融机关，既已有交通、中农、合作金库各行，又何须再设新机构？如认为此数行仅有纸面上之分工，而实际上未能各

* 原文为繁体字，且笔画以从多到少为序。——编者注

尽其责，扶助地方农工业之发展，即应将各行彻底改革调整，仍无添设县银行之必要。现时地方农工业之凋敝，实以军事扩大，治安不靖，官吏剥削，交通阻梗，物价激变，技术落伍等项为主因。至于金融资本之供给，在通货增发如洪水泛滥情形之下，固非根本症结之所在。此方案于主因则忽视，而再三再四以金融资本之未能灵活供给为虑，实属难解。尤有甚者，此方案竟主张以县、乡、镇之公款为县银行资本之主要来源，此实为从来所未有之见解。此项投资公款，如为县、乡、镇经费之增加，则在主因未消除之前，生产无法增进，县银行之投资必成为最简单之通货膨胀，无容置疑。此尚系就地方官吏确能廉洁自持而论。在地方行政机构未能具体改进之前，县银行适足授少数特殊势力以把持地方生产之机会，敞开贪污方便之门，其流弊将不堪设想。

其他有关金融部门各条，并无一语道及平定目前物价激增之办法（此方案于稳定物价一层，仅在"关于生产建设者"之第五项，提出增产物资之主张，一似目前之恶性膨胀，与金融全无关系，与财政亦只有间接关系）。于国家银行低利贷款之滥用，普通商业银行及银号对于物资囤积及投机之活动，地下黑银号之林立，更讳莫如深，毫无对策。自银行系统之长期改革观之，此方案并无加强中央银行权能，使其确能控制全国金融组织之主张。政府一旦确有健全之经济政策须待推进，我国现时散漫之银行系统，决无执行其责任之能力。

关于生产部分之方案，条目繁多而内容空泛，无非罗列纲目。虽于农、工、商各项均有申述，于促进工业化之核心问题实缺乏认识。我国地虽"大"而"物"实不"博"，劳力固然"充沛"，生产能力实极薄弱（参阅方案"前言"）。考其主因，除政治经济之环境不良外，实缘于现代化厂房器械等之缺乏。此种实际资本之形成，与金融资本之筹措，并非一事，绝非仅仗"金融之滋养"、"贷款具有便利"或"投资公司之设立"，所能筹到，究应如何运用经济、财政、金融设施，于可能范围内节约消费，增加实际资本形成，借以逐渐提高生产能力，此方案并无中心主张。关于改善生产环境一层，此方案对之竟未研讨。此乃政府所应负之责任，岂容推诿？拟订方案或尚可延缓，彻底澄清吏治，使工农争取生存之增产努力，得不受官府之摧残阻梗，实为当务之急。

财政问题为我国目前经济症结之核心，而在此方案中，反占最次要之地位。现时政府之开支，殆以增发通货为唯一主要来源，其负担完全落于一般平民之肩头。任何具有"改革"性之"方案"，应对此违反公平性之办法，彻底加以纠正。而此方案仅以空言"有钱出钱"为搪塞，于有效推行财产税及高度累进所得税，全无具体建议。至于其他各项开源节流之照例文章，吾人无须加以讨论。

总之，此方案对于过去种种错误，未尝虚心检讨，遂未能针对现实提出有效之对策。就其中心思想言，似另有目的，欲以"资金充沛"为手段，达到各种大小生利事业控制权之取得，其着眼点恐非限于经济。吾人只就经济言经济，而作如上之批评。

（《大公报》（天津），1947 年 8 月 28 日）

我们对于政府压迫民盟的看法

最近政府突然宣布民主同盟为非法团体，负责当局甚至谓将适用“处置后方共党临时办法”加以处理。在民主时代的今天，尤其在政府宣称积极行宪的前夕，这不能不说是一件出人意外的事。此事业已引起社会注意，我们站在自由国民的立场诚有不能已于言者。

政府此举旨在消灭民盟，且不论其直接效果如何，实对民主宪政的前途留下极恶劣的影响。盖容忍反对的意见，尊重异己的政党，实为民主政治的基本要素。今政府压迫民盟之举，实难免于“顺我者生，逆我者死”之诟病。充此而言，势必至于惟依附政府之政党才能活动，惟顺从当局之人士始得自由。一不合作，遂谓之“叛”，稍有批评，遽谓之“乱”，又且从而“戡”之。试问人民的权利何在？人民的自由何在？我们即使不为民盟不平，也不能不为国家前途，为人民安全，感到深切的忧虑。政府如简捷了当明白宣告不复实行民主宪政，我们即无一句话可说，政府既尚宣称维护民权保障自由，则我们还愿意郑重进其忠言：对于一个持异见的在野政团如民盟者横施压迫，强加摧残，这是不民主，不合理，而且不智的举动。

从法理的观点言，我们更愿指出几点，团体固为各个人所组成，但个人行为却不一定即团体意志的表现。政府所列举民盟某些分子的若干行为，即使确有其事，也不当影响其所属团体的合法地位。例如抗战期内各党分子或不免有附敌者，我们不应就认该党为卖国的党。此其一。团体而被解散，其组成分子之个人绝不应因团体而株连。民盟盟员个人倘无违法行为，绝不应因其身为民盟盟员而有罪。例如目前南京民盟人士之被监视是不当的，所传强迫民盟分子依限登记是无理的。此其二。人民如有犯法之罪嫌，拘捕必须依法，审讯必须依法。至于政治罪嫌，尤应许其有公开申辩之机会。此乃法治国家之起码的条件，无待申论。这是说，近来各地层出不穷的“失踪”事件也都是破坏法治损害国家的现象。此其三。

据上所言，为民主宪政前途计，为人民基本权利保障计，我们愿以自由国民的立场，向政府严正陈言：（一）对于宣布民主同盟为非法团体一事，应当重作决定；（二）倘民盟竟被解散，其善后各事之处理必须照公平合理之原则，不得稍有蹂躏人权之举；（三）恢弘气度，责己容人，才是贤明执政的作风，政府于此尚须多加留意。义之所在，不容缄然，愿与全国人士共勉之。

周炳琳　金岳霖　赵紫宸　张　颐　朱光潜　朱自清
陈　达　赵承信　张雪岩　郑华炽　郑天挺　俞平伯

许德珩	吴之椿	邱　椿	王铁崖	楼邦彦	戴世光
孙云铸	邓以蛰	杨人楩	袁翰青	雷洁琼	钱伟长
余冠英	胡世华	樊　弘	容肇祖	严景耀	翁独健
冯　至	游国恩	费　青	任　华	黄　眉	郑　昕
李广田	孟庆基	张龙翔	陈振汉	孙楷第	许维遹
沈　元	曹本熹	屠守锷	段学复	罗士苇	王遵明

(《观察》第3卷第11期,1947年11月8日。本文由周炳琳起草,并征得48位教授的签名)

虽然对立，不见得就有战争

近来在中国，“两个世界”之说颇为流行。这话本是从“美苏对立”说起的，不经意地便说成“世界成了两个”。作这种议论底人心目中横着一个战争底暗影，大概不久便要进一步发出“第三次世界战争底到来只是时间问题”底议论了。这种说法有很坏的影响，至少助长一个不长进的心理，那就是：“没办法。世界都成了两个，人类底互相残杀如何能免？我们中国现方进行着底内战来头大得很哩！有些人还在希望重见和平，唉，劝他们还是收拾起好梦罢！”可能并助长一个比这更为丑恶的心理，那就是：“世界局势这样分晓出来，好极了。我们的内战本就是‘戡乱’；在对立的世界中，我们的是前哨战。美援必会源源来的。打下去，打下去，能打下去便有办法。”这后一种心理是希望祸闯得更大，我们好从中占便宜。但是，朋友，且慢高兴。世界和平底放弃与战争底发动，真如你所想的那样容易吗？

如果想找发动或挑动战争底机会，在去年一年，尤其是莫斯科外长会议以后底国际政治里，那真可以说是多至不可胜数。有过战略上重要地点底攫取，有过干涉邻国内政底事情，并在互致恐吓与不敬，诉诸情感与偏见。这一类事，可以说，任何一桩都是引火的东西。有人说过，两边都在堆柴，愈堆愈高，高到过顶，以致彼此不能面对面相看。这话一点也不错。但是依旧没有人愿擦上一根火柴。这证明了什么？这证明了苏联不要战争，美国政府不要战争，双方都不要战争。

这不是说美苏以外，在欧洲，在其他地方，没有人在谈论战争，或害怕战争。谈论或害怕的，正大有人在。这是一种心情，它的发生有一大部分是属于世人底失望：失望大国看法一致竟成了幻想，强权政治一直未离开世界。另一部分则由于一种希望：希望在混乱中讨便宜，譬如欧洲有一些反动的站不住脚的政权或分子，便在那里希望美国留驻欧洲，俾使他们的寿命得以延长。恐惧心所占底成分怕也相当高：恐惧一个挟有这样一个强大的武器如原子弹底国家，由于它的年轻与缺乏经验，忽然不能自制，想走捷径以求统驭世界。宣传也是一个原因，它把大众底呐喊传到政治家底耳里，使他们有时忘记了苦心折冲是他们的正务。而苏联在外交上所采用底方法也是一个因素，那便是他们的顽梗，与爱专讲一面倒的现实。

情势真够得上说是紧张，但何以竟没有紧张到危险的地步？何以从一九四六年八月狄托元帅击落一架美国飞机之后没有发生过一桩像是踏入危险境界底事？到快要“交绥”了，何以忽然又持重起来？要为这个问题找回答，我们应该先了解：在今天，战争，尤其是强国间大规模的战争，因何而会发动？在从前，连一九一四年在内,战争凭偶然发生的事故就会发生。或由于谁在枪靶上失了手,或由于谁的不小心在一个火药库里吸烟。但今日已不复如此。联合国的存在,以及历史昭示的战争所藏有的可怕的危险,必足以防止任何纯因偶然事故而发生的战争。战争的爆发,其唯一可能,将是因为有某强国需要战争。而一个强国需要从事战争,在下列两个理由之中,必居其一:或则有如希特勒之在一九三九年,因为他不但相信他可由战争达到他的目的,并且相信可以很容易、很快地以战争来达到他的目的;或则因为他见到人家在作战争底准备,惧怕得厉害,竟促使他在时间还来得及时即先下手。

我们说现在没有战争底危险,是因为现在没有一个强国对于战争底结果有够强的自信力,也没有一个强国惧怕和平底后果惧怕到够强的程度。这不是说美国和俄国不是在那里追逐彼此相反的目的,这是说它们尚在依非战争的手段去追逐它们的目的,并且至少在短期内将继续循非战争的路去追逐它们的目的。两年以来(这拿正当外交的尺度去量只是一段很短的时间),美苏两国都希望在德日失败以后留下来底地盘中分划它们的势力范围。这个追逐底进行到了去年十二月伦敦外长会议底破裂,算是达到了顶点。在伦敦外长会议上,关于德国问题要想达到协议,希望原就不大,但那次的破裂,只能说又一次证明美苏的不易协调,不见得因那次的破裂便使美苏之间的情势更加严重。

在美国,有喧呶不休的所谓"战争贩子",在苏联,更有神经高度紧张的盛气凌人的人物,各在捉摸戏弄对方的恐惧和野心。这诚然就是所谓"冷战"。但并无迹象显示站在这些人后面底政府(实际决策在两国都只有少数人)在要战争。明显的,它们都宁愿采用"其他的方法",如金钱与物资的使用,以及在思想上拉伙伴找相帮等等。这些"其他的方法",彼此之间已正式开始斗争了。柴道夫对各国共产党的指令和马歇尔援助西欧民主国家的计划,已在针锋相对开始作正面的冲突。这一冲突必将经历一个相当长的时期。各作各的算计,借以较量对方,捉弄对方。有不少人特别对苏联存备戒心;但现在并无证据足以说明苏联的统治者有心拿武力战争去支持其斗争,效孤注之一掷。他们对于美国底军事力量不至于一无所睹,但也不至于惧怕到足以促使他们去冒战争的危险。他们知道如果他们发动战争,结果可能是胜,亦可能是败。胜败机会的相等,也许可以不太计较,所虑的是这一战争必将是一个长久的艰巨的战争;那正是他们所不敢从事者。因此,俄国底政策,在策略上虽然是进攻的,在目的和口调上却是防御的。在两个主要的角逐场里,即法国和意大利,很明显的,法意两国的共产党现在所采取底新策略,恰恰反映着他们是接受他们尚不能当权这一事实的。至于美国,若有人以为它循它现行的政策去行事,不待有意外激变即会引起宣战,那只是暴露他对美国认识不足——虽然美国近来的"军国"趋势,确易使人发生上述这种肤浅的看法。

以上只是说明美苏之间目今尚无战争底危险。但推远一点看,又如何?悲观论者,即持"两个世界"之说者,可折回来辩说道:战争在两个企求称霸世界者之间终是不可避免的。这有两点理由。第一,俄国的生活方式和工作方式与美国的生活方式和工作方式,不能并存;第二,苏联的向外扩展必将和美英的利益,无论在欧洲,在中东,乃至在远东,发生直接冲突。不错,对于长期和平过分乐观,不免招致愚蠢之讥。而且人类一向便未做到过维持和平到相当长的岁月。现有的证据也没有能告诉我们今日这一代智慧比从前高过多少,环境比从前好过多少,必能将前人之失败变为成功。但我们至少可以这么说:从来没有一次战争真是不可避免的,今天所谈论底这一个尤其缺少不可避免的根据。在欧洲或在世界任何一处,并无不折不扣的美国主义和不折不扣的共产主义同时在生长。两者之间会有不少稀奇的各种各样的妥协将它们分隔开来。西方物质上的重配备和技术上的加进步多半要比东方为快,因此物质上的吸引力与优越仍将属诸西方。

尽管剧烈的利害冲突,思想的、组织的、政治的乃至领土的,必将继续存在,我以为武力战争,就是推远一点看,也不会爆发,除非俄国的统治者(因为美国先取攻势的可能性似乎很小)硬要发动战争;那是说,要等到他们或以为很快地便能取胜,或竟惧怕伤了,惧怕到接近于他们的宣传人员所夸张底程度。英美,尤其是美国,如有高明的政治家,他们应当知道对付莫斯科最好的办法是叫它不要过分自信,以至引起侥幸一逞之心,也不要让它过分害怕,以至于铤而走险;后者尤其重要。高明的政治家应该不放弃任何机会向世人宣告,并以事实表现:他们最终的目的是要和苏联得到协议,彼此共存,而绝无毁灭苏联之意。

前一晌,美国的不让步态度,处处表示其决心之强,似乎有点渲染得过分。爱护世界和平的人担心深居在克林姆宫底俄国人挟着他们原有的一套思想,再加上他们对于他国之不求了解,心怀疑虑,会发生真正的惧怕心,以为美国在政策上表现那样踌躇满志,苏联已受到压制了。近日美国内部情形渐趋复杂,各方对马歇尔计划的烘托似乎也在降低其程度。这正是头脑冷静一点的时候,紧张的局势可望和缓下来。兵家用兵切忌穷追,在外交上也忌穷追,尤其遇到这个被追的是一位俄国人。英美政治家似乎尚喻此旨;我看武力战争,就是推远一点,也是不会爆发的。

世界如有灾难,我们决无便宜可沾。反之,可能要遭“灭顶”之祸,愿好谈“两个世界”者亦反省反省我们自己的已成了什么“世界”!

(《观察》周刊(上海)第4卷第1期,1948年2月28日)

国立北京大学全体教授罢教抗议暴行并呼吁保障教育安全宣言

半月以来，北平各院校连接发生不幸事件，使高等教育，陷于极度不安状态。同人站在教育工作者之立场，势难缄默。特将事态演变经过与同人态度，缕述于次：

三月廿九日青年节，北大学生在校内举行黄花岗先烈纪念会，突有宪警数千包围校舍，铁车巡逻，如临大敌，造成异常紧张恐怖之局面。同日警备司令部宣布查禁华北学联，北平各院校学生遂于四月三日起罢课三日，以示抗议。方届期满，六日清晨，尚在戒严时间，突有不明身份者数十人，越墙入北大校内，撕扯壁报，毁坏书物。七日晨四时许，警备司令部向北大学校当局要求限时交出学生十二名，否则进行逮捕。全校师生，闻讯之余，万分惶骇，经学校当局再四交涉，当日暂告平息。不料九日晨零时十分，北平师范学校又发生更严重之流血惨案，暴徒数十人于戒严时间，携带武器，分乘卡车，闯入师院，捣毁校舍，抢夺公物，窜至学生宿舍，任意殴打，学生重伤两人，轻伤六人，血流满地，惨不忍睹。暴行延至一小时之久，鸣枪数十响，劫带学生八人，呼啸而去。经九日北平各院校学生向北平行辕请愿竟日，及各院校负责人去警备司令部交涉，被捕学生始获保释，送往医院。

同人以为被捕学生既经释放，原冀学潮可以告一段落，遂分别口头及书面劝导学生力持镇静，恢复课业。学生方面听从劝告，亦已宣布休罢之决议。乃外来刺激愈演愈烈，十一日有所谓北平民众团体者，于天安门集会，发动示威游行，沿途搜寻身佩北大校徽之学生，以暴力迫胁其加入行列，并施行毒打。北大校门紧闭，仍不免遭受袭击，暴徒挥棍投石，红楼首遭损害，继则窜入东斋教授宿舍，石击窗户，刀砍家具，教授住宅，遂亦为捣毁之对象。

是日北大学校当局为避免事态恶化，原已预先劝止学生外出，并停止校内集会活动，而暴行发生之时，学校四周宪警林立，竟任暴徒逞凶，殊不可解。事态之演变，有如上述。

同人处此情势，殊感教学工作在威胁之中，难以进行。十二日北大教授全体会议，对目前之情势及将来之发展详加检讨，决定自即日起罢教七日，对连日暴行之发生与高等教育之受摧残表示严重抗议，要求政府惩罚凶手，并严令地方当局保证以后不再有类似事件发生。

同人献身教育，绝不愿青年学子荒废学业，但教育需要安定与自由，学府之地位必须尊重。师生既无保障，校舍时受袭击，同人自难安心教学。宪警无故包围学校，武装暴徒于深夜戒严时间，捣毁学校制造血案，地方治安当局纵非主使，亦难辞纵容之咎。各校同人一再苦心劝导学生，学生亦一再接受劝导，然暴行与血案迭出不穷，势非刺激学潮，达到摧残教育之目的不可，用心何在，实非同人所能了解，自不能不要求政府予以解答！

罢教决非同人所愿，然为情势所迫，不得不暂时忍痛，出此已难护学府之尊严，并争取安全之保障与讲学之自由。希望全国教育界及其他各界人士予以支援，共图挽救！

特此宣言。

民国三十七年四月十二日

（《世界日报》（北平），1948 年 4 月 13 日。本宣言是 1948 年 4 月 12 日北京大学教授会推举周炳琳教授牵头，与袁翰青、朱光潜、马大猷、王铁崖等共七位教授共同草拟的。发表在 1948 年 4 月 13 日北平各大报刊上）

民青两党可以休矣！

一年多以来，我们不愿想像民青两党在想什么，在要什么，在干什么。我们无心欺弱，但一提到了它们，总是不期然而然的会兴啼笑皆非之感。方今立法院业已开幕，行政院亦已组成，青年党先允入阁，迨阁员名单明令公表后，复去电否认。而对此民社党的犹豫未决及青年党的反复无常，在国民党固然是伤脑筋，在老百姓也像是在看丑角戏，装腔作态，为之捧腹。

在表面上，目前的关键所在似乎只是在立委名额的争执上。民青两党五月上旬曾联合声明不参加立法院，而且在声明中这样说："此次立委选举之选票，未到人民手中，为尽人共知共见，此乃国民党当局欲以不合理不合法所造成之事实，排斥民青两党。民青两党对于此种一党包办之立院，自将无法参加。"包办一端，诚是尽人共知共见的事实，我们揣想民青两党必比老百姓更知道内情。然而在今日以前它们一直是兴高采烈地与国民党共同制宪并参加所谓行宪的国大，可见它们的目的只是在帮同作孽，浑水摸鱼。现在作此声明，不过是天真地流露了气愤话而已，归根无疑又是讨价还价的勾当。在国民党，为了民主的场面可以摆得像样些，固也落得送个人情，作为代价。终因副总统选举时民青两党错在太不听话，乃有今日故意留难的结局。

虽然"现在棺材已钉了板"（张君劢语），相信国民党最后仍是有办法让民青两党欣然地被钉入同一口棺材里去的。呜呼，民青两党可以休矣！　（木）

（《新路》第1卷第5期，1948年6月12日）

从新阁难产说起

在漫天烽火中行宪，明眼人固知此非行宪之可贵，实为"正统"之必争。好戏逐一演出，全是闹家务，论者谓"新朝"方在创立，便已宣告它确是衰老了。顾虑和迟钝随衰老以俱来，这在新阁的难产尤表露得明显。

行宪后首任行政院院长人选，一位政府大员说过或将出自"冷门"，竟被他说中了。在战火蔓延中，从"冷门"里拉出翁文灏氏来，我们不知道是否早已有人从"太平门"溜走了。大概因为翁氏尚负有一部分人的人望，"冷门"既令"当冲"，这些"喁喁望治"的便也寄以同情和期望。讵知这个江山活力已消，翁氏身处小天下中，仆仆京沪，终冲不出早已设下的藩篱。于是焦虑之余，对现实十足俯首了，以沉重的心情和迟钝的脚步，仰仗张阁任内几位旧人，勉强组成新阁，出而与世人相见。

完全用新人，这许是唱高调。但何以旧人似乎也都不热心参加？旧人中不乏有能力，操守亦大致不差之士，这些人要是生在循民主轨道以从政的国家，有机会发展其才能，可能都是阁揆之选，如今从政了许多年，绝少建树，而且时常碰壁。我们为他们叫屈，并愿追问其故何在？一个回答，牵涉到大树下面只能长草不能长树那个故事。阳光雨露全被一棵大树占享，在它掩盖之下纵然在旁边长出或移植来几株，也必定是矮材。按生物成长的道理来说，器官组织若长久不去用它，便要失去其本能作用。多少年来从政的人物中不是没有好人，但曲意承旨(建议国大通过临时条款，授权总统违宪，是最近的一个例子)，自己不作主张者居多，这不是由于先天不足，乃是由于移植在大树之旁，虽得庇荫，免受暴风摧折，实则生意已大受戕害矣。

行宪后之行政院号称责任内阁，照理应付予责任。即在大树本身，也得作续生命，保江山的打算，难道不可稍稍自敛，在树巅树枝间开些天窗，让瘦树矮树同沾些阳光雨露，因之也历练历练禁受暴风雨的本领使蔚成大材么？ (敏)

(《新路》(周刊)第1卷第5期，1948年6月12日)

预备上几课?

在六月四日翁院长招待立委的茶会中,有几位新闻记者问新任财政部长王云五,在他五日就职以后,是否将有新政发表。

王氏满脸笑容答称:“我对于这件事是外行,还得学习学习。明天是我开始去上课的日子。”

政务官本不一定要专家去充任。在政治上轨道的国家,政务官往往都不是该管范围内的专家,对于本部事务的技术方面,多半不一定能彻底明了。这种国家的政务所以能仍旧有效推进的原因,有下列两端:(一)各部内有真正是专家的公务员,这些事务官并不与政务官同进退,对于本管的事务有经验有研究。关于技术方面的事情,这些公务员必作主张,政务官对于他们的主张也必然尊重。(二)政务官对于本部的事务,虽非专家,但一定有兴趣,有大的见解,有一些主张和抱负要见诸实施。

我国的财政部对于这两个条件都不能符合。部中的主要员司有一大半是“科班出身”(多年写等因奉此、照“谕”办事而爬上来的),对于财政并无专门的研究。在这种情形下,财政部长如再无关于财政方面学识与经验,则将如何是好?我们从来没有听见过王云五先生对于财政方面有过什么大的见解,有过什么主张和抱负。同时,他本来不想就,而是经总统“晓以大义”然后勉强出来的;可见他对于财政并没有什么兴趣。没有抱负和兴趣,如何能把事办好?

我们相信王氏在说他自己是“外行”,“明天开始去上课”等话时,他并不是在客气;他若真是在说客气话他就缺乏自知之明了。我们也相信他并不是在高兴之余说两句俏皮话,要要幽默;对于财政这一件事,人民实实在在的再无心情欣赏幽默了。

我们对于王氏并无恶感。他在加入政府以后,虽并无建树(谁有建树?),但也并无劣迹,同时他究竟还是在文化方面有过一些贡献的人。很可能的,他甚或比由姻亲担任的内账房式的财政部长,或是由纯粹官僚担任的外账房式的财政部长,还要好一些。但是在这种时候,派一个并非纯粹新人而是一个十足外行的人,来担任这与全国人民休戚相关的财政部长,实在是近乎儿戏。

王部长赶紧多上几课吧!时间可能不太富裕了。人民在抽紧了腰带等你毕业! (汝)

(《新路》(周刊)第1卷第6期,1948年6月19日)

从政变到贝奈斯辞职

捷克总统贝奈斯于六月七日在新宪法颁布之前二十四小时辞职。伦敦人士觉得贝奈斯的行动是共党“二月政变”的逻辑上的结果。我们想,这个看法谁都可以同意。普拉格八日电讯并报告贝奈斯在辞职信中向全国发致下面的祝福词:“让所有人在容忍、爱和宽恕之中生活与工作,让别人有自由,而且享受他们自己的自由。”三个多月来缄默的贝奈斯终于发出沉痛的临别赠言而悄然卸去其仔肩了!

捷克“二月政变”本身,已够戏剧性的了。若再予衬托上斯拉夫种族性、地理环境及历史传统,异族侵并及建国复国,思想冲突及权力政治之划分欧洲成两大壁垒,以之为近景,远景及较远景,它是一部好剧本的题材。此一戏剧如写成而当得起成功之举,将是一部严肃的神圣的可歌可泣的史诗剧。

世人之论捷克政变,归纳起来,不出两点。其一,谓幸赖有此一幕撼动了西欧与美洲之警觉,西欧之团结遂因之立刻加强,美国之经济援欧遂得顺利通过于国会而立付实施。乃至意大利四月选举中共党之未能制胜,与东西两壁垒间之所短只有战争而近来情势似乎反趋缓和,亦有人认为系拜捷克政变之赐。是盖西欧与美国着眼于世界政治趋向者所作之评论。另一方面,则注重其在思想上之袭击力,说它震破了“中间路线”、“东西桥梁”及其他类乎此之妄想,而加速了截然只有左右,不属左便属右之倾向。诚然,有多少人为之困惑?有多少人为之烦恼?政变初期小马萨里克之自杀,今日贝奈斯之在新法颁布前辞总统职,促成之者何尝不是此困惑与烦恼?

我们认为这种看法,就其事之严肃性言,未免失之肤浅。若肯从领会悲剧剧意的心情去看,当可觉察出此中盖有殉道之精神在,宁愿人类极端珍贵之。 (民)

(《新路》(周刊)第1卷第6期,1948年6月19日)

中美友谊的考验

国与国之间,正如同个人与个人之间,真挚的友谊胜过建立在利害关系上的交情。基于利害关系上的交情,假使不能进步到具有道义的成份之交,利害关系一变,那份交情可以顿时消灭。成了道义交之后,假使不幸而发生剧烈的利害冲突,友谊可能为之动摇,但有挚情的朋友间,凭一个忠字可以事先防止闹成僵局,凭一个恕字可以事后不让局面恶化,往往终保全了友谊。

中美间传统的友谊,除非有人存心硬要将它涂得漆黑,说它骨子里浸透了利的贪图,我们想,不能不承认它含有很高程度的道义成分。中美国力不相等,最知道领受这份道义的,珍惜这份道义的,自然还是中国人民。中日战起,美国有心支援中国,然不肯放胆做去,要等珍珠港之变发生,并肩作战之局始趋确定。对于美国这样瞻顾迟疑,中国人民未尝苛责,这是因为中国人民相信美国政府和人民不至卖友,遂尔宁愿想到人家的困难,而曲予原谅。雅尔塔密约为中苏订约先作了一番摆布,中国人民负着沉重的心情,知道了有此密约之后,对于美国这样做,未尝怒目相视,这是因为中国人民相信故罗斯福总统是一位真挚的中国的友人,遂尔宁愿想到他的苦衷,而曲予原谅。为企图打开国共两党间的僵局,马歇尔特使来华,居间作成政治协商,中国人民深为感动。对其自重庆到了南京之后八次冒暑上庐山,尤致同情。俟其失败而行,发布临别之言,中国人民对于他的未能完成其调人之使命甚觉遗憾,然认为这位诤友究属难得,凡其所言究属为中国人民自己所欲言者。中国政府对马歇尔冷酷,中国人民则寄予无限同情,此节美国朋友必深知之。

美国朋友应该认识,中国对美国之友谊,盖植在中国人民之中,美国之在中国之博得中国人民的好感,盖由于中国人民以为美国对中国向肯作正义的声援,尚未发现过自己先有一个利害之存心,为求推行其政策,至不惜忽视中国人民之利益,有如今日在扶植日本一事上之所为。

中国人民这份信赖,是否将被证明是错信错赖了呢?现在受考验的应该是美国朋友。 (敏)

(《新路》(周刊)第1卷第6期,1948年6月19日)

司徒大使的声明

本月四日，美国驻华大使司徒雷登博士，鉴于最近中国反对美国扶植日本政策运动的发展，发表了一篇带有警告性和恫吓性的书面声明。这声明引起了各方面的注意与惊讶，激起了爱国青年的愤慨与抗议，使反对扶日政策的情绪更加强烈，反对扶日政策的决心更为坚定。

司徒大使声明中关于为美国政策辩护的部分，我们毋庸在这里多说，事实胜于雄辩。近来美国对日本的步步放松，处处容纵，使日本恢复军备与经济侵略的可能性天天增加，绝不是巧词强辩所能遮掩的。但是我们觉得这没有什么奇怪，因为替本国政府辩护，甚而说谎，本来是做大使的份内事。最使我们惊奇的是司徒大使对于此次运动发起的动机和背景的看法，与声明中所谓“准备承受行动之结果”的恫吓。关于动机和背景，司徒大使没有明确指出，他只说他“曾获有关于此种来源与用意之各种不同报告”，可见司徒大使认为此次运动的来源与用意是非常的复杂，不是以所谓“职业学生”的煽动所能解释的。关于恫吓性的“后果”，司徒大使在回答记者询问时，说明指的是“有碍援华”。那么，这种恫吓可能发生效果的对象，一定是不反对美援，欢迎美援，求乞美援方面的人士。同时也可以说，司徒大使心目中，此次发动反扶日运动的主角是属于这一类的人物。不然的话，对于素来反对美援，认为目前方式的美援是助长内战的人，这种恫吓岂非正中下怀。

我们愿意正告司徒大使，中国受了五十年日本的侵略压迫，经过八年的抗战牺牲，中国人是不会忘记的。反对美国扶植日本政策的运动，尽管有人从中利用，这运动本身是纯洁爱国精神的表现，没有人可以随便加以侮蔑干涉的。我们更要正告司徒大使，违反人民意愿的“外援”，危害人民利益的“外援”不能作为要挟人民的法宝，一个真正代表人民利益的政府绝不敢，也不会被允许，以外援作为危害本国、成全他国政策的交换品。 （夔）

（《新路》（周刊）第1卷第6期，1948年6月19日）

新阁的施政方针

翁文灏氏于本月十一日向立法院报告新阁的施政方针，各报先刊载其大意，继之发表其正式公表之文字。是施政方针，也是一篇应时的文章。抗日时期的“抗战”与“建国”，今天的“戡乱”与“行宪”，都成了定模。什么好文章，一落入了这个定型，便成了无个性的东西。这是说，文章受灾，人物也受灾。

不消说，戡乱工作最重要。说要加强军事的实力；但如何去加强，未见作具体的报告。至于到底哪一天才能结束戡乱军事，翁氏说：“基于目前的现实困难，能在二年以内戡平共匪，已经算是很快的了。”（见天津《大公报》报道）行政，希望做到廉洁而有实效的政治；但承认在戡乱时期，军费支出浩大，国库收入短绌，物价继续增高，要一切工作合乎理想是非常不容易的。

财政经济应该是核心的部分，但只有征粮，原是继续办的事，说来比较确定而响亮。“绝对必要，希望大家能牺牲一下。”其余都只是提提，或，说得最好，尽量发发愿而已。工业南迁，完全是毫无根据的谣言，不过大家“应认识戡乱的地位和方向”。改良土地分配，和“请神”一样，请出了“平均地权”是遗教之后，随着便咒骂起魔鬼来，说什么“共匪所行的分配土地是没收人民的财产，是一种扰乱的方法，而不是真正的制度”。

外交政策说得相当明豁。说要尊重联合国宪章，加强联合国力量。对世界各国一律敦睦邦交；但，靠“尤其”两字给往右一拉，遂言曰：“对美国应多了解其国策，俾共为提倡民主而奋斗。”对日政策，说是始终不变；在“反扶日”运动展开之后，听上去颇有意思。漂亮的吴国桢市长正在找交大学生的差错，我们希望他读了翁院长这一段报告之后灵窍能够大开，自己承认无聊，不要欺侮老实人——交大的程校长。

最后说到美援，那是踏踏实实的，说话便有把握起来了，偶亦流露出感激的意思。“借款数目显然不多，但意义上很重要。”

这就是翁内阁的施政方针。归结起来，历一小时半报告出了这样一个结论：“戡乱”顶在头上，战事结束尚遥遥无期。光只照应军费已够竭蹶的了，哪有余力做旁的事？廉洁办不到，行政效率提高不了。财政经济只把握住粮。祈祷天公作美，不施水旱。其他一切，只能发发愿，空口说说，实际都是无法办的事。土地改革不敢做，怕开罪于利益集团，江山将益发难保。唯一靠山是美国，所以对美国得忍受。

这不是一个在民间早成了常识判断的结论吗？原来新阁的所谓施政方针，将其掩饰处剥净后，也只有这样的一个认识！不失为“忠于事实”。若说是真心为国为民，挟有勇气，敢于正视现实，想在源头上求打开僵局，不是只在朝廷作官，那只有天晓得！（敏）

（《新路》（周刊）第1卷第7期，1948年6月26日）

为呼吁停止破坏文化机关及轰炸城市宣言

(1948 年 6 月 28 日)

自内战爆发以来,于今两载,民生凋敝,惨不忍言。今复利用现代武器,破坏城市,近如开封战役,巷战剧烈,更施巨量轰炸,住宅变为火海,人民死伤枕藉,学校遂成废墟,师生惨遭屠杀,实为内战史上所未有。同人等为人道计,为民族生存,为维持文化计,迫切呼吁全国父老,共起抗议,万勿再有此等轰炸行为,置民族生存及文化前途于不顾。

签名者以笔划为次序有:王心正、方亮、沈从文、吴晗、李广田、余冠英、芮沐、周炳琳、周一良、祁开智、孟昭威、俞平伯、金岳霖、袁翰青、徐炳昶、容肇祖、翁独健、陈寅恪、张泽熙、许德珩、黄国璋、冯至、冯家昇、费孝通、杨人楩、杨振声、雷洁琼、闻家驷、黎锦熙、邓以蛰、郑昕、郑华炽、樊弘、鲁宝重、刘盼遂、潘光旦、楼邦彦、钱伟长、薛愚、薛琴访、严济慈、严景耀、梁思成、张奚若等 106 人。

(《世界日报》(北平),1948 年 6 月 29 日)

和平不限于对外

六月十七日王世杰外长在立法院外交审查委员会对质询的答复。受质询情形，据北平《世界日报》报道，“备受若干主张反苏者所攻击，大抵均认大连不能收回，中苏条约何不取消?”“各委员对中苏关系提出质询，一时会场中反苏情绪甚激烈。若干委员主张当局采取机动性外交，以外交配合军事，以解决内战。对美国关系应明朗化，以便争取美援。”王外长的答复，亦极简捷明了。据《世界日报》报道：王于最后起立答复时，郑重宣称：“本人非职业外交家，亦不善外交辞令，但本人有坚定信念，即国家外交不能儿戏。中国最重要之基本国策，即在如何促成美苏谅解，保障世界和平。惟有和平，始于中国有利。中苏条约，政府当随时要求苏联履行。至取消云云，政府尚从未作此考虑。”“世界局势异常严重，和平信念不可动摇。战争不足以解决问题。应加强联合国力量。否决权应存在，但运用必须有限制。中苏条约履行，当继续加紧交涉。”

据《世界日报》报道，王外长于报告及有关美国扶日问题时称：“我国对美外交基本方针，为君子和而不同，即虽与美尽量保持和睦，但并非一切追随美国。就我未承认以色列国及对日和会坚持否决权，即其明证。因此，如美违反《波茨坦宣言》，采用德雷柏等计划，我自必坚强反对。”

我们对于王外长说话不含糊，表示欣慰。但促成美苏谅解，保障世界和平云云，拿它和政府渴望美援，接受美援，以从事内战之行为相对照，我们总觉得他仍在挪用外交辞令，仍“未能免俗”。我们相信“惟有和平始于中国有利”，王外长本人确有此信念。世界上无内战的国家却不一定必能避免对外战争，但内战连年进行，并且分野上隐隐依附着两大壁垒的国家，迟早必将卷入对外战争，这应是一个常识的判断。王外长必无意说和平可分内外。王外长昔亦尝致力于促进国内和平，谓“国共纠纷当循政治途径去解决”矣，我们不知道王外长是否仍抱有此信念。如仍抱有此信念，是否也有一天将不含糊地说“战争不足以解决问题”，而主张国内恢复和平，并为此而努力？要是不然，对外和平之信念安知其实质也仅如昔日对内和平之信念，稍受挫折便俯首帖耳了呢？（敏）

（《新路》（周刊）第1卷第8期，1948年7月3日）

但愿长保此声光

当局于宪政，原无多大诚意可言；但既云行宪，我们对于行宪后的政府必责以“宪政之道”，以求循常轨多少能收到人民监督政府之效。因此，对于五院各种人之人选期其不太恶滥，能各在轨道内发挥其功能。行宪后的立法院之构成分子虽然几乎是清一色的有国民党党籍的分子，究也是多年来在不健全的领导下历练出来的差可称得“才智之士”的人物，究也有不少是要求民主、了解自由的，若肯“卑之无甚高论”，未尝不可寄予有限度的期望。

自然，今日之立法院不独最有资格为国民党的反对党的共产党未能参加，即“位似侧室”的民青两党也尚未参加，说不上有何“反对”。但在国民党笼罩中不也有派系之分么？与其开会时各人随便发言，吵个不休，闹个不已，活像群众大会，何不即依派系的分野，也来一两个有组织有领导人物的“反对派”，譬如说陈立夫先生领党，黄宇人先生领团，如果党与团外尚有较小的派系，自也可以让它们各略具组织，推出领导人物。这样，虽然是小头目多，总还算得有组织。这样，“内阁”与“议会”交涉，找得到“对手”，“议会”要“内阁”向它负责，意见表达也勉能集中：可循此多多少少发挥“制衡”的效果。

我们竟这样看重今日之立法院，寄以期望，并向它进言，我们相信自己没有错信。我们以为论民主，应许人为善；可为善时应多加以鼓励。今提一事，足以证明行宪后立法院固自有其声光。

就在翁文灏氏报告新阁的施政方针那一天，北平《世界日报》在政治新闻栏中刊出了一段新闻，题曰：对设立调查局一案预料将有激辩。新闻由两个专电会成。第一个专电称：“行政院十日向立法院提出仿美国联邦调查局设立调查局提案，原文谓：为维护国家民族利益，保障社会安宁秩序，用以调查与防止叛乱事作之发生，及侵害人民自由权利之不良分子及阴谋组织，应专设调查机构，布置各种线索，深入社会各阶层，以期洞悉隐微，扩大并增强司法检察之效能，并附送组织草案。立法院已编入十一日大会议程。此种机构，即系将过去军统中统职权转入司法范围。预料立法院对此将有热烈辩争。”第二个专电称：“政院咨送立法院之司法行政部调查局组织条例，预料立法院对此将有重大辩争。……闻此案于四月三十日由国府提交旧立法院，因旧立法院以关系重大，未加讨论，遂原封送还，请改交新立法院。该条例规定设局长一，副局长二。其最重要者系第十八条，在各级法院内设调查处，办理调查业务，所属法院有指导督促之实。”接着便报告政院提案理由，这理由像是一篇妙文,不可不看,但在此处只好从略。

其事是一件“惊心动魄”的事,揣想立法院对此亦为“惊心动魄”。十一日以后过了一周,依然无消息,到了十八日,仍在北平《世界日报》上见到了“设立调查局立院通不过”的新闻标题,小标题“蒋总统同意撤回”。内容是:在司法行政部内设立调查局事,有人陈蒋总统,谓此种特务组织,在立法院决难通过,不如撤回。蒋总统甚同意,闻即将由行政院咨请立法院不予讨论。

但愿立法院长保此声光! (民)

(《新路》(周刊)第1卷第8期,1948年7月3日)

什么都可要，什么都可分！

民青两党的立委名额问题，迄今尚在僵持中；可是政府里面有的是各种各样的大小官职，民青两党认为什么都可要，国民党也觉得什么都可分。在中国近代史上，还有比这个更要卑鄙龌龊的么？

不关痛痒的国大代表和地方参议员算是要到了，分妥了，而立法委员的交易至今没有做成，于是气愤之余，发声明表明态度，搞得彼此下不了台，同时也苦了一班政治的掮客们。我们满以为在立委名额分配没有解决以前，一切问题也许要暂时搁浅，哪知道这批交易不成，另一批交易又在酝酿了。据近几天报载消息，司法、考试两院的院长、副院长既已提任完事，跟着就要提名大法官与考试委员，征求监察院的同意。据说民青两党业已应邀向总统推荐大法官与考试委员每党各二人，名单中有两党最优秀的人才，包括留学生、博士、大学教授、医生、教育家等。可见民青两党虽曾严正声明不参加“一党包办的立法院”于先，在别方面如仍有便宜可占，还是存“何乐而不为”的心思。尽管“棺材已钉了板”，它们依旧找得到缝隙可以钻进去的。

大法官与考试委员在宪法上应该都是很重要的官职，并且“须超出党派以外”（宪法第八十条及第八十八条），独立行使职权。像这样重要的且须超出党派以外的官职，竟然成为三党分赃的对象，我们不懂政府究竟在凭什么叫人民去爱护宪法！我们更觉得既然什么都可要，什么都可分，为什么不索性连衙门里的陈差号房也都分了呢？反正到处是乌烟瘴气，一片漆黑，还有什么值得顾忌呢？因为天总是会亮的，到了那时候，一切都太晚了！　（木）

（《新路》第1卷第9期，1948年7月10日）

谁是物价涨风的罪魁祸首？

最近的物价涨风，如火如荼，已打破了法币有史以来的纪录。升斗小民，眼看开门五件事的行市一日数变，无不惊心动魄，惶惶不可终日。究竟谁是这席卷全国的涨风的罪魁祸首？

在内战不停的局面下，政府继续发行新钞以弥补财政收支之不敷，物价原是一定要继续上涨的。关于这基本要点，我们老百姓像是不能管，只好暂时忍住不谈。但是物价涨起来竟比新钞的发行率还要快，财政当局也一而再，再而三地指出这一点，其意仿佛是说，这是由于人民不信任法币，不与政府合作，遂使流通速率为之加快。咎由自取，不应叫政府负责。

受过经验的教训，我们对于政府说的话，总不能不稍加研究，看看它的正确性有多大。想了半天，竟被我们想清楚了。你猜这一次比一次大的巨浪是谁掀起的？你猜是谁使物价涨得比新钞发行率还快？

这个罪魁祸首竟仍是政府自己！七分是政府自己在作祟，二分是政府在纵容，七加二等于九，只有一分是奸商在利用机会。

现在最大的款项支付，是政府每月发给各军政机关的经费。公库法等于白说，长官老爷们拿到了钱，机灵的直接在市场上绕一个圈，笨一点的找个银行间接一下，也在市场上绕一个圈。两个圈子一绕，小民就只剩下念阿弥陀佛了。上中下各级长官们虽是喜逐颜开，最高的财政长官却不免多少有点着急，所以才有什么“军政机关公款存储办法”出现。但是这个办法竟行不通。不但大大小小的长官老爷和商业行庄不高兴，就连中国、交通和中国农民银行也不赞成。原来这些国家银行也在帮着公款在市场上绕圈子。“公款存储办法”若是认真执行，国家银行的圈子就绕不成了，银行老爷们岂不要吃亏？所以在“公款存储办法”之上，又来了一个“变通”办法。这样一“变通”，小民还得接着念阿弥陀佛，一无别法可想，长官老爷们和国家银行自然都是政府中的分子，而公款数量既大，圈子转得也快，所以我们说“七分是政府自己在作祟”。关于这种情形，本期载有滕茂桐先生一文，讲得非常清楚，小百姓们都应一读。

东北汇款便是一个好例。老百姓哪有这么多的钱从关外汇到平津来。那还不大部分是公款。你没有看见么？芝麻大的东北衙门都在平津设“办事”处。这些小衙门努力“办事”的结果，使平津的居民受惠不浅！

为什么说“二分是政府纵容”呢？你没有看见到处都是商业银行、银号、钱庄么？没有这些宝贝机构，奸商想转圈子，无论如何是转不快的。满皮箱的钞票提来提去多不方便！再碰上“不法”之徒抢了去买米吃，尤其不利。开一张票据可就方便多了。政府明明说支票不准当日抵用。而中央银行自己公布的银行存款流通速率，在去年年底已高到每月六十一次。这高出三十（当日若不抵用，最高无法能过三十）的数目，是怎么出来的？这不是政府纵容，是什么？支票还嫌麻烦，还太露痕迹，行庄的本票就更好了。今天（六月二十七）天津《大公报》载：“最近物价腾涨，钞票已感不敷应用，且额小者携带尤感不便。本市商业银行有发行百万元本票应用者，一时称便。”滥发本票与发行新钞有何分别？非政府纵容，谁敢如此做？

小百姓快多念阿弥陀佛吧！把佛爷念上西天就好了。（琴）

（《新路》第1卷第9期，1948年7月10日）

施与受施　论美援协定

以“施”与“受施”为内容的所谓中美双边协定，于三日在南京签字了。代表中国政府的王世杰部长和代表美国政府的司徒雷登大使，都是在中国境内大学校长群中出类的人物，边施边受，签订了这样一个拉紧了政府关系，疏远了人民感情的契约，我们不知道他们在交饮香槟酒后回到自己的寓所，想到这宗援助眼见九九归一要拿来支持并增剧残杀，又想到自己多年教育家或宗教家的身份，也感到不安否？

今日的中国，和对日本作抵抗战争时的中国比，是变了，而且变怪了。那时洋大人如有施与，不论是多是少，朝野上下必异口同声赞许它的难得。今日，一来便是四亿美元，据说依黑市买卖折算法币，若拿它一下便把法币全数收回，都尚有敷余很多。这样一笔惊人数字的施与，竟博不到中国人民的欢心；中国人民反倒阴阳怪气，现出一副尴尬的面孔，这不是中国变了，而且变怪了么？道理很简单。从前是人民和政府一致抗日，政府得到了外援，人民认为就是自己受到了援助。今日是人民反对打内战。帮政府打内战的外援，人民虽然没有力量反对，心里却是不以为然。总觉装上慈善家的面孔，伸出肮脏的手，掩饰不了强权政治的阴谋。虽然这套强权政治是世界性的。

王外长在说明中，依样葫芦，说美国此次援华，依其国会法案，旨在“协助中国政府稳定国内经济及早日建立国内和平”。这个说法你不怀疑它的真实性么？去了外交辞令，赤裸裸露出来的，是美国在奖励中国政府“戡乱”，支持它打内战，梦想有一天打了胜仗，或把共军打得见出一个劣败的分晓，然后恢复和平；怕它招架不住，在经济上出岔子，于是在军事援助外，又定出经济援助的办法。四亿美元援助中，特种援助一亿二千五百万美元，可作军需之用，不待说，那是地道的军事援助；经济援助二亿七千五百万美元，为它订协定，为它立条款，都只是在实施上必要照顾到的技术枝节，虽然叫做“经济援助”，实质也是军事援助，只有其中一小部分用于特种建设事业的或许可以看作例外。援助款项，依照彼此了解，除用于特种建设事业在将来或须另议偿还办法外，其余的，和特种援助一样，都是赠与性质。赠与不是买卖；设定条款，只是求赠与能得到较大的效果，并不是像买卖，要停便停。所以美国政府对于赠与款项保有中止拨付之权云云，可看作只是一句掩饰的文字。款项预定供十二个月之用，即自本年四月三十日起至中华民国三十八年四月三十日止；但协定条款之有效期间超过了这个期间，订为自签字日至中华民国三十九年六月三十日。这是说:不但无意要停便停,而且预定明年四月以后将继续拨款援助。这是说:美国政府想援助中国政府"戡乱"援到底。南京朝廷中卿相最为踌躇满志的,我们想,当莫过于时间那么长和款可以源源来这一点。

协定中写下中国要采取可能的措施以利本国资源及国民财力的有效使用,发展工业及农业,改进财政及币制、减少贸易障碍,增进对外商业关系,"约首"所谓中国政府之政策在推行一种有力的自助计划,所指的大概就是这些。另一昭告是,由美援物资脱售而得之国币应如何处置,由中美双方代表协议处理之,方式约为:收回法币以安定金融与物价,及供若干种工矿铁路建设及农村复兴等工作之用。后一昭告,应有其相当的实质性,效果如何,此时不必加以臆断。至所谓推行一种有力的自助计划,据我们看,那纯是门面装饰,其中完全无物。要是有物的话,何以第二条(甲)项之(2)提到提取使用国人在国外之资产及收益的措施,文字定得那样松懈,那样疏漏,无异乎告人这是中国政府不想办,美国政府亦反对办的事?这一目的中文文字是这样的:"为查照,指认及适当使用在美利坚合众国本部、领土或属地内属于中国人民之资产及由该项资产而获致之利益,于可行范围内所得提取之措施,借以促进中国政府对于改善中国境内经济情况所作之努力。本目之规定对美利坚合众国政府并不加以协助执行此项措施之任何义务,亦不得对中国政府加以处置此项资产之任何义务。"试想,假定订此项协定的是英美,英以缺短美金外汇,早即求援于美国政府,今日沾整个援欧计划之惠,订立此双边协定,可能想像英于使用其国人之美金资产及收益反予放发,美对它竟亦拒绝合作么?可见"此项双边协定之内容与美国替欧洲受援国所订双边协定之内容大体一致"云云,是不大可靠的。而中国政府是保护官僚资本家的政府,也就于此表露无遗了!

虽然是施在一方,受施在另一方,"予"中也是有"取"的。这本难怪,美国人原是讲生意经的啊!约文第三条:"中国政府承允从事一切可行之努力,以改善与他国间之商务关系,包括对于影响中国境内私人企业经营对外贸易之情况,予以改善之措施在内。"第六条:"(一)中国政府对美利坚合众国因其本国资源中缺乏或可能缺乏而才要中国所产物资移转于美国,无论系为储备或其他目的,将予以便利……(三)中国政府对美利坚合众国政府之声请,对于来自中国境外之物资,将于一切适当情况下与其合作……"这都是美国人的生意经,为"取"得此而付出之"予",乃是今日之援助,而非通商商约上相对之"取予"。这似乎是说施主亦在摸窃,罪过!罪过!

协定第九条规定中国政府对于一切关于美援之事实,有使中国人民充分明了之责任。这份美援原是透过政府然后达于人民,对于中国人民,受害是直接的,受惠是间接的。这条规定,大概要中国人民去监督的成份低,对中国人民的反对存戒心与向中国人民市恩的成份高。然说丑恶终是丑恶,阴谋终是阴谋,任你如何掩饰，终掩饰不了这一事实，即，中国政府发了一笔洋财，中国人民的尊严却被戳了一刀。司徒大使说，美国人民之愿望即为帮助中国人民实行自助，借以达成和平、繁荣与人类尊严之地位。司徒先生！您真能在这一施与受施中为中国人民找到和平、繁荣与人类尊严么？

（《新路》（周刊）第1卷第10期“专论”，1948年7月17日）

“职业学生”的尊号不要轻易授人

内战坑杀了成千成万中国人民，外援更加深了内战的祸害，便在这样的一个环境当中，触发了遍及全国的学生运动。当局不肯自反，却一味施用高压，使得运动更加波澜壮阔起来。“本”没有搞好，“标”也没有治好，在穷乎应付之苦境中，乃发出了“职业学生在作祟”之怨声，中枢部长倡之，各地党报和之，仿佛真是怨声载道。其实，假使肯做一点小考据，便能发现所谓“职业学生”在当初革命盛世是了不得的人物，如果当时已有此尊号，只有国民党学生或挂国民党牌子的共党学生才能当之而无愧。不料时间距离增加了，原可以当作尊号的称谓竟被数典忘祖的后生小子转用以赠予他人，以为诟骂之词。

当年国民党人从事革命，他们的工作是秘密的，是“地下的”，虽无“以革命为职业”之名，而确有其实，故革命党人在当时甚为吃香。“天下”打成功之后，党人弹冠相庆，群去讲“治国之道”，于是“革命”退隐，重复落入“地下”，而为另一种人所握有。末流所届，党部衙门化，党员官僚化，政治更搞得稀糟，于是昔之革人命者今已成了革命的对象。不仅此也。眼见与争天下者之势力日益扩张，怒不可遏，竟将自己最尊贵之称号亦当作武器，掷向他人。他人拾将起来，心中冷笑道：“蠢子，连你家家传宝贝，都举以授人，从此你是无业游民了。”我担心行宪后在各地依然堂哉皇哉开着的党衙团衙有一天会以无力养这班游民为借口，被人民封闭起来或予以捣毁。

大概讲革命的人都是相信以力比力的，业于此，力亦在此。奉劝送人以“职业学生”头衔的诸公，检讨检讨自己是否将永远不再作革命工作，革命事业遂听其随政权之消替而消替？如果力不逮而又不服输，至少说话应避免长他人的志气，灭自己的威风的说法。诸公也不必担心学校难办。大学这块园地，是自由教育灌溉的园地。不怕种类杂，我们愿意兼蓄并容；只怕灌溉不勤，耕作不力，不能培植出茁壮的树木来。人类生命在延续，社会进步在延续，大学教育过去有它的伟大贡献，今后必也有它的伟大贡献；过去出人才，今后必也出人才。大学教育不厌繁，甚至可以不厌乱；最可怕的是“定于一尊”，将遂显得枯寂与单调。　（敏）

（《新路》（周刊）第1卷第10期，1948年7月17日）

不诚实的政治之又一例证

本月月初翁内阁向立法院提出了三十七年下半年的预算,据中央社发表的消息(南京二日电),预算中的收支可以相抵。据说普通预算税收当可有盈余,特别预算以出售政府握有的物资及其他办法相抵也可以不再依靠发行。我们目睹新内阁对六月涨风措手无策的狼狈情况,失望沮丧之余听了这段好消息,将欲信之而实在有些不敢。可惜立法院秘密审查的“铁幕”即刻笼罩了一切,大好的宣传资料居然没有再听见政府要人谈起。侧面的谈话毋宁叫人更生疑窦。譬如以币制专家的身份被邀入阁的政委王微先生不久以前在上海发表谈话说,现在的财政金融治本是没有办法的了,以后只能在治标上着手。并吐露政府今后的金融政策也不过就是管束管束上海的投机市场而已。既然预算已经能平衡了,何以治本没有办法?真叫人莫名其妙。

此外政府方面又一再散播币制即将改革的空气。财次徐栢园先生又在本月三日宣布财政部与中央银行都在准备改革币制。我们想起了六月涨风之前也有人大散币制改革的谣言,甚至指出新银币的重量及与法币的兑换率,真是有声有色,像煞有介事,当时确使一些投机商人(也许是那些没有内线的小商人)恐慌徬徨,物价也因此稳定了些时。但是等到大家知道币制改革还渺无踪影的时候,物价就疯狂飞涨起来。聪明一些的投机商人却因此大赚其钱。这是有目共见的。现在六月涨风虽告平息,徐次长又再发表改革币制的声明。我们预想着七月涨风,不禁不寒而栗。

最近物价之连续猛涨正指示着法币已走到崩溃的绝壁。在一九二三年九月四日,德国国内物价约当欧战前的二百八十万倍,可说约略与我国现状相等。可是以后不出三个月马克即告总崩溃,物价在同年十一月二十七日已涨至战前之一万三千八百万亿倍。德国那时国内还是和平的。此一个比较还不够使财政当局有所警惕么?

我们希望政府对目前的危险能有正确的认识,不要以为散布一些空气就可以稳定人心与物价。须知人民一再受蒙骗,对政府及币值更失去信赖,其结果只有更加速法币的崩溃。这将远不如将真相公诸人民,让人家共同研究一条出路来。诚实是最好的政策,这在搞政治也不能自居例外。　(平)

(《新路》(周刊)第1卷第11期,1948年7月24日)

傅将军面临一个考验

在“戡乱”不由分说定为“国策”，民意便这样被强奸之后，傅作义将军被公认为“系华北安危”的人物。在目前中国，他是一个最红的红人；地方士绅拥戴他，美国洋人看重他，南京中央也另眼看待他。傅将军是一个练兵用兵的能手。他在目前中国最为难得的地方，是在始终同士兵接近，与他们共甘苦，因此军队能打硬仗。一点都不含糊，吃过败仗，就说吃了败仗；重新部署，再去应敌，三番两次打了败仗，击退了敌人，也都是硬扎硬打。他的服装，他的气派，一直保持住是一个“大兵”。他把他的总部放在郊外，他的用心要他的部属不受都市恶习的传染。在“匪氛”弥漫当中，北平市民不大萦心于“兵凶战危”之侫，实是受了他的这种措施之赐，虽然也有人责他为什么不让这班市民老爷也吃点苦头。

一般地说，中国军人爬到相当高的地位后，就趋于把重心自“军”扭转到“政”。傅将军早已达到相当高的地位，但他似乎因为出身不同，屹然免于此“疫”。他在来北平坐镇之前，虽然在察绥等省主政多年，但重心始终没有离开“军”；亦赖重点始终在“军”，故遂能保其“政”。到了北平之后，主持华北五省的剿匪事宜，重点依然在“军”。但管辖范围扩大了，军事得配上其他的方面，于是便有人献议，也有人呼吁，把行辕取消，扩大剿匪部职权，将平津两市亦列在体制之中。酝酿了几个月，等到李宗仁氏竞选副总统头衔而终于戴上此头衔之后，水到渠成，南京中枢终于接受此献议，“俯允”一切从以剿总为中心之体制去部署。具旧都身份之北平，遂成了河北省之一隅。于是“小大由之”，傅将军虽然握华北军政大权，而“政”终亦逞其所欲以犯“军”矣。

毛病就出在这里。此中有二义，一、树高招风；二、“政”之复杂匪夷所思，控“军”尚易，控“政”最难。多少年来，中国政治圈里的社会显出了一副面相，若给它画出一个素描，大体是这样的：统一的要义在“定于一尊”；人心是险诈的，须随时防范；须严内圈外圈之界；天下人皆可用，惟进退之权必须操之在我，操纵之机必须握之在我，其道莫善于“虚虚实实”，虚的名位尽管授人，实权必须透过为我耳目心腹的人而握在我自己手里。多少年来，曾居高位者摒的摒，退的退，留者则依违两可，只落得在朝廷作官，在封疆作吏，多半是造因于此。

傅将军虽然受到“倚畀正殷”之宠，固亦难免招忌。屡立战功，他人不能打胜仗，傅将军独能打胜仗，只这样便足以引人入胜。李将军推荐傅将军，授以华北剿匪全权，而傅将军对阎将军特别谦恭，李也阎也傅也都是举足轻重的人物，风云际会，其引人注目，自也是理固宜然。我们为老百姓求少受灾难着想，会默默祷祝傅将军能躲避开搞“政”；仍专一致力于“军”；于华北安定，此为最善；于傅将军本人用其所长，亦以此为最善。等到剿总的体制日隆，傅将军终于半掩面半露面问起“政”来之后，我们感于“政”之复杂及控“政”之难，即在惧怕他会受人玩弄，坠下马来。果也“七五”惨案发生，考验之期不旋踵而至。我们仍然爱护傅将军，希望他拒绝拖延的办法，迅明断然的处置，为公道求直，为死者申雪，以争回动摇的人心。事情演变到如今，旁观者接触所及，觉得单只在北平城圈内，就在这几个月当中，已有多少件事可以告诉傅将军列在剿总体制中之“政”，其内容多么复杂，矛盾多么厉害。假若肯把它们连贯起来，作一总观察，给它一个衡量，或许就能指出学生青年虽然窜易并涂漆人家的名字，近于无礼，动机究尚单纯；真正想隳傅将军的声誉者应不是学生，而是别种人。（敏）

（《新路》（周刊）第1卷第11期，1948年7月24日）

又是一批大额关金券

“某月涨风”早已成为一个不合时宜的名词了。现在物价不是在某几月涨，在某几月保持平稳，而是无月不涨，无周不涨。照此现势发展下去，很快就会变成无日不涨，无时——一小时——不涨！

法币已经不是市场的价值标准。大都市里讲金条美钞，乡间讲谷麦实物，收入用法币计算的，也没法按照生活费指数计算收入。法币一到手，唯恐不立时用完。人民对于法币之信心，可以说是丧失殆尽，而在这时，负责人却又宣布发行大额关金券，票面分为一万、二万五、五万及二十五万四种，折合成法币，最高票面为五百万元！

经过了几年教训，人民的心理非常敏感。新纸币尚未大量到市场，物价已先作预防式的上涨。故除非强制购买，印行法币能够买得到的东西，一定是愈来愈少；买得到的实物愈来愈少，纸币发行便愈迫切。在如此恶性循环之下，法币要垮，政府行政机构也要动摇——真到粗粮也吃不饱的时候，谁肯饿着肚子做事。

一架机器，经过十年以上的不停使用，也要陈旧不堪再用。这个弥补财政赤字的主要手段——通货膨胀，也已经用了十年以上了。在此即将不堪再用的时候，发行大额钞券，岂不要变成法币之最后催命符？

以后怎么办呢？一般人想到币制改革。看起来，政府似乎也在准备这手。但是改革以后又怎样？有办法使财政收支平衡吗？如果仍不平衡，岂非又重蹈法币覆辙？

内战不停，现在筹措战费的办法不变，物价便不能不涨，这是常识。要物价不太上涨，只有两条路：（一）停战；（二）改变筹措战费的办法——让有钱人出钱。何以如此浅显的道理，政府不肯承认？不肯彻底实行？　（梅）

（《新路》（周刊）第1卷第12期，1948年7月31日）

秘密会议·欺蒙·迫害

多少年来中国政治圈里有个坏习惯,它是:文书或会议,一涉及军事或财政,便说要秘密。实则只是形式上秘密,实质上并不秘密或根本并没有什么秘密可言。因此谁都不给此“秘密”一词以它的字面的意义。近来,在行宪之后,这“秘密”的功用却发挥得大了。不但拿它来唬人民欺蒙人民,并且用它来做迫害人民的工具!这里说的是立法委员在中原战事失利中闹查究泄露秘密,终让行政机关将一家报纸停刊这段故事。

开封失陷后,立法院开了一个秘密会议,检讨中原战局,有何应钦部长列席说明。事先各报的报道预料将有一个紧张的场面,因为豫籍立委悲愤达于极点,表示非追究责任不可。我们揣想,当时豫籍立委之提出临时动议要求检讨中原战局及此动议之迅被全院接受,大概是由于立委诸公自承是人民的代表,应代表人民追究“戡乱”中某处战事失利的责任,凭了这个念头,乃发为呼与应;至作为秘密会议去开会,这不过是循多少年来的习惯,以涉及军事,也顺口说“秘密”而已,因初无不让人民知道国防部长如何报告的心思。而国防部长之出席报告,他本已知道将有一个紧张的场面,又面对着这样一个七八百人的大集会,又逼得要说说战事失利的情形,而自己又不管军令,在这种情形下,大家都可以想到,他的报告纵不说谎,也必是力求避实就虚,为当时敷衍得过而敷衍,为当时对付得过而对付的一篇预先写好的谈话或文字而已,其中决不会涉及任何真正的秘密。在这样的一个表面紧张而实际找错了对手的情况中,谁都想不到这“秘密”一词会被一些不愿闻“新闻自由”之词的,伺机而噬的人拿去利用,给加上“泄露”一词,便演出一出封报馆的丑剧来。

何部长的报告内容,见于平津各报的,都载明系“会后探悉”。据天津《大公报》的报道,何部长对军事状况有所报告,同时根据国防部组织法,解释现在的国防部长只负军事行政之责,关于指挥作战属于军令方面者系参谋总长秉承总统命令执行。北平《世界日报》的报道较详,谓对开封战事何部长的说明是,国军在鲁西发动大会战,共军为分散国军兵力,乃攻开封,以援军受阻,未赶到,遂于二十二日沦陷。并谓何部长认国共双方兵力虽已相差不远,但国军在火力方面仍占绝对优势,空军协助作战,收效尤大;现各战场正在调整部署,相信最近期间形势将有大转变,开封必可收复。我们在平津各报的报道中找不到在报告中何部长触及了什么尚为平时经常读报的人所不知道或不明白的地方。在南京的各报如何报道,我们不知道；想来应无甚大的出入。如果有人竟把这些被报纸记载出来的话当作国家的机密，而认为只有自己，何幸而为人民的代表，得分享知道此类国家的机密之荣，若令见诸报端，便是泄露了国家秘密，那简直是自欺欺人。自欺显其无知，欺人说明其欺瞒人民竟毫不犹豫。

何部长作报告的第二天，立法院又有会议，有若干委员高嚷今日各报已刊登了昨日报告中有关的匪军事各情，须追究泄露秘密的责任，于是有特别指摘南京《新民报》历次披露立法院秘密会议新闻之不当者，有认为新闻自由须有一定范围者。最后通过了组织特种委员会进行彻查之提议。我们读六月二十六日的报，看到了这段新闻，便觉得伤心。这些委员虽然是号称人民的代表，却仿佛是在和行政当局串通来欺蒙人民，似乎没有几个懂得什么叫做新闻自由。我们并为南京《新民报》担心，怕一把利刃要在它身上试其锋锐。

闹查究的翌日，何部长报告词全文出现于各报，据说这是立法院秘书处徇何部长本人之请，将原稿予以发表，意在纠正错误之记载，免致以讹传讹。既系秘密性质，何以自己又可以发表？足见所谓泄露秘密，实在是并非事实；顶多仅是记载或有错误。如果是记载错误，有了更正，罪名便应不存在了。故所谓调查委员会，不旋踵便无结果而结束。然南京《新民报》终于七月八日奉到内政部的命令，受到了日晚两刊永久停刊的处分。

迫害之志于是乎达成，读者记住：自发动起哄到处分《新民报》，历时二周；这中间有过“豫东会战大捷”，官方认此一“胜利”，其意义等于晋代淝水之战，足以安定江淮，巩固首都；官方并认为下一步骤，应为开始“心理戡乱”、厉行“宣传整肃”（见七月九日之北平《世界日报》）。　（敏）

（《新路》（周刊）第1卷第12期，1948年7月31日）

币制改革与工业建设

工业，货币，物价三者之关系

由浅近道理而言，工业系供给消费，其产品在市场上发生价值及价格问题。货币为价值之尺度，此种尺度是固定的，如今日之尺度与昨日之尺度不同即无法记账；货币为计算价值之单位，但不能与固定之尺度维持甚久，多少随人民之需要及事业之变动，有伸缩余地，近代金融国家，则靠银行来调剂。工业希望物价稳定而有上涨的趋势，成本与价格有一相当差额，而产品继续不断地供给，利润即在其中产生。

物价稳定有益于工业之发展

物价稳定有益于工业，在稳定立场上且须有渐高之趋势，消费者购买力亦同时稳定，此种现象在再生产过程中，对工业为一种鼓励。

工业家不一定要靠高物价来维持，靠稳定之市场，确能供给市场之需要始最为合算。

通货膨胀下对工业家之弊害

今日通货膨胀，币值贬低，工业家如果老老实实的雇工人买原料，从事生产，则成本过高，且市场购买力亦差，于是便把工作停下来，而冻结物资，或投机取巧，已离开工业本身正当之立场。

货币改革之展望

币值及购买力稳定，对工业皆有益。如以为法币失去人民信仰而改制，改制后，仍滥发新币，物价波动，新币贬值，对工业家无好处。

今日币制改革，未免言之过早，盖财政一日收支不平衡，内战一日不熄，则币制无从改革也,改革币制仅为一种花样,或是变戏法,骗骗老百姓罢了。在此时期,无正当之工商业可言。

北京大学法学院长　周炳琳先生谈

(本刊驻平特派员李紫尼笔录,《工业月刊》1948 年第 5 卷第 7 期)

俞鸿钧总裁言不由衷

中央银行“呈奉”行政院核准，自七月十九日起，增发面额大至二十五万元的关金券，中央银行总裁俞鸿钧氏并为此宣称：“政府对于收缩通货，平抑物价，已有通盘的筹划。此次发行较大面额的钞票，纯为便利人民，应付事实需要；仅将钞票面额提高，并非增加发行数量，所以不应该影响物价。倘投机分子借此散布谣言，企图扰乱金融市场，定当依法严究。”“告示”式的说话多半是“不诚无物”；若在总裁的“严究”两字下再加上“不贷”两字，那就更够味了！

本来，就目下国内物价而言，平均已达战前物价的三百万倍。这次所发行的大钞实值仅等于战前的七分角票，一角七分角票，三角四分角票和一元七角的钞票而已。转瞬之间，物价必然继续高涨，所谓大钞的实值，比这所列举的还要低微；若论各种经济活动在事实上的需要，自然还不能满足。战前在市面流通的钞票有票面值五元和十元的，相形之下，那些才得称为“大钞”，但是，物价却相当稳定。可见大钞与物价波动如有关系，那也只是心理的。所以，俞氏的声明中只有“应付事实需要”一句还是真话。谁不承认“较为便利”？其余作为声明的各种话，原不值得一驳，姑为尊重国家体制，也在此提一提。

第一，政府何处有收缩通货平抑物价的筹划？物价上涨不自今日始，胜利后如果不支出大量的内战军费，并有效平衡财政收支，物价如何会涨到三百万倍的限度？第二，“仅将钞票面额提高，并非增加发行”，这句话只有在物价稳定，货币流通数量固定，为了便利，以大钞收兑小钞的情形下，才有意义。事实上，即使不印大钞，货币依旧在增加发行；印了大钞，不过发行的张数可以略微减少些，印费比较经济而已。所印的大钞如仅用以收兑小钞，那么财政预算的赤字又将如何弥补？第三，“扰乱金融，刺激物价”主要由于抢购。试问大量抢购米、面、棉纱、黄金、美钞者是持零星旧钞的小民，还是用成箱新钞的特权人物？如能“依法”，早已“严究”，何待至今日？

此外，既发大钞，就直接发行以国币元为单位的“五百万法币”大钞好了，又何必逃避支付标准而以关金单位出现！难道想借重“大单位小数额”以自欺欺人吗？总之，为政者最怕“言不由衷”！物价涨风如此，势即将届经济崩溃的边缘；大钞发行事小，治本清源事大，政治如果没有改革办法，只作叫人读了冷笑一声的纸上文章，又何补于实际？　（辰）

（《新路》（周刊）第1卷第12期，1948年7月31日）

迎接政治上新理想的出现

酝酿已久之美国第三党最近在费城开全国代表大会，决定定名为进步党，正式推选华莱士为总统候选人，并发表政纲，以求和平、自由、富足相号召。政纲序言特别提起“进步党将实现罗斯福总统的政策，并完成威尔逊的殷切期望”，这不可仅看作竞选的词令，目的仅在争取民主党和共和党的选票；应看作欲冶罗斯福的“新政”与求世界和平及威尔基的“天下一家”于一炉，锻炼出一个新的理想来。

新大陆高悬着一个理想以诏示世人，这是美国历史的传统精神。第一次世界大战中威尔逊总统领导世界，靠理想；第二次世界大战中罗斯福总统领导世界，靠物质的力量不小，靠理想尤大。年来承战胜之余，重以世界动荡不安，趋于过分看重物质，过分看重武力，而忘却其向来于实力外尚有举世莫与伦比的理想之号召；而现前当政的人物又大都不足语于此，遂使世界政治只有物质上的刺目的光芒，而消失了精神上的温煦的理想。今日在华莱士领导之下，美国的新党为美国重新提出其号召世界之理想，这实是一件值得大书特书的大事，世界上爱和平与自由及求进步的人士闻之当为欢欣不止。

此一新党的政纲分为三部，分别以和平（外交政策）、自由（人民权利）及富足（社会经济问题）为主题，并以此构成进步党的“不可分割之目标”。属于外交者，对经济援欧，主张放弃马歇尔计划，通过联合国以援欧；对军备，主张停止征兵法，停止超过合理程度的军事建造；对国防及与国防有关的，主张放弃杜鲁门主义，结束对中国、希腊、土耳其、中东与南美各反动与法西斯政府的军事与经济支助。属于人民权利者，对南方黑人，反对虐害，反对种族歧视，主张平等享受立法权利，取消众院非美活动委员会；对共产党，保证“为共产党与其他政治团体争取宪法权利”。属于社会经济问题者，对独占企业，主张将最大的银行、铁路、商船、电力与瓦斯工业，以及最初由政府资助成立的工业收归国有；对农业，主张制定一保证每一农家一年至少收三千元的计划。

在外交政策方面，针对现实提出主张，表示新党具有十足的勇气者，有如下的报道（俱见七月二十七日天津《大公报》）：新党政纲指责老党派背离美国人民，拒绝与苏联和平解决歧见；并相信如不干涉他国内政，并接受其他民族有权选择其自愿选择之政府之原则，经相互尊重，特定之协议范围必可觅致。新党在重要和平政纲方面，尚主张放弃其用意在包围及威胁其他国家之军事基地；宣布停止制造原子弹及其他集体毁灭之武器，并毁弃已有储存之原子弹；与战时盟国合作，对统一之德国及日本缔结和约，并同时撤退全部占领军队；停止对华援助，立即撤退在华美军。

新党正式发布政纲，凡所主张无一不是在冲撞已成之偏见，其必遭受严厉之斥责，贻以“红色”或“粉红色”之称号，自可预卜。华莱士被拥戴而竞选下届总统，其当选之希望甚小，这也是不待言的；尽管萧伯纳如何向美国记者鼓吹，说华莱士是代表进步势力的唯一的总统候选人，要美国记者去告诉美国人：“谁投票拥护华莱士，就是投票拥护进步势力。”大概此时准备去投票拥护华莱士的美国人还是不会太多。然我们相信理想是成功之母，谁有理想，谁能为理想而奋斗，谁就能在奋斗中创造出有利之环境以实验其理想。 （民）

（《新路》（周刊）第1卷第13期，1948年8月7日）

冷战之后是否将有热战？

看一个多月来柏林局势演变的经过，一个期待第三次世界大战之早日来临的人，对于本题，觉得没有把握准可答“是”；另一无幸灾乐祸心，而愿和平能保持的人，对于本题，觉得可以答“否”，然也不敢作绝对的说法。这柏林局势的演变问题真就是这样困惑人的一个问题么？

据七月二十六日的报道，英、美、法三国高级官吏在伦敦举行圆桌会议，磋商对苏新照会内容，美方代表将在会后与英外相贝文晤谈，给贝文说明美国与西方国家应用什么方法去对付因苏联封锁柏林而引起的局势，采什么观点去应付最为可靠。伦敦人士认为他们的讨论将集中于两个问题上，即：（一）如苏联同意解除柏林封锁，西方国家和苏联讨论德国全部问题，其讨论所及有何限度？是否这种讨论需开四外长会议，或限于四强驻德司令会议？（二）如果苏联拒绝重开柏林与西德陆上交通，西方国家应该或能采取什么步骤？新自美返德之美军政府总督克莱在前一日即对报界宣称：“美国愿意参加四国讨论德国问题，然不愿被迫参加。”又称：“在采取其他权宜之计以前，所有外交途径均应充分予以探讨。……虽未获通知苏联立场有任何改变，然苏联尚未关闭一切商谈之门。……美国不愿战争，然美国决意驻留柏林，并希望能借和平方法驻留柏林。”华盛顿方面消息且谓英美已同意在将提的对苏新照会中抹去以解除柏林封锁为四强会议先提条件的字样，说是不要使苏联失面子。

说来说去，其中只有一点是比较确定的，那便是赞同举行四国谈判以讨论德国问题，举行四强会议之议原是英、美、法早想提而故意不提者；等到英、美、法在西德行动起来，苏联感觉东德受着极大的经济上的威胁，乃在以“封锁柏林”为掩护之下，不惜自己来提出此议；英、美、法于柏林之被封锁故意表示强硬，实则庆幸四强会议之议之终由苏联提出，在赛棋上自己胜了一着。这些都是冷战的手法。据我们判断，这冷战不久即将趋于停息，而由重行会议开启谈判之门，虽然一方面有六十架美国超空堡垒自英国基地飞德，另一方面苏京上空机群作假想战，史达林在检阅空军；虽然既传新照会可能只取向苏外长提口头声明之方式，以免被人认为太近乎示威；又见美英驻德军政府下令实行反封锁，禁止东德火车通西欧。

一张一弛，局势延续了一个多月，不惟未见恶化，反而渐趋缓和，这表示热战不至爆发。虽然由重行会议，经过谈判而达到对德对日和约之成立，路程依然是相当遥远，但我们有理由相信东西之间不必诉诸战争仍能觅致和平。我们的根据是：本年一月以来冷战未见减退而和平试探时作时辍。五月四日美驻苏大使史密斯受了马歇尔的密令致口头声明于莫洛托夫，莫洛托夫依史达林的训示将此声明公开于世界，这只是最露骨的一次。在此以前，由苏方提议杜史会面而开始的一切试探与缓和，不必再说，在此以后，美方于“乍惊唐突”之余，固也欣喜接近之端已启，并自鸣得意，以为自己在冷战中已获得了胜利之把握，这也是众人周知之事实。从这一角度去看，柏林局势之在紧张中有弛缓，实无任何足以令人奇怪的地方。（竞）

（《新路》第1卷第13期，1948年8月7日）

翁院长染上了滥发文告之病

翁内阁伙伴中并非全是些毫无抱负的人物。因此，虽然认为环境不允许他们展布出政治家的作为，我们以为在气质上必尚有若干人能保持政治家的格调。这一看法，我们自承，在读过翁文灏氏以“明辨是非共赴国难”为题的在七月二十八日发表的《告全国国民书》之后，多多少少给否认了。一位内阁总理只宜就政策之实施，以行为告国民，不必以文告与国民相见；如果需要文告，那也必是为要对某政策之实施向国民陈达。如果其所言仅是宣达意旨，而其所宣达又全是他人之旨意，那便更是等而下之了，直是为人传声之广播员而已。当其事者之个人被糟蹋，已经是够可惜的了，想到制度之尊严被毁损，更可痛心。

据北平《世界日报》的报道，翁氏之发表此告国民书，一在鼓励民气士气，二在间接辟正和谣。这看法如果是对的话，为什么不由总统以陆海空大元帅的资格发布文告去激励三军，以达成第一个目的？为什么不让董显光氏以新闻局局长的身份在记者招待会中发表谈话，以达成第二个目的？今以院长之卑僭为总统之事，而文辞拙劣，未收“打气”之效，先得“泄气”之果；又以院长之尊屈为新闻局长之事，而技术拙劣，正面不提，让人在背面摸索揣摩，辟谣之效未见，反使人“信其有因”，可能并为上海市场中专门投机之二三等要人预伏一生财之道。

文告中咒骂中共，抓住了中共的拥护共产国际情报局对于南斯拉夫共党之措置，以为罪名，借以揭露“匪党”是国际间谍，是国际武装第五纵队；他们根本否定民族主义，他们所号召的“民主联合政府”不过是他们的政治阴谋的烟幕；他们所宣传的招抚富农，稳定中农，只成了空虚的口号，实际上决不可靠；他们所言的保护城市工商业，也只是无耻的骗局。持以与国父所倡导者及蒋总统所致力者相比，则国父与全国仁人志士倡导国民革命，是为中国之自由平等而奋斗；蒋总统秉承国父遗志，率师北伐，统一全国，坚毅抗战，恢复五十年来的失土，取消一百年来的不平等条约，每一步骤，无不以中国之自由平等与统一独立为目的。这些应该都是极精辟之论，但我们读后，总觉得咒骂与歌颂不宜由阁揆为之；由阁揆为之，是自贬身份。

文告中希图将受中共统治之人民自中共分开。在对于中共种种宣传力加以否认之后，再添上这个说法，岂非使人恍然大悟对方实已有惊人之发展，转觉当局欲抑之适以扬之。先后有两三段文字在给人以这样的一个印象，兹不备录。就“匪党”所宣传的加以否认，此乃惧其宣传发生效力也。对“匪党”所控制的人民表示宽大，此乃惧怕人民去己而就敌也。

文告特别对社会上各方人士提告：剿匪戡乱，并不是党争，更不是内战。文告更曲解“反扶日”为“反美”。其言曰：“正当美国国会议决援华方案，美国援华主管人员将要到华之时，不先不后，中共在各学校鼓动了反美风潮，种种鼓吹，实则纯是共党的世界方针在我国的表演，决不是我国同胞真正的公意。”此为官方第一次正式公开诬指反对扶植日本运动为反美运动。天呀！这真是自贬国格，对美国洋大人则求结好，对爱国的人民则毫不顾惜地加以诬蔑，可说是近于无聊。

“打气”的功效如此，“辟谣”又如何？局势演变到今日，愈一意孤行，惟“戡乱”是务，强弱易位之势愈显露；与其“辟正和谣”，曷若先问自己是否仍能屹然不受震撼！　（敏）

（《新路》（周刊）第1卷第14期，1948年8月14日）

作了一个聪明的举措以后

美、英、法三国代表在伦敦会议，决定由她们的驻苏大使亲自向苏外长莫洛托夫提出各该国政府对柏林事件的意见应加讨论的问题。这是表示各该国政府求避免再冒一次得到拒绝复文的危险，愿循致送文件以外之外交途径以获取协议。此举立刻减轻了柏林局势的紧张程度，是一个极明智的举措。同时准备于三国大使访莫洛托夫时，要求与史达林元帅直接会谈。据路透社伦敦七月二十八日电，这种直接和苏联元首会谈的打算，曾在华盛顿讨论过，在贝文和美国外交家的伦敦会议中又复活了。这个企图的目的，想寻得打开柏林僵局的方法，然后扩大讨论领域，包括全部德国问题，也许最后协商处理东西之间的一切重大歧见。这是表示希望能由讨论柏林事件进而作全部问题之商讨，更进一步辟出和平之途径。同日英国官方透露消息，谓如果准备召开四强对德新会议，设立西德政府的伦敦六国协定即将冻结。这是表示西方国家在那里预期苏联将要求她们在开始打破柏林僵局谈判前，放弃西德协定，她们自己也准备停止西德政府计划，至少在新四强会议具体前，不拟进行成立西德政府。这一消息，尤足澄清当前混乱之局势。政治的诀窍就是在预备"取"也预备"予"，在那几天的发展中，充分表现了西方国家仍存在着高明的政治家。

七月二十八日以后的发展如下：美驻苏大使史密斯和贝文私人秘书罗勃茨从柏林飞抵莫斯科；英美大使至苏京后一二小时就传出苏外长不在市内的消息，三大使往访计划为之受挫；三国大使改访苏外次，与作初步商谈；继之莫洛托夫遄返莫斯科，分别接见美英法大使，三国提出了处理柏林僵局建议；苏政府检讨柏林局势，三大使请会晤史达林，并传苏驻德占领军司令索哥洛夫斯基已返苏京；史达林在八月二日夜间接见了三使节，晤谈二小时，三大使立即向各该本国政府发出密码报告，侧面消息，四强谈判可望恢复；截至八月五日止，苏京会谈内容尚无任何透露，伦敦消息，贝文与美驻英大使陶格拉斯会晤，英驻德司令罗勃逊奉召返国，贝文和他谨慎研究应付柏林危局的次一步骤，巴黎消息，四强如协议，德境美军政府总督克莱将军可能去职。

目前讨论已涉及全部德国问题，不限于应付柏林危局；而西德政府之是否停止成立，尤为问题之关键所在。僵局在逐渐打开中，世界和平似微妙而大许乐观。

（竞）

（《新路》（周刊）第1卷第14期，1948年8月14日）

说一件小事

说起来好像是一件小事，仔细的去想一下，却实在不容我们忽视。

据报载消息，台湾省政府得内政部的核准，规定自九月一日起，全省人民不论结婚离婚，一律须采用省政府统一印制的结婚证书与离婚证书，结婚证书售价台币五百元，离婚证书三百元。同时为求户口登记完密起见，婚书上必须载明各乡镇公所的户籍，并由正副主任（相当于内地的保甲长）盖章。（见八月二日《大公报》沪版）

此项办法包含政府求一致的一贯企图。台湾省政府似乎仅仅开了统一印制结婚离婚证书之例，其实却是在政府一贯地求一致的企图中，添增了一个新的项目。政府到现在还在提倡鼓励集团结婚，而各地主管社会行政的首长亦正竞以主办集团结婚仪式来夸耀自己的政绩。我们尽管视之为猴儿戏，心中却在悲忧着个人人格的不断被抹杀。我们只要平时稍加留意，一定会看到其他种种荒谬的办法，政府定了后据以强制人民遵守，例如悬挂国旗必有一定的部位与角落，中小学的男女学生留发必有一定的长短，衣着必有一定的颜色与式样……诸如此类，不一而足。说得露骨些，这些都是法西斯的做法，其基本的精神，就是政府要用同一种典型同一种底版去划一人民的生活，并进而去划一人民的头脑。讲到最后的目的，那又是非常单纯的，政府不要活生生的具有人格个性的人民，它要把他们制造成一部一部的机器，不拨不动，拨了照做。我们不能不忧心，政府这样百般地灭绝人性，将使这世界变成什么样子！

然而人原来就是奇妙不过的动物，你可以毁灭他的身体，你可难以改变他的人性的自然行径。最有效率的政府（我们的政府当然不属于此类）或许至多能够做到表面上的一致，其结果却早晚必然是人民用一致的反抗来还报他们的求一致心切的政府。历史即使不会重演绝对相同的事实，人类从它至少可以学到很多教训。最愚蠢的政府，一定要等到成为革命对象的时候，才觉悟到自己一向的愚蠢，可是那已经是太晚了。 （木）

（《新路》（周刊）第1卷第15期，1948年8月21日）

仅是大皇帝小皇帝之分而已

八月一日各报载出这样的一段新闻："华中剿匪总司令白崇禧据报，皖省府委员兼民政厅长黄同仇，于七月中旬代表皖省府出席第八绥靖区绥靖会议时，当众妄评总体战。白氏以总体战方案，系今春三月中枢召开华中绥靖会议所决定，当时该厅长亦曾出席，该厅长身为一省行政官吏，竟当众出此乖谬言论，实足动摇人心，阻扰总体战之实施，经已电呈蒋总统及行政院院长翁文灏撤免黄同仇本兼各职，以为违反中央国策者戒。""总体战"究竟是什么东西，政府未明白解释，老百姓至今尚莫名其妙。揣想在此制实施中，各省正常行政的各部门都要受到军事的控制，而正常行政固仍须循常规进行，行政官吏感于权责分明在己而不时受掣肘，因而觉得头痛，发为怨言，这本是可以了解而且应寄予同情的。白将军对黄厅长发这样大的脾气以前，亦曾考虑及行政官吏的这层困难否？亦许"妄"字之加有点过火吧！设想有一天在其权力范围内白将军受了上峰的在他自己看是不当的某种牵制，因而发为牢骚，被上峰闻悉，遂亦发大脾气，骂白将军为"妄"，白将军当之，能不"气愤填膺"？

再没有比这更快，立刻找到了实例的！据八月三日北平《世界日报》的报道，国民党中央政治会议二日举行会议时，曾为请蒋总统畀予各军事首长以完全指挥权事发生激烈之辩论，陈布雷、李宗黄各执一词，情绪空前紧张。据称刘健群先说话，谓据彼所知，军事局势之所以演到如此地步，主要由于干预各军事首长之指挥权，以致不能随机应变，连遭败北；故主张建议蒋总统，请勿使再有干预战场指挥之事发生。张厉生、马超俊均表同意。继乃提议由中政会通知国防部，转呈蒋总统。李宗黄认为应直接向蒋总统建议，勿须由国防部转，何应钦亦赞成此意。但陈布雷则指为越权。争辩于是开始，李宗黄除指出不应粉饰太平外，并叙一历史故事。最后幸翁文灏以主席地位排解，一场争议乃息。

在中文的字眼中，下犯上曰僭，上干下曰越。僭与越都是要不得的。在上述一场争辩中，虽形式上有近于"逼宫"，实质上要当认为针对时弊而发为呼吁。为这一件事，各军事首长博得了同情，引起了共鸣，美矣善矣。然事理之应用，可上可下，各军事首长之驭下，宁能不存"易地而处则皆然"之义？明乎此，白将军可以自反矣！

行宪有行宪时要讲的一套"世道人心"，我们盼望有彻上彻下的作风之改变，否则"仅是大皇帝小皇帝之分而已"，此讥也，吾无得而否认之。（轩）

（《新路》（周刊）第1卷第15期，1948年8月21日）

我们的意见　经济行政应即公开

——一个考验政府效率和廉洁程度的具体建议

刘大中　吴景超　翁独健　周炳琳　楼邦彦　赵人俊

在所谓“行宪”以后，从经济方面的行政和措施来看，政府还没有过什么合乎宪政精神的表现。就比较高远的措施而言，政府顾忌环境、推诿成性，我们已不再存什么奢望。但是，在经济情况日益败坏，人民求生不得、求死不能的今日，我们至少有权要求知道政府在做些什么事，我们有权要求政府把一切有关经济行政的情况和数字，公诸天下。这件事，只要政府肯把它没有权锁起来的“秘件”公布出来，就可以办得到；不像有些其他事情，政府往往以“人民缺少守法精神”或“人民不与政府合作”为理由，认为没有办到的可能。

自从民国肇始，初期的军阀政府自然没有把经济行政公开的意图和能力。国民政府成立以后，渐渐有些关于发行、预算、决算、公债的数字看到，但从来不够详细；从这些数字中，人民仍然看不出各机关的行政效率，以及各机关首长有无利用职权舞弊徇私的情事。自从抗战军兴以后，连这些数字人民也看不到了，国家财政又恢复了封建时期中皇室账房的性质。我们仅偶尔在报上，看见政府把这些数字送给外国派来的使节或调查团看的新闻，或是有些首长在各种报告和演说词中，偶尔一高兴提到一两句。我们真不知道政府根据些什么法律把这些情报对本国人民秘密起来；更不知道这些首长又根据些什么法律偶尔发表一两句——这又是这些人不懂法治精神的一个例证。

经济政务，在执行以后，根本没有一件是应当秘密起来的。我们现在仅把一些最重要的，列在下面。有些可以告诉我们政府财政的实况；有些可以使人民明了各机关的效率和政府对于各机关首长的供应；有些可以供给我们关于财富集中的资料；有些可以使人民知道工商界中一部分人与政府“合作”的情形。政府应当把这些“内幕”情形公布出来；内容若是精彩的话，人民自然会一致赞扬，若是相反的话，人民也可以有一个公开批评的机会。

（一）发行数目

发行的数字实在再没有保守秘密的必要了。谁还不知道物价每天都在涨呢？况且蒋总统和财政部长都曾零星的报告过一两次。人民有权知道过去和现在每月的发行数字；并不是作公仆的高兴叫人民知道多少，人民就应该知道多少。

（二）政府及各机关收支的详细决算

在这项下，我们最注意的是政府的总决算及各机关对于它主管首长的供应（关于这一条，各机关必须详细分列，单独报告）。各机关如果据实报告的话，我们就可以明了人民对于这批公仆所供应的汽车费、公馆经常费、应酬费（等于各公仆用人民的钱经常聚宴）、仆役费究有多少，因而知道何以这批人总不明白公教人员的待遇有提高的必要。（有多少“长”实际知道一个四口之家每月吃饱要用多少钱？）各机关若不据实报告的话，我们也可以把他们报告出来的数字，与我们所看见各机关首长的享受来比较一下，因而明了各机关谎报账目的程度。

（三）所得税（及其他直接税）

我们所要看的，不是一个笼统的数字，而是缴纳所得税在一定水准以上的人数（连同名单）和他们所缴的数目。我们要看看富人究竟缴多少所得税，然后我们可以把他们所缴的税额（可能有许多是零），与他们实际的生活程度（他们实际所得的表现）来比较一下，看看他们的“守法精神”如何。各大企业的“守法精神”也可由此得到一个考验。

（四）输入限额、外汇申请和各国家银行各种放款的分配

这三项是过去政府对于工商业扶助和控制的主要枢纽。我们所要知道的是，过去这些“方便”究竟给予了哪一些企业和私人，每企业和每私人共得到多少。从这些情报中，我们可以看出，过去究竟有无大员、豪门、巨富勾结和利用职权牟利的情事，以及程度的深浅。

政府大员以往总说人民对于他们贪污的控诉是冤枉的。他们问：“证据何在？”其实，他们把所有可能作为证据的情报，都严锁密封，称为“秘件”，人民又从什么地方去找证据？把所有关于经济行政的资料都公布出来！清廉公平勤慎的公仆应当不怕“泄漏”这些“秘密”。

（《新路》（周刊）第1卷第15期，1948年8月21日）

皇赫斯怒·为虎傅翼·借影吓人

尽管你摆出正统的面孔,说这是"戡乱",人民心里都明白,承八年抗战之后,民力凋敝,国力耗损,接着便打内战,为的只是要维持一党,亦就等于一姓的政权,是不可宽恕的。不过普通老百姓不晓得怎样去说话,怎样去抒其抑郁之情。怒火烧在心里,冤抑压在心里。只有受过较多教育因而自承是能用知识的人,才知道如何去说话,为自己抗议,亦为人民抗议。由于平日浸润于知识之中,又习于以语言与文字表达其所知所感所欲,遂得以高于一般人的程度发展其人格,遇到横逆猝至,受正义感之驱策,有时可以发为咆吼,斥其横暴,有时可以奋不顾身,批汝逆鳞。有中年、青年之分。中年人可望臻于浑到,情与知配合得恰当。青年人往往流于过激,热情奔放,接近于莽撞。此所以只宜疏导,不可阻遏。防阻之,欲其不趋于所向,适足以增强其向往之忱。清末知识青年趋向于革命党,北洋时代趋向于国民党,何尝不受诛戮?诛戮一次,革命势力增长一次。到了今日,当权者太腐败,太自私,知识青年要革他们的命,这本是时代进步下应有的现象,不一定有很多人已参加了共产党。若必欲诬指为"共党间谍",为"职业学生",意思是欲打击他们,实际却是在那里"捧"好汉,为共产党尽义务造就了一批干部的"原材"。若肯这样想,小不忍,在"皇赫斯怒"中,不甘心,必要咬青年一口,不亦可以已乎?

最近又演出了一场"咬青年一口"的亦文亦武的戏文。据说在全国各地一齐演,但似乎因为北平是"戏剧"的中心,所以特别着重于在北平之演出。北平原有一只不受"土地老爷"节制的虎,在七月五日那天出现过一次,噬死噬伤了许多人后,喧嚷了将近五十天,尚无下文。忽然天眼开,奇文突出,索性给他傅上翅膀,叫他去作飞扑的姿态,以示威迫,另在"法律"后身树上一个倒影,让"吓坏了的"小伙子对它跪膝叩头。这一副翅膀不是别的,便是奉命惟谨的行政院在八月十七日颁布的所谓清除间谍安定后方应行注意事项。这道命令本身的矛盾百出,不必去论它,交给老虎傅在身上,便"杀气腾腾"起来了。偏偏这些小伙子不识好歹,还在说什么"画地为牢,势不可入;削木为吏,议不可对"。

看戏的人看着这出亦文亦武的戏,是喝彩,还是嫌恶?"人心之不同如其面焉。"对这事,我们亦雅不欲多批评,对这问题,我们亦雅不愿多推敲。我们只愿提出这样的一个疑问,请读者自作回答:以结合青年上场的一个政权是否便这样以摧残青年下场?　(振)

(《新路》(周刊)第1卷第16期,1948年8月28日)

新钞问世

万民伫候的经济改革方案,居然出现了。记得一年多以前,也有过一个什么“经济改革方案”,不过那一回是为作文章的(北平有几位经济学人,曾为那篇文章举行过密封批判,结果平均分数是十三分),作完了“布告周知”以后就算了。何况那还是“行宪”以前的事。“行宪”以后毕竟不同,这一回说了就做,至少簇新的“金圆券”(可能有金光,但是并不硬)是发出来了。

在本期的专论栏中,我们载有一篇文章,分析和批评这次的改革方案,在此不再赘述。从我们在文化界服务的人的观点来看,在过去这几年中,我们受尽了政府不负责任的膨胀政策的剥削残害,这一次为了自己苟延残喘能继续在文化界服务,我们真是诚心诚意焚香顶礼,祷祝这一次的改革能够成功。

不过,私心是私心,祷祝是祷祝,事实还是事实,“心所为危,不敢不言”,我们愿意在这里把我们所担心和怀疑的几点,扼要提出如下:

(一) 在物价果然稳定以后,税收经过调整,可以增加。但在最初一两月内,这是来不及的,金圆券的增发率并无法能减至最近法币的增发率以下。假如在这个初期内,银钱业系统继续放款(并且是低利率!),物价如何能稳定?假如在这初起的一两月期内,物价不能有小康局面,一切计划岂不是都成空想?政府对于银钱业,除了增资合并和用纸上条文统制以外,究竟有什么有效办法?

(二) 检查仓库考核囤积,由什么人去执行?假如过去上海警备司令部的经济科长能够作弊(我们很佩服并且庆幸占据这样一个位置的人,居然会被检举看押),政府有什么有效办法制止这类事件不再发生?实际上街入库检查的人员们,他们的月薪恐怕比每月四十“金元”(全家一月一共四袋面,这还是说物价不涨的话)多不了多少。政府是不是相信每人都是圣贤,能够勒紧了腰带去查抄别人囤积的面?

(三) 手上有三两块现大洋或是祖传下来有一二两金子的小百姓,他们是否真去兑换“金元”,我们对之并无兴趣。结果,真去兑换的恐怕只是这些小百姓。但是政府究竟有什么方法能使洋商、巨贾、军政大员,真把他们的金条、美钞、外汇资产卖给政府或是存在中央银行呢?政府说它并不是没收,而是征购或封存,所以大户持有人并不吃亏,应当会毫不迟疑地呈缴出来。关于这点,我们觉得政府未免过于简单,认为这些大户必然是“人之大,性本善”。我们希望政府将来不会失望,并且把曾任和现任政府特任以上的大员们所申报和兑换的黄金、美钞、外汇资产的数目公布出来。假如他们真缴够了数,我们本既往不咎的精神,一定不根究这些资产的来源,而反予以旌表赞扬。（汝）

(《新路》(周刊)第1卷第16期,1948年8月28日)

总统有命·政院有令·地方遂"执法以绳"

以行宪内阁的姿态出场，由文人翁文灏领班的行政院于八月十七日对各地行政治安机关颁发了一道命令，列举"后方戡乱"应行注意事项，责成有关机关依据刑事法令清除"匪谍"，安定后方。这道命令一颁，北平警备司令部所属各机关，包括特种刑庭在内，立刻采取联合行动，向各大学拘传学生。在假中度暑之各大学遭受此一袭击，顿呈动荡不安。传票于十九晨分别送到各校。警备总司令部于是日举行记者招待会，陈继承总司令致辞称："奉剿总命令执行行政院公布办法，依照合理步骤今天已对各学校奸匪分别用'拘''传'方式按照公布名单，予以传讯。"并由刘瑶章市长说明"此次行动意义"，称："我们十七日得到执行命令……此次行动之前，有长期的调查，多方面的准备，又当此宪政时期，一切均按特种法庭程序来做，轻的传讯，重的拘讯，并全经过学校，以表示对学校的尊重。"所谓名单，据特种刑事法庭公布，全部共计二百五十人。然马上自己打了自己一个嘴巴，二十日北大、清华等校又接到特刑庭的第二批传讯名单。光只北大便有二十二人之多，其中多半是自治会理事或代表；于是大家明白所谓按照公布名单予以传讯与名单之公布为二百五十人，原来都是诳话。自十八日晚开始，每晚宵禁提前于九时开始，并无分昼夜，在各校四周密布宪警，如临大敌。各校被传之学生有的早已离校，有的闻风远飏，亦有少数自行投案者。治安机关与特种刑庭先作好了一个"三部曲"，循"传"、"拘"及"通缉"之次序合唱起来，以迫害有无罪案及罪案能否成立均无从判明之青年。称快之余，更用包围及封锁迫使各校接受宪警入内行其"象征式"之搜查，故意毁损学府之尊严，赖胡适校长持严正态度，仅北大一校得免于受此一大耻辱。在北平，这一迫害也遂暂告结束。从发动到二十四日午前宪警自北大沙滩区撤退历时整整一周。

在这期间，我总统蒋公就当前时局及政府重大措施发表谈话，将此"清除大学青年中的阴谋活动分子"之措施与"改革币制以稳定经济"之措施并列，以阐明其决心；我院长翁公在国民党中央党部纪念周席上，在蒋总统亲自主持之下（谢谢各报在行宪后仍照例登载一党之纪念会报告，让我们老百姓得仍钦闻党国要人之言论），报告政务，亦将"肃清间谍以保障社会安宁"与"停止膨胀波动以稳定经济"并举。是役也，狞恶之面目揭露，使中年人摇首，使青年人寒心；直接被迫害者三百数十人，然而之其所需，驱而流于四方；学府遭蹂躏，志士求湔雪，过去争取青年，今日残害青年,使缅怀往事者深感失败主义之已攻入昔为亡命客今为南面王的人士之心脏,亦狞恶之可怖,惧覆亡之无日。是役也,谓将循压迫以求宁静,猗与盛哉!吾故濡笔记之。

(《新路》(周刊)第1卷第17期,1948年9月4日)

反对公用事业加价至战前标准

八月十九日,政府在迫不得已的情势下,终于摊出了最后一张王牌,宣布了改革币制底财政经济方案。就方案本身的内容说,值得批评与讨论的地方实在很多;其中最使我们看来不解而政府恐亦难自圆其说的,则莫过于公用事业欲加价至战前标准的那一项了!根据"整理财政及加强管制经济办法"第三条之规定:"国营公用及交通事业之收费低于战前标准者,准参照战前标准调整之,以期自给。其由国库贴补者,应以受军事破坏之地区者为限。"这就是说,目前每封一万五千元的平信,应该上涨至战前标准的金圆券五分,即十五万元,涨率是十倍。同样的推算,电报费用应该涨至战前标准的每字一角,约较现在涨三倍。其他的铁路、轮船等运输事业,据估计,各参照战前标准,涨率都在起码一倍以上。而同时,政府却硬性规定市面上的物价,一律不得超过八月十九日的价格。根据第十三条的规定是:"全国各地各种物品及劳务价格,应照民国卅七年八月十九日各该地各种物品货价依兑换率折合金圆出售。"把这两条条文合起来看,则是,只准政府涨价,而小民则不能。难道真的只准州官放火,不许百姓点灯吗?

其次,就国营公用事业"以期自给"这个前提来说,政府也不应该使之涨价至战前的标准。因为,谁都知道,公用事业的最大支出,不外人事费用与原料。人事费用的支出,根据政府这次的规定是"文武公教人员待遇以金圆券支给,京沪区标准以原薪额四十元为基数,超四十元至三百元按十分之二发给,三百元以上者一律按十分之一发给"。国营事业人员薪水规定最多亦不得超过公教人员所得加三成以外;这很显然人事费用的开销不是战前的标准,而是现在的待遇。同样,原料的来价也被政府冻结在八月十九日的价格上,而不一定是战前的标准。支出既是现在的标准,而收入为什么一定要恢复到战前呢?是政府想借此以"牟利"呢,抑还是政府想恢复国营公用事业人员的待遇到战前的标准呢?

最后,还有一点,我们应该郑重指出的,就是:政府订定这个方案的目的,是在减少国库的贴补而使通货不致膨胀,物价得以稳定。但政府不应该忘记的是:现在人民的购买力和各种物价是否都能符合到战前的标准,如果不能的话,证明人民的收入不应该也不能负担到战前的支出。而且国营事业中的运输和邮电等又都与物价有着密切的相关。万一因这个公用事业的加价而刺激物价的上涨时,这后果将是不堪想象的! (骢)

(《新路》(周刊)第1卷第17期,1948年9月4日)

改革案与既得利益

大家应还记得,此次的经济财政改革,由宣传到出现,经过了二十余天,中间有过一度“搁浅”。我们颇疑心以上海为中心的“既得利益”,即所谓“江浙财阀”,曾在有形无形中施其压力,结果,最后拿出来的方案,已是对原方案大加修改了的。天津《大公报》南京八月十九日专电,即提到当局对于经济改革原来有六个办法,结果在十九日会中只拿四个出来。为什么少两个,我们不知道;有了修改,殆是事实。

改革消息开始传播,是在七月三十一日。北平《世界日报》登载该报记者自南京发来专电,称:莫干山会议,对当前财政经济作重大商讨;连日向各方探询所得,深知此乃一划时代之改革,改革方案,蒋总统在京时即已由翁阁拟妥呈核,方案内容,最主要一项,为改革币制,此外尚有消灭金钞黑市,使金钞循正当途径求一出路,及尽量使外逃资金大量回国等。接着还有这样的一段报道:经记者问方案的性质如何,某要人在奉召登山前笑称,是即仿效英国工党之不流血革命;又询以币制改革是否在此时可以实现,这位要人答称,除此以外,恐亦别无生路可走。我们曾作猜测,以为“某要人”殆是王云五部长。我们并曾悬想,所谓使外逃资金大量回国,莫非有征用的决心?所谓仿效英国工党之不流血革命,莫非有决心在以旧币换新币时凭一种办法实行财富或所得之重分配?

蒋总统于七月三十日下莫干山,自杭到沪,盛传自八月一日起将实行币制改革。蒋总统三十一日晚由沪返京,自八月一日传出了经济改革案稍缓公布的消息,谓正待美方复电支持。八月二日的报道竟有以“万事俱备,只欠东风”为题者,东风系指希望美方助我之改革币制基金。接着乃有三日的报道,谓司徒大使二日谒蒋总统,曾谈及我财政经济改革事。关于改革币制,据司徒了解,美方无法贷我专款,主要希望在我能善用美元一亿二千五百万军事援助,以改善局势,安定民生,然后再借新贷款。我们揣想这“请美国支持”的念头并不是原来即有的,可能是有人临时建议,当局以为不妨试探,成固甚好,再发一笔洋财,免得损及“既得利益”,不成再计议。四日出现了经济改革方案将分为数个步骤来实行之报道。据称:政府现正集中力量,清除改革币制途中之障碍,我方计划,原不必悉赖美援,各方面极盼政府尽可能先将新经济政策实施,稍迟再谋改革币制;经济改革方案,若分为数个步骤去实行,据悉,首步将为稳定物价,先从整顿金融机构着手,令全国商业行庄重行登记,并举行总检查,取消不合格之行庄,使资力薄弱之行庄合并,使全国六千行庄减为二千家，并绝对取缔高利贷吸收存款，严禁不合法之信托业务；国家银行将完全为国有，退出商股，使其专业化，发展国家银行之功能；此外取缔囤积居奇，运用美援物资等，亦拟配合稳定物价的措施。同时予以施行。我们曾凭此报道作揣测，所谓改革币制，实质怕只是将币的名称改一下，将记账单位改一下，“某要人”所说的隐含“革命”的措施，许是原来若干人有此心，今已放弃了；改革案的重点，低到安放在所谓“新经济政策”上，其用心之所在为“稳定物价”。就对这个，我们也不乐观。我们认为，如果是这样，关键仍在上海，颇怀疑政府敢碰以上海为中心之“既得利益”，虽然只是小碰。自官与商分不开以来，经过复员与“劫搜”，上海一隅涌出了不少新豪门，其财力足以与孔宋颉颃，只是尚未成为巨室而已。巨室仍推“四大家族”，豪门盖分隶焉。

八月五日以后，向美申请改革币制贷款之消息仍时出现；宋子文由蒋总统派专机接至京沪，关于宋氏行踪之报道，一度特别显著，然旋即沉寂，蒋总统于九日飞牯岭避暑，经济合作总署驻华执行人赖朴翰在上海对记者说：在华代表团并非扮演“糖叔叔”，美国更进一步之援助将成为泡影。赖朴翰的谈话，当是针对“申请增援”而发。八月十日起，不复闻为改革币制求美贷款之消息。牯岭自蒋总统夫妇上山之后，一天比一天热闹，翁内阁留驻南京，未奉上山之召，顿兴冷寞之感。

从下莫干山到上牯岭这八九日中，我们疑心有“暗流”自上海冲入南京，似乎作祟的是幕里有人想从美国再发一笔洋财，如发不到洋财，让局面再拖一下，雅不愿让既得利益蒙受一点损失；等到山姆叔叔声明他不是“糖叔叔”，“四大家族”中的宋巨头由专机迎来参与“密勿”之后，觉得尚有“结”待解，尚待“深思”，于是改革“搁浅”了。

然局面不允许再拖，终于逼出了一个“财政经济紧急处分”。这道改革令所包含的“改革”有四端，“拿出了四个办法来”，盖指此。最受一般人注目，以“币制改革”的美名炫惑人的“发行金圆券，收回法币”，正如前面所说，实质只是将币的名称改一下，将记账单位改一下。“处理民间金银外币”一项，两周来渲染很厉害，实质上是无关宏旨的。“登记管理国人国外资产”一项，是甚关宏旨的一件事，但其中实无有效的办法，表现政府并无决心，也就没有诚意，要做这件事，等于白说。最重要的一项在“整理财政，加强管制经济”，此即前面说的“首步将为稳定物价”。诚只是治标。但费了这么大的力量，治本没有办法，治标宁能不尽全力以赴之？在整顿金融机构各条中，不见“令全国商业行庄重行登记……取消不合格之行庄……使全国六千行庄减为二千家”之规定；实际只规定了行庄应即增资，以示限制，行庄利率应予抑低。就为这个。“既得利益”的代言人杜月笙等说话了，政府也在“商讨应取态度”。八月三十日的北平《世界日报》登载了南京二十九日专电里一段报道说：“改革币制后整个经济金融情况，即在政府与资本家之合作。据悉，杜月笙等已对政府提出意见，希望：一、行庄增资勿过高，限期两月尤办不到，沪行庄增为一百万金圆，恐多数均无法负担；二、中交农三行商股勿收回；三、行庄利息可逐渐抑低，勿硬性规定；四、证券交易所恢复。”另一报道：“二十九日虽为星期日，翁文灏之繁忙仍不减平时，晨九时谒蒋总统后，十时访王云五，主要为商讨对杜月笙等意见政府应取之态度。”瞧瞧！“既得利益”的意见，其重可以压阁揆，可以压总统，老百姓听了，怎不为之咋舌？

我们认为改革案可能有小成就，要看政府有无决心敢冒犯以上海为中心的“既得利益”，冲过这个藩篱，对限制行庄，取缔行庄业务作确实有效的措置。　（英）

（《新路》（周刊）第1卷第18期，第1948年9月11日）

“七五”事件入处理阶段了

不晓得是巧，还是有心为此布置，奉命到北平调查“七五”事件的国防部次长秦德纯与李副总统宗仁同机返京之日，即是行政院在京颁布命令，对各地行政治安机关举示“清除匪谍”应行注意事项之日。我们住在这崇理性尚和平的文化城中的人，眼看见一批特殊人物拿着这道命令做护符，在学生头上泄其平日之愤，一面深鄙其暴恶，一面也没有忘记“七五”事件情形更惨。想到前番的杀人犯尚未予以清除，与这番的所谓“清除匪谍”恰成强烈的对照，在后先互映之下，人们眼花为之缭乱，不辨这是民主之治还是暴君之治。

宣传甚久的调查委员会的调查报告终未见发表，启人疑心，所谓“民间”，和当局殆是沆瀣一气的。秦次长劳苦了十三天，飞回南京，对翁院长报告调查经过，报载他在谒翁后告诉记者：“……现在因奉召回京，只将已经调查所得的先作报告。在我的报告中只有客观的事实，而不下判断，凡有两种相反意见而无法查明的，均将两种意见并列。此外，还有几个问题，例如最重要的究竟是谁先开枪的责任问题，尚未调查清楚，现在正由留在北平的两位监委继续调查中。”“不下判断”，“将两种意见并列”，讲“客观”，真像是“客观”到顶了！叫我们怀疑的是：官方之调查是否能如科学家查看现象之客观，这也是一个客观的事实；真要讲客观，必须予以承认吧。

欣幸，两监委的调查报告书即将脱稿之讯传遍故都，监委先生毕竟是要和人民接近，很自然的，大家遂寄其期望于两监委，期望他们能主持公道。这两位监委一位是谷凤翔先生，另一位是胡文晖先生。他们于八月三日飞平，于二十日调查竣事，根据调查所得制成报告书，分“肇事原因及事实经过”，“‘七五’事件之分析”，与“‘七五’事件之责任”，并对北平警备司令陈继承，青年军第二零八师搜索营营长赵昌言，暨平市警局副局长白世维等提出纠举。该项报告书及纠举书于二十三日提出于监察院，纠举案经监院审查成立，于二十五日送行政院，报告书亦由该院于二十七日公表。自事件发生至监察院送纠举案到行政院，历时五旬，才进入了处理阶段，被害者的冤魂屏息以待，至此才咽下了一口“死”气。据说还是国外在那里闹“五罢”，才有秦、谷、胡三氏之奉派；要是不然，固愿听其“冤沉海底”！“民主”和“法治”，在我们贵国的“正解”，殆是：“法，所以绳民者也。由政府主之。刑罚不及治者。”

纠举书对陈继承、赵昌言、白世维系分三部分提出：(一) 陈继承部分，略称：当七月五日学生请愿游行时，陈继承未照傅总司令指示命令其部属不准带枪，不许打学生，而二零八师为一野战部队。以之镇压学生，更不免发生事端。且二零八师与北平学生情感素劣，陈继承于处理此事时，未能考虑及此。学生捣毁参议会固属越轨犯纪，陈继承于学生军警对峙竟日之时，未能躬亲妥善戒备，而令一警官身份之白世维指挥军警宪，自不能善为约束所部，卒致许惠东门前发生学生被二零八师士兵枪击伤亡惨案。陈继承应负措施不当、废弛职务之责。（二）赵昌言部分，略称：当七月五日下午学生在许惠东住宅门前请愿未克获见许惠东时，赵昌言奉命率部到场警戒，而由警局副局长白世维任指挥官，赵昌言未能听从白世维命令，纵其部属作战时措施，士兵开枪，又不立即制止，致酿成惨案。赵昌言应负纵兵杀人之责，应交军法审判，科以罪责。（三）白世维部分，略称：白世维以警局副局长地位，奉令为指挥官，未能与军警联络得宜，既见部队出动态势严重，应即约束部属与学生接受处置条件。后又未能即时将学生即将解散归去之消息通知部队，因误会发生惨案，不无处理失当，指挥无方失职之处。

由社会人士参加的调查委员会的报告未见发表，赖有此两位监委先生之报告，是非得以少明，我们应向他们致感谢之意。我们认为遗憾的，是他们在讲事件之责任部分中，以“措置失当”概括一切，字里行间时时流露为军警宪当事者开脱或减轻其责任之用心，未免过于为当道护短。就事件经过全部看来，当时因绝对无调兵镇压之必要，此为措施乖谬之关键所在，凭此以科责任，谁实应负最大责任，凭此以论罪，谁实应绳以首罪，谁为二罪三罪，明眼人类能言之。

据北平《世界日报》八月三十一日的报道，政院收到监院对陈继承等之纠举书后，翁院长决定交国防部议复，此事可能仍由秦德纯签办。我们担心要是他仍“不下判断”则如何。九月一日，又突然发现了傅作义总司令电中枢愿承全部责任愿受全部处罚之消息，各报均登载其致蒋总统暨翁院长之电文。这种充满封建气味的作派竟出现于号称行法治之今日，我们担心不但“刑罚不及治者”之说没有说错，可能连在监委维护范围内议首罪以应得之处分，都得仰瞻颜色。究竟如何，不久当见分晓，姑拭目以俟。（振）

（《新路》（周刊）第1卷第18期，1948年9月11日）

官商斗法看谁能制谁

八月十九日发布的财政经济紧急处分令，虽然称曰改革方案，实质上改革的成分并不大。全案精神在承认现状，对既得利益有益无损。这是全国舆论公认的，也是政府自己公开承认。蒋总统在二十一日电各省市政府令在各地协助严格执行新措施，文中言及紧急处分令之要旨，其二："人民所有金银外币及存放国外外汇资产之处理，系使人民冻结无用之资产，导入工商事业正当之用途，并充分顾全人民固有之利益，绝无丝毫之损失。"即愿对此作了一番宣示。

天下事，假使你拘泥于现实，不能超越现实，不管是怎样温和的改革，都会使你觉得这边是藩篱，那边又是藩篱，冲破它并非易事。有时你忿怨，想撞破这一块，撞破那一块，但终因藩篱是替你防卫外来侵袭的，整个撤去则危及你的生存，只好迁就，而对现实俯首，对已破的也给修补起来。于是所谓"改革"也者，遂由变质而消失。自从国民党在革命中途变节，惟"打天下"是务以来，日在建筑藩篱，资以捍卫"朝廷"，累积久了，这些藩篱为它圈出了一个"小天下"，遂成了它的"现实"。既是不再讲革命，唯"维持朝廷"是务，这现实便束缚了它，使它动弹不得。在这些藩篱中，最厚的一道，也就是向来认为最可恃的一道，当推以上海为中心的经济利益集团，即所谓"江浙财阀"。这集团在"国民革命"期中曾经出了力，尽管历年来有不少人在诅咒上海，南京政府最重要的"靠山"还是在上海滩上。日子久了，南京政府更给上海输送新血液，于是官商不分，有财复有势，上海遂更雄峙一方，南京政府遂完全落入了上海掌握之中。这次的财政经济改革案，在"朝廷"是最后的挣扎，配合得好，可望有点小成就，这小成就的成败关键便在是否能冲破这道藩篱。据日来的报道，似乎情势不许乐观。可能，冲不过去，这改革案便将在它身上碰了壁。

在上周本刊的一个短评中，我们曾提到杜月笙等提出了对经济改革的意见，翁文灏氏谒总统后又往访王云五，商讨对此意见政府应取之态度。这是二十九日的事。据当日的报道，对杜等所提四项意见，关于证券交易即恢复一点，据悉，政府可能办到，时间当在十一月；关于中交农三行商股勿收回一点，须候立法院决定；关于行庄增资勿过高，限期两月不易办到一点，政府认此为淘汰专门从事囤积居奇行庄之最有效办法，将不致变更初衷；关于行庄利息逐渐抑低，勿硬性规定一点，可能予以重新考虑。读者须记住，关于行庄利率，经济管制委员会二十六日在南京举行首次会议，曾决定商业行庄月息，严令九月一日后减至一角以内，九月十六日后减至五分以内；同时又决定外币存款之动用予以放宽。这对于商业行庄，真是十分迁就。然犹不足。杜老板说话了,必得招呼。于是行庄增资标准率也终给降低了一半,并许联合增资。政府自认为取缔囤积居奇之最有效的法宝,遂尔废置不用了!

然在另一方面,"太子"奉派为上海区经济管制督导员,授以与地方机关及治安组织实行联系之权,大举检查仓库,搜查各大商号货底,封锁水陆空路,以防物资走漏,拘捕囤积操纵之巨商,杜月笙之子杜维屏亦被捕,吴国桢飞南京请辞市长。蒋经国"打老虎"博得彩声,蒋总统在京对上海所为遥为呼应,喧传"极震怒"之余,可能对沪奸商取更断然的处置,商业银行所有外汇限期移存国行,谓系遵照总统指示而行。凡此,均表示其似欲冲破藩篱。

问题在:在办法上迁就,在行动上"乱抓",能收效么?是否现政权无"治道",仅有"治术",而所谓"术"也者,亦仅只是"治乱世用重典"那一套?"世"何由乱,你知之否?还有一层,"重典"与人权保障是否能相容?你不是说在"行宪"么?(裔)

(《新路》(周刊)第1卷第19期,1948年9月18日)

张副院长的忠实供词

为了督导平津经济管制而来平津视察的行政院副院长张厉生氏，到北方来已经有好多天了。他在平津两地发表了好几次谈话，我们觉得他在九月四日对天津市参议员的讲话，虽与他此次北来的使命不发生直接的关系，倒是很值得玩味的。据报载（九月五日《益世报》天津版）消息，张副院长在那次参议员欢迎茶会上，足足讲了一小时半的话，据说是一些毫无保留的心里的话。这里，我们只打算提出其中一点来说一说，这一点的确是极端的老实话，然而老实话中却包含着最大的矛盾。老实话我们固然应该听，可是我们千万不能软心肠到因此着了迷。

张副院长在内政部长任内，曾经轰轰烈烈而又熙熙攘攘地办过选举，无论说它是功也好，说它是过也好，这的确是在实施宪政前夕的一桩杰作。很多人曾笑骂过这种无聊的勾当，更有很多人（当然包括政府大员以及有些名流贤达）曾板起严肃的脸孔说这是民主的学习或神圣的举动。且让我们来看看主其事者的忠实供状。下面是前内政部长自己的话：

> 自己在办理选举时，不客气地说，是一塌糊涂，假使有人问罪，我一定承当。因为户口不清，许多人不会写字，同胞对政治了解认识都不足，怎能办出好的选举？所以可断言都是假的选举，民意根本不能表达。严格地说，没有一个是合法的。所以若有人说我违法，我不能分辩。但是我认为真的是慢慢由假中来的，设使假的都不来，真的更不会有了。

在我们这个东方古国的官场上，大官而说这样的老实话，实在是不可多得。我们读了这段话，禁不住有无限的感触。既然是"办理选举，一塌糊涂"，又既然是"没有一个是合法的"，那么这位自认违法而不能分辩的前内政部长，为什么竟然没有挺身而出，加以纠举？在宪政就是法治的假定下，这位自认违法而不能分辩的前内政部长，即使特种刑庭没有管辖权，为什么不由普通法院加以法办？再既然明知"户口不清，许多人不会写字，同胞对政治了解认识都不足"，因此造成了"假的选举，民意根本不能表达"，那么实施宪政岂非强奸民意，自欺欺人么？我们相信，这些问题张副院长都能一一作肯定的回答，因为他是主其事者，他是内幕中的人，他比我们知道"一塌糊涂"到什么样的程度，他比我们清楚自己如何违法，并且如何违法到"不能分辩"。

我们现在已堂而皇之的实施宪政了，但是前任内政部长现任行政院副院长张厉生氏告诉我们，由于选举是"一塌糊涂"，"是假的"，所谓宪政根本是建筑在"违法”的基础之上。这就是说,这天下,从头到尾,压根儿全是一班违法的人在统治着的天下。如果这样就是学习民主,那么学习民主等于学习如何犯法!如果这样产生的就是民主宪政,那么我们要求民主宪政无异是捧上一班违法的人来对我们善良百姓发号施令!不过话还得说回来,我们此生尚可以焚香祝祷的是盼望假的慢慢会变成真的。不过,天晓得,恐怕只是张副院长胆敢保证并引导我们从地狱走上天堂的路子! (木)

(《新路》(周刊)第1卷第19期,1948年9月18日)

蒋经国打虎

蒋经国以戏台上“小霸王”的身份，在上海“打虎”，博得了不少彩声。这只可当戏去看，当热闹去凑。要是认真地说起来，这是近于胡闹的一件事。先就被打者来说。这些所谓“虎”，都是在商战中脱颖而出，或在流氓队里熬上领导地位者，讲“本领”，一点不含糊，确有其真实“本领”。若是生在今日最受崇拜的金元国里，这些“虎”，倘使不受牵制，可能是大家巨族或大托辣斯之创造人。依“大人虎变”之说，他们都可能变成“大人”。今日为害最烈者，实非此类“大虫”，而是亦官亦商之“虫豸”。依“小人豹变”之说，此乃“小人”。侪于兽类，盖“豹”之类也。相传“虎”必择人而噬，“豹”则乱攫。验之十余年来往事，谁曰不然？我们这位“小霸王”嚷着“打虎”，未闻“捉豹”，此中岂亦有社会学家所谓同类意识乎？

次言打的动机。为什么要“打虎”？说是为要贯彻紧急处分令，即所谓经济改革案。一个立法，如果真是合于天理，顺乎人情，必将令出自行，无待绳以“国法”。凡是要靠强力去执行的立法，必是于情理有亏欠；立法者自己亦知之，以别有所图，乃求一逞，遂不惜摆出“绳以法”的面孔。往者对外打仗，人民爱其国家，可以受牺牲而无怨。今日接下来打内战，前途茫茫，币值总是趋于低降；光换新币，而发行趋于膨胀，其状如故，如何能望物价稳定？明白这个道理的人家，早即实行全面配给制，我们的政府则无此能力，无此气魄，敢走此逻辑上必走之一步。于斯时也，钱至即购物以储，成了家喻户晓之聪明办法。商家懋迁有无，于中牟利，固亦人类求生存求保持安舒本能之表现。你说人民、政府、国家是一体，我则说你政府要打内战，不惜损国家以维持自己之政权，人民与政府怎能算是一家？于斯时也，你政府要我拿出金银或外币去换新钞，我总觉得你这是向我们人民勒索。况且多少年来，官有俸，又经商，官商不分久之，人民的脂膏已被这班侪于“豹”类之小人吸尽，你政府如果真有决心，应先在他们头上打主意。而在“小天下”中，你似乎又在忌“家丑外扬”。改革案中的所谓加强经济管制之措施，于情于理，亏欠殊多。我们这位“小霸王”嚷着“打虎”，打的动机原就是这样不纯正！不诚无物，怕也只有北平的老牌的真正职业学生才被导演而闻声起舞吧。

再说打的方法。“虎”而噬人，并不是不应打。我们并不是主张你既不“捉豹”，噬人的“虎”也就不当“打”。问题是，号称古国，今日又是说在“行宪”，国家是文明的国家，人民是文明的人民，政府是文明的政府，一切得循经常法定手续去办。在《水浒传》里，作者描写武松在景阳冈山上打虎，不仅只夸说武松有过人之勇，而且说他不慌不忙，打得有手法，不需明火执仗，靠多少人在那里呐喊，驱虎而入预设之坑井。今日之“打虎”，先为摆布下紧急治罪法，先为安上特别刑庭，是乃先设下陷阱。再加上所谓经济警察，前呼后拥，我们这位“小霸王”骑在马上，挥动斧戟，此实非“打”，驱而迫使陷入井中耳。斯时也，杀气腾腾则有之，吾未见其勇也。

我们这位“小霸王”少年英俊，欲脱颖而出者久矣。此次叫他少试，实是派错了差使。我们爱人以德，希望能便尔勒住。倘若老是这样腾云驾雾下去，须防终有一回会自马上倾跌下来。报载蒋经国于十二日在上海对经政措施向青年军及市民作慷慨激昂之演讲，竟说什么“新经济方案是社会性的革命开始”，真不知所云。大概热忱有余，议见尚甚欠缺。竟有人焉，大为捧场，是亦不可以已乎？（敏）

（《新路》（周刊）第1卷第20期，1948年9月25日）

东北的通货膨胀
——新币制的致命伤

新币制推行了已经将届一月。虽然政府以雷霆万钧之势限制物价于八月十九日之水准,但是各项物价仍不免暗中有蠢动之象。有时即使外表价格不动,但是品质成分却在降低;有时某些商品在公开市面上(即按政府限价)根本无法购得,形成有行无市的状态。揆其原因,不外发行的猛烈增加造成人民对商品需求的急速膨胀所致。自从改币以后,发行增加之速竟超过以往任何时期。这是使任何人不能不对金圆前途抱极大隐忧的。

发行的来源一部分固然是由于政府收兑金钞而放出的。但是主要的恐怕还是政府的军政支出。在内战方殷的时候,军事费用的浩大固然是意中事,但是各种费用是否核实及是否已尽量节减实待考究。各地军政支出,尤以东北一区最为骇人听闻。东北自接收以来,军事接连挫败,现在政府所控制的土地仅仅长春、沈阳、锦州三个孤立的据点而已。但是我们听说以长春一弹丸之地,每月经费即将达七亿金圆之巨。东北全区之支出几达全国总支出之百分之六十之多。以区区之劫余残地何以需要这样庞大的支出呢?东北驻军之多可能是一理由。东北号称有八十万大军。以区区三个据点如何容纳得下这八十万雄兵,已经是一疑问,而既拥有八十万雄兵,何以不仅不能作面的开展,甚至连据点之间以及和关内的陆路交通线都无法打通,是一个更大的疑问。放下这两个疑问不提,即使我们承认东北确有八十万大军,也不能作为这样庞大的开支的充分解释。

另一理由即是东北物价之高。沈阳物价的确高出天津一带十数倍,长春是久被围困的危城,物价更不堪言。但是东北一向使的是流通券,东北物价与关内物价的比较,还得看流通券与法币的兑换率而定。流通券的购买力的下降,既然更快于法币,政府即应将流通券对法币之兑换率随之减低。犹如台币对法币之兑换率可以因台币价值之比较稳定而逐渐提高一样。以流通券及法币之购买力平价计算,流通券与法币之兑换率最多只为一比一,决不可再维持一比十一点五的兑换率。这次币制改革,政府居然仍将流通券与法币之间的对比规定为一比十,即三十万流通券兑换一金圆,实在是这次币制改革的最大错误,同时也构成新币制的致命伤。这种不合理的兑换率造成目前关内外物价的悬殊,同时也是使东北军政费支出如此庞大的主要原因。

此外东北财政的地方自主不受中央的节制,也是支出狂滥的一大原因。盖东北自接收以来，政府即以特殊区域待之，一切军政支出，只需行辕批准，即可向中央银行借支。因此造成军事当局可以随时下条子向中央银行索款的作风。及至疆土日蹙、物价飞涨的时候，军事当局对款项的需求竟超过国行运送钞票的能力。但是军需紧急，是不可延缓的，于是又有军事当局勒令当地中央银行日夜加班签发大批本票以为挹注的变通办法，东北市面上流通的流通券和这批本票究竟有多少，我们局外人自然无法获知，但是如果按三十万流通券等于一金圆的比率折算，必然要占金圆券发行限额的一大部分，是没有疑义的。

在以往流通券不能在关内流通的时候，东北的通货膨胀的狂澜还可以用限制兑换、限制汇款等制法加以阻遏。今在关内外一律使用金圆券，加以金圆券之方便，与关内外物价差别之诱引，东北游资的内涌是无法遮拦的了。这问题如不解决，则东北的游资不出两个月即可使新币制崩坏，金圆物价又重新恢复其膨胀之旧态。

要挽救危机，政府必须不顾既得利益之反抗，采取壮士断腕的果断措施。兹略举其纲要于后：

一、东北流通券与金圆券之折换率应即刻改为三百万与一之比，即与法币对金圆券之兑换率相等。

二、以后在东北发行之金圆券应加盖限东北用字样，只准在东北流通，东北至关内之汇款应严格加以限制，并酌加高额汇水。

三、东北之军队及政府机关所需要之物资其可以在关内采购者，应由一全国性之机构如联勤总部之类由关内价廉处采购运往东北备用，借以减削其按照当地之非正常物价所编制之预算。其必需在当地支用之预算部分，亦应尽量避免以发行新钞及本票等方法应付。政府宜急速运送东北所缺乏而价昂之物资至东北按当地市价抛售。以抛售之所得拨付当地军政当局作其经费。

四、东北之军政费用以后宜严加审核，严格检查是否有虚报吃空额之现象，并严格执行公库制度。

以上几项改革如不能做到，则不论关内如何努力节约，平衡收支，平抑物价，新币制终必将受东北之累而崩溃的。　(非)

(《新路》(周刊)第1卷第20期，1948年9月25日)

究竟谁对谁负责?

认真原是做人的本分,然而在今日的中国,我们就根本无从认真起,因为认真了,等于自寻烦恼。我们若要问在行宪后的中国政治制度之下,究竟谁对谁负责,认真固然是认真了,所得的必然是烦恼的结果。

单从"宪法"的条文看,正如官方的宪法学家所告诉我们的,行宪后的中国政府是一种所谓"责任内阁"。在这个制度之下,行政院应向立法院提出施政方针及报告,立法院有权向行政院质询,此其一;立法院得请求行政院变更其重要政策,行政院不接受时,得移请复议,立法院若以三分之二维持原决议,行政院院长只得接受,不然即须辞职,此其二;经立法院议决的法律案、预算案,或条约案,行政院认为难以执行时,得移请复议,立法院同样的若以三分之二维持原案,行政院院长亦只得接受,不然即须辞职,此其三。无论大法官会议如何加以解释,"宪法"所设置的,无疑是一种行政院对立法院负责的政治制度。然而看看实际情形,我们实在不能认清行宪后与行宪前究竟有何显著的不同。中心依旧是"领袖",方式依旧是手谕。

据说在经济改革方案形成之初,自然最忙不过的是行政院翁文灏院长,可是他所忙的不是在研讨方案本身,他所忙的却是在上下莫干山与庐山,向总统请示,"责任"内阁"摇身一变"而为"请示"内阁了。这是八月中的事,终而在经济改革方案实施后,又闹出了贻笑中外的徐陶案件。如果真的是"责任内阁",不但财政部王云五部长早应辞职,翁院长似乎也应该考虑整个内阁的去留问题,可是我们的"请示内阁"始终得到了总统的支持与信任,据说王部长在赴美出席国际货币基金会之前,曾向总统引咎辞职,总统却"认为其咎不应由王自负,并劝慰有加"(九月廿一日北平《世界日报》)。

上引两例,原是司空见惯,不足为奇之事。然而谁敢说此刻不在行宪?那么究竟谁在对谁负责呢?我们不懂一个"责任内阁"为什么还要请示?我们不懂既是"责任内阁",为什么自知有咎,而不负起责来,辞职以谢国人?我们不懂在"责任内阁"制度之下,为什么政治的中心,不在立法院,而在总统?如果总统一句话即可改革经济,总统一加劝慰即可免除责任,那么"宪法"第五十七条岂非虚设?行宪的居心也就不言而喻了!

然而做一个中国人还究竟是幸福的,环境使令我们一辈子毋须认真。因为认真了就会变糊涂。管它行宪不行宪,任便一切怎样在搞,反正就是这么一回事! (木)

(《新路》(周刊)第1卷第21期,1948年10月2日)

读翁文灏复刘不同函

九月廿日上海《大公报》登出了一件翁文灏复刘不同函。在该函里,翁院长说明这次政府之所以拘捕学生的理由,是基于学生们不专心向学,参加学生运动之所致。翁氏以前做过教授,现在是政府的最高行政首长,我们读完了那封信后,实在不能不说几句话:

(一)学生运动是否应该?要问学生是否应该参加学生运动,首先得看学生运动之动机究竟何在。关于这个问题,翁先生自己也不得不承认:"目前现象,比之抗战以前,仍多退步,无可讳言。揆其所以致此者,政局不安,官僚腐败,以至青年学子,心怀感愤……"这说明了学生对"现实"的不满,是基于现实本身的丑恶与腐败。的确,像英美等国家,政治有一定的轨道,社会有一定的秩序,正当青年的学生,读书享受之不暇,又谁愿意冒危险、拼生命去过问国家的政治呢?再回头细数我们自家的历史,自东汉以来,每一次的学生运动,又哪一回不是发生于政治危机到了极点的时候呢?今天,面对这么一个苦闷的动乱时代,有血性的青年学生,每当他目击自己的民族濒于危亡的边缘时,又怎能不发为呼声,出以行动呢?翁先生是曾经"自民国初元以迄廿三年,纯为科学研究专心用力,亦与教育人士有所过从"的学者教授,对于当年"五四"运动之功过的评价,想来是了解得比我们更为清楚的吧!而翁先生现在却如此告诫青年:"对于爱国学生……深盼其能专心向学,在各方面为整个国家之进步而努力,因此对目前学校之不安状态,虚掷光阴,尤觉引为遗憾!"是翁先生忘记了历史,抑还是翁先生为了自己的立场有不得不如此说的苦衷呢?

(二)参加学生运动的人是否有罪?关于这个问题,翁先生的答复是肯定的。他说:"……另一方面,中共正多方活动,于国家急需安定之时,散播破坏秩序之行。如于美援方始举行之时,鼓动反美之思想,衡以国家利害,政府职责所在,不能不酌饬教育机关及学校主管,就其尤甚者妥为处理。"从这段话看来,翁先生认为"反扶日"运动是颇有"为匪张目"的嫌疑的。好的,我们现在也就这个例子来讨论一下参加学生运动的人是否有罪。就事论事,"反扶日"的背后是否有中共操纵,我们不大清楚,但参加这一运动的大部分的人,绝不是共产党,却是事实。记得当时的文化界、教育界、工商界,甚至于现任的立法委员中,也有不少人赞成这一运动的,这实在是因为日本帝国主义的兴起,是会遗害于我们中华民族于万世的!半世纪以来的屈辱,使我们牢记得太深刻了!因之,当时的"反扶日"运动,是合于每一个国民的要求。我们不能怕戴“红帽子”而放弃我们对于国家的责任。同样的理由，当年张莘夫惨案前后，苏联运去了东北的机器，那时曾掀起过“反苏”运动。在当时的昆明联大，就有不少的教授参加签名，发表宣言。很显然的，那次运动是有益于政府，而不利于中共的，但参加的人却不考虑这个运动由谁来操纵，他们所关心的是那个运动是否合乎中华民族的利益。我们也不能怕人家戴“白帽子”而就放弃自己应该有的要求。那么，参加“反扶日”运动的学生，既不能一律目之为中共，更不能认为有罪，却不是很明显的事实吗？

（三）即使有罪，就政府承认之法律说，政府处置是否适当？就政府自己所承认的“戡乱”法律来说，肃消“匪谍”也得要按“清除后方匪谍办法”来处理，根据该办法所引用之刑事诉讼法第三条之规定，“非在最严重最紧迫时机而有确实犯罪之证据者，不得援用，官方所得搜捕的，应该只限于正在犯罪的凶手。两个多月以来，北平的学生除了因‘七五’惨案而有所表示外，始终在平静中度其假期生活。学生既非正在犯罪，更非希图逃脱，政府有何理由不依照正常法律程序，而随便包围学校，搜捕学生！”（《北大师院二校教授对于当局拘传学生抗议书》）尽管翁先生自己解释说：“处理要旨务在使无罪学生迅行释放，有罪者从轻发落，询问过程，须依法律程序，保障人权，莫为冤狱。”但事实上政府这次拘捕学生，从我们所知道的北平一地的情形来看，是没有一点能做到“依据法律程序”的，包围学校，断绝交通，这是根据的什么法律？翁先生还在那里说“保障人权、依据法律”，如果不是存心欺诳，得拿出事实来，才能取信于民！　（璁）

（《新路》（周刊）第 1 卷第 21 期，1948 年 10 月 2 日）

自己的事自己挺身出来承当

为处理特种刑事法庭传讯学生事，北京大学于八月二十日出了一个布告，文曰：

> 这次特种刑事法庭先后传讯本校学生……等四十八人，我们已经屡次表示，希望他们自行到案，必要时由学校人员陪同到庭，并由学校代请法律顾问。现在已经到庭经过问讯回校的已有好几位。我们现在很诚恳的希望尚未到案的同学，务必认清当前的环境，顾念自己的前途，于八月二十三日下午三时以前到训导处报到，由本校派员陪往特种刑事法庭。经过询问后当即由本校设法具保。其过期不报到者，学校一律停止其学籍。此布。

这是在宪警当局对于被拘传的学生在各校均采取了直接的行动，入校搜捕，仅留北大一校尚未被侵入的环境之中，北大当局所作的一个临时应急的措置。看布告全文应可明白学校始终未放弃其保护学生之心，教育家于此盖已尽了他的最大的努力。

因为布告中有过期不报到停止其学籍之语，有些朋友不去体认布告全文之用心，而单就此一语之文字着眼，发为严厉的批评，我们认为殊欠公道。此中并且隐藏着一个争辩，即：一个大学应享有学术自由，此自由之含义是否可以作为此宽泛的解释，乃至谓大学员生个人由享自由与大社会中之他人或团体发生干系，尤其是政治的干系，遇有责任争执时，也可托庇于大学而自己可以不挺身出来受对质？

我认为大学诚当享有学术自由，但学术自由不可作为此宽泛的解释，如果如此解释，势必将以学术自由殉个人之不负责任，殉个人之懦怯。特别在政治混乱当中，政治歧见层出，一方要诛戮，一方要反抗，大学成了角逐之场，此危险尤大。自己的事自己不出来受对质，这是不负责任，这是怯懦之行。北大之要求被传讯的学生自行到案，是希望他们自己挺身出来受对质，是在倡导一个原则。同时亦未忽略了事实，如不愿受质，或不屑与对质，你可以北走胡，南走越，直截了当放弃了这份学籍，不失为光明磊落之行。其有一时不能行又不敢挺身而出者，学校为许以时间，期待其终有所抉择，而有停止其学籍之说，此固适以保护之。如果经考虑后，愿意挺身而出，学校仍将为他照料；如果经考虑后，取行之一途，是亦特立卓行之士，行其心之所安者，学校必将寄予同情。其有终不决者，是事实上自行休止其学籍。停止学籍之说，于此类学生盖有掩饰之效，而无实际之害。知道那几天北大处理此事经过的人，都明白北大此一举在维护学术自由上，其态度是积极的，不是推诿的。

胡适校长在处理此一事件中,从听到政府将下令对各校之所谓“职业学生”采取行动,到阻止宪警入校搜捕,始终持严正的态度,始终保持教育家的立场,其受讥评,一样的失之不公道。他反对政府有此举动无效后,本可以去就力争,以不欲为自己造英雄之名而贻学校以动荡不安定之果,乃以冷静处之,而决心保持学校尊严,并倡导负责任风气,劝学生自行到案,以积极自决的态度去抗迫害。不外露而内自饬,这个做法许是不合年轻的人底胃口,但我们总得承认这是中国读书人的传统风度,不亢不卑,使有权势者当之不敢肆无忌惮。对被传讯的学生则云“很诚恳的希望尚未到案的同学,务必认清当前的环境,顾念自己的前途”,自行到案;对陈继承则云“很诚恳的盼望……相信我的报告与保证”。此固非无物之饰词也。

自己的事自己挺身出来承当,此一倡导,在“向青年看齐”成了时髦的口头语之今日,许是不合时宜,但包容不是隐蔽,包容是学术的,隐蔽是政治的。只有挺身而出,隐蔽可易为包容。求政治与学术研究并见容于大学,全赖员生各人自己检点。“祸来自己当”,有此气度,乃可与享学术自由。 (敏)

(《新路》(周刊)第1卷第21期,1948年10月2日)

谁敢担保此中无阴谋

我们的政府为什么要走美国的路线？这道理，宽泛的说容易了解，细腻的说不大容易了解。尤其表示轩轾于民主党当权还是共和党当权之间，使不加深究的人觉得有点莫名其妙。政府要员在共和党竞选得胜上押宝，冀由此抬高其身价者，有孔祥熙，仿佛在钉住杜威，守望佳音，然后回国，重为阁揆；有陈立夫，以去美重整其道德为名，新近也在开始学习做掮客，求有一天踏上阁揆之阶；尚有其他人物，其迹象示人在押宝，不一而足。美国方面也有一些共和党中的政客，如亨利鲁斯、蒲立德之流，在以加强援华为号召，借以增加自己的政治资本。这批中美政客的深相结纳，其用心，以求自己升官求增加自己的政治资本始者，未尝不可以结成反共阵线，求左右两国之外交终。押宝者，孤注一掷之谓也。自张群访日，迹象所示，识者已虞中华民族有被赌徒出卖于山姆叔叔之危险。此一疑虑，就张群回国后之言论观之，益信其并非无稽。

张群近几个月来，先游北平，旋至昆明，示人只是游游看看，无何一定用心之后，溜到日本，居然为麦克阿瑟将军之上宾，四次晤谈，每次历数小时。日本人以其为将军之上宾，敬之遂逾寻常，张群乘上宾之威，对于日本人偶亦畅言无忌。载誉归来后，于九月二十八日在南京播讲“日本观感”。一位政治上的人物，到外国去一次，来去都应对人民有交代，仿佛是民主国的通例。这位前任行政院长访察了日本一次，其去也未见政府宣布所为何事，我们老百姓原也无权过问，回来后发表演说，这是向我们老百姓报告，仿佛是对我们交代，想不到老百姓这样被抬举，诚有受宠若惊之感。去日本是亦访亦视察，访将军，视察战败的日本也，故访察二字在此联用。

张群的播讲要点，与本题有关的有下列几端：一、在军备上，盟总三年来对日本武装的解除，办得彻底，日本现有的警察保安船艇以及所用枪械数量都是盟总认为日本维持当前本国海陆秩序最小限度的需要，绝不够作日本海陆军重建的基础。二、经济问题，至少三四年内日本不能达到自给的程度。从经济条件上讲，日本不能重行建立一个足以威胁和平的军国。三、今后世界建设将以亚洲为中心。随第二次大战之结束，亚洲世纪开始了。今后亚洲主要的问题，就是如何自己开发资源，自己制造商品，自己提高亚洲人民生活程度。这工作必须亚洲各个国家民族集合起来，构成一个相辅相成、互助互利的亚洲区域经济集团。在这集团中中国责无旁贷，要采取主动。这区域经济计划应由中国商量有关各国，拟定方案。这共同建设的工作应由中国一马当先，以前驱自任，而和平民主的日本当然不能摒除在外。只有从整个亚洲前途着想，才能够赋予和平民主的日本以其所应有的地位。中国应在防止日本重整军备和配合整个亚洲经建的大原则下，有条件的赞助日本复兴。

词令是另一事，主要的是实质。实质如何？张群访日之行，为中国向麦克阿瑟将军送了一份礼，这便是中国赞成美国扶植日本，得回来的是什么？天晓得……大概是共和党竞选胜利后，山姆叔叔提携中国现政权更加出力，反共战线更形严密吧？

我们疑心此中有阴谋；经此一播讲，无异自行招供揭露了。隐藏着不可告人之事，而故意给蒙上东方联盟盟主之外衣，将谁欺？ （振）

（《新路》（周刊）第1卷第22期，1948年10月9日）

符咒失灵

往者，在政治协商之初，“只许成功，不许失败”这一句话提出了人民求免于内战之忧，政府当局遂亦利用之，将它悬挂在嘴上，以掩饰其无求和协之诚意。考验了一番，证明这只是“甘言”之后，不但它的“威灵”早已没有了，并且一提到，便叫人联想到“丑恶”。这次的财政经济改革措施，一出现，政府当局即先自宣称“只许成功，不许失败”。我们在报端上读到了这符咒式的几个字，皱过眉头，心恶此一不祥语之竟又出现，皱过眉头恶过心之后，也就懂得“朝廷”和臣工又在施魔术了。

我们说“不祥”，似乎尚有珍惜之意？是的，死了多少人，耗了多少力，国家民族社会的进步遭到了多少周折，才捧出一个政权来，拥出一个人物来。是好是坏，人民脱不了干系。一党一姓之失败不足惜。搞了几十年，依旧一团糟，反映这个民族没有出息，这个国家没有光明的前途，无成见的善良的人民怎能不为之凄怆？怎能不表示失望？此次的改革措施，就理来讲，我们不能也不应期其有大成功，只说可能有点小成就；就情来讲，却不愿见其如何失败。此中用心，正复如是。然事实逼人，从公布紧急处分令到今日，不过四十天，所谓改革，已濒于失败矣。就情来讲，雅不愿见其便尔失败；就理来讲，究未可幸免也。

所谓币制改革，实是变相的大钞之增发；要人民交出金银及外汇，乃是“竭泽而渔”。增发大钞，物价水准必趋高，再加上泽中竭出来的，水准之提高必益加剧。凡此均是常理。偏偏张天师不信常理，而信符咒可以活命。腾云驾雾，热闹了个把月，到后来，发现货物自店铺撤离，物资不畅流，生产呈萎顿，黑市猖狂，人民心里恨它而仍得与它周旋，才现出一副尴尬的面相。不但待活者生死未卜，即施法术者也骑虎难下矣。现在似乎已经到怎样能不太失面子便改收之关头了。那亦得看施法术者有无勇气敢偃法鼓、息法旗！

由下面这个报道，似乎有走这一着的模样，姑志之以观其后。据北平《世界日报》九月二十九日所载南京电讯，政府为谋达成新经济措施预定目的，即将采取如下措施：一、全国加强经济管制。上海自厉行经济管制以来，已收相当成效，但因仅在上海实行，致造成上海若干重要工业原料价格反较产地为低，因有断绝来源趋势，故有全面在各主要地区同时实行经济管制必要。二、全国各主要地区物价，将重新合理调整。因八一九各限价高低不一，有超过当时合理价格，有不足维持成本价格，两者均根据实际情形，予以调整。调整办法，正由政府派员在沪会同各主要厂商代表设计研讨中。三、紧缩金圆券发行。对过去以发行弥补赤字措置决予改善，政府一切正常支出，均设法在税收中取弥补。

这段消息中所说的三点，我们不必加以推敲。其中有门面话，亦有招供词。在面子上仍说要加强管制，骨子里肯自承失败，尚不失为勇者。只是小勇尚不足以济事；需要大勇，才能面对着不能紧缩发行之基本原因而自知负咎。 （轩）

（《新路》（周刊）第1卷第23期，1948年10月16日）

限价与物资

币制改革以后的物价冻结政策,已经又实行了一个多月。成绩如何,有目共睹。我们可以说,自从有史以来,单纯的限价从来没有成功过。政府自己在战时重庆的经验,也没有良好成绩可以自夸,而在这次币制改革之时,居然再来一次,可谓其勇可嘉!

限价的成绩,固然各地略有出入,但大体而论,各地都到了有钱买不到货的程度。而各货之中,尤以粮食缺乏情形最为严重。以平津两地情形来说,如果我们真正守法,不去打听黑市价格,我们已经无从从报纸报道中,得知粮价实况,一切价格都是○元○角○分。报纸有的只有侧面消息,某时某地某人因挤购粮食而受伤,甚至挤死。在乱世中为求苟延残喘而死,还有比此更惨的事吗?

到现在为止,政府经济督导之中心工作,似乎还停留在突击检查,出动数千人,浩浩荡荡,声势则雄矣,实效如何?有些(据说)是查到以后而莫可奈何的,查到而又可以处置的,数目就不太多。即使是凡是查到以后的存货,都可由政府处置,情形也不能乐观。数目听着很大,放在大都市里平均一分,每人能得几何?还有,存货是总要用完的,你把这些存货用完以后,你又怎么办?我们不是说突击检查不应当办,而是说,我们不能寄予它多少期望。

对于经济督导大员之处境,我们由衷觉得非常同情。一定是经济机构出了毛病才需要督导。而对此病源,督导大员却不能置一词。病源是什么,大家都很明白,可是我们不惮重复,说之再说,目的在希望政府也从常识观点看问题,不要专在官样文章上下工夫。常识告诉我们,战争是人力物力之消耗——大量的消耗,而在八年抗战以后,民穷财尽的今日,我们已经负担不起这种大量的物资消耗。即使神迹出现,短期内财政收支竟告平衡,民生问题还是绝对严重。改革币制不能解决物资问题,故在改革后第一个星期内,由于心理因素,物价暂告稳定,但是心理因素以及政治压力都掩饰不了基本的物资缺乏。

摆在眼前的局势很明显,要么停战,要么解决物资问题。先要有充裕物资,一方面可供战事挥霍,他方面还可维持人民最低限度的生活,让老百姓还活得下去,才有资格谈技术问题,例如平衡预算,管制物价等。物资方面毫无把握,侈谈物价管制,真是最大的舍本逐末。　(梅)

(《新路》(周刊)第1卷第23期,1948年10月16日)

必须先坦白承认事实，然后才能力谋改善

在过去这一个半月中，改革币制方案已经充分的受到了考验。重要的事实如下：

（一）在改币的前夕，法币流通的数目，不过合金圆券两亿元左右。到九月底，金圆券的发行额已激增到九亿六千万元（尚未兑换的法币，还没有包括在内）。在短短的四十天中，通货总数增加了约五倍。

（二）在这九亿六千万元中，有两亿两千万元是为应付改币后国库及其他业务支出而发行的，可见政府收支情况在过去这一个半月中并未能有改善。

（三）由票据交换和其他报道中，我们可以看出银行钱庄，仍然照旧活动。许多商人仍在利用银行钱庄的低利贷款，来作囤积和惜售的资本。

（四）政府并无有效方法使大量的钞票回笼，出售国营企业股票和销行公债的企图毫无成效可言；同时对于银行信用款项的流动，也无有效统制的办法。

（五）在整个经济改革方案中，并没有一条有效辅助生产的办法。

（六）在通货激增和银钱业信用款项的压迫下，物价自然要涨。政府只一味的执行盲目限价政策。结果是：物资抢购一空，货品不肯进城，黑市随处都是，正当厂商遭受空前的困难。

除去对于上述第一项坦白承认外，政府对于其他各项仍在装聋作哑，同时继续执行不合经济原理的限价政策。最可笑的是，黑市价格至今不准报纸登载，紧掩双耳，暂免一时头痛。只怕头痛越来越紧，雷声越来越大，即或掩得住，终难不听见。

其实，补救的办法也还并不是没有。许多学者都曾主张发行物价指数公债，封冻行庄存款，除订货贷款外，停止一切银行放款，用以吸收游资，收缩信用，直接促进生产。还有更彻底的一次财产税。但是，发行物价指数公债要有诚实承认物价上涨的胆量，“停放封存”和征收财产税要有损害既得利益集团的决心，执行订货贷款，要有公平廉洁的执行机构。政府能否办得到，自有事实证明。 （琴）

（《新路》（周刊）第1卷第23期，1948年10月16日）

立法委员的忿忿,监察委员的哀鸣

报载监察院于十月五日举行院会,议及监委任秉钧等八人之提案,请行政院认真办理纠举案及纠正案以利监察权之行使时,监委发言甚为踊跃。任秉钧、孙玉琳、张定华等认为行政院对监察院移送之纠举及纠正案,往往以空言搪塞,甚至漠视不理,亟应提出严重警告或严正之抗议;杨贻达则认为行政院处理不当,监委自可依法行使其监察权,不必由院会讨论。辩论结果,达到了如下之决议:由院咨请行政院尊重监察法精神,对本院移送纠举或纠正案件,应根据事实与行政责任,认真办理,合理改善,不宜曲为回护,或以空言搪塞,以利监察权之行使。

行宪后的监察院之提出纠举案,其涉及大官者,有二件。一件是就北平"七五"事件对北平警备司令陈继承提出纠举,另一件是就泄漏有关币制改革之机密事件对财政部长王云五提出纠举。这两件纠举案都迄无下文。难怪监委们表示愤慨。可怪的是监委们如认行政院之处理或不处理为不当或失职,大可对行政院长提出纠举,甚至弹劾,为什么仅止于行一个咨文要求人家尊重其监察权,自谓是作了严重的警告或严正之抗议,而实是近于"哀鸣"?留心今日中国之政治制度及人事者,大可于此测知"世道人心"。然究竟是追究不得,追究深了,也并没有多大的意义。读者试猜微妙处存在什么地方?

在上述监委"哀鸣"之次日,立法院外交委员会开会。据《世界日报》的报道,在是会中,立委邱昌渭发言,谓外长王世杰出席联合国大会,事先未与立法院作任何接触,其在外言动,并不能代表中国;立委余拯亦谓王出国前,未先与本院或本委员会同人一晤,借以交换意见,实有背民主国家一般惯例。

谁能说邱、余两立委说得不合理,指责得不对?问题在,这位王外长何以竟敢这样狂妄,丝毫不顾及立委们之不平?此中又可以测知"世道人心"。然究竟又是追究不得。追究深了,也并没有多大的意义。读者试猜微妙处存在什么地方?

时局已到严重关头,然政府当局对之绝不悲观。你道他有何秘诀?报载国民党中央党部十一日晨举行扩大总理纪念周,蒋总统亲临主持,对目前政治、经济、军事一般情形有所说明。说到军事方面时,他说:"军事最要的是主动。古人说:'运用之妙存乎一心',军事当局必须不受任何方面的牵制和干涉,乃能从心所欲,指挥如意……"结论中特别提出立、监两院应打成一片,与政府合作之意。他说:"行政、立法、监察三院,以后必须打成一片,在整个国策之下密切配合,协调一致,俾宪政政府发挥其对国家的功能,戡乱建国得以增强其力量。立监两院的决议和意见,行政院必须采纳,而立监两院对于一切议案的提出和决定,亦必须考虑国家事实上的可能,和行政院实际的困难。"教训的口吻,你听了,觉得有些刺耳吗?你须明白他是在纪念周中讲话,出席的立监委是以党员身份去听总裁讲话。

诚哉,"运用之妙,存乎一心"!军事的秘诀在是,政治的秘诀在是。一切一切,都只是这一语之注脚。妙就妙在此!　(矞)

(《新路》(周刊)第1卷第24期,1948年10月23日)

万方有罪,罪不在朕躬

在国庆致辞中,蒋总统痛心剿匪军事之遭到了挫折,而归咎于人民。他说话的大意是:在今年上半年宪政政府成立之时,他曾经预计在今年十一月以前要肃清黄河以南的股匪,可是现在已经是十月,不但黄河以南的股匪没有肃清,而且最近济南又被匪攻陷。他当时何以作此预计呢?就是因为他想象行宪以后全国同胞都要担负政治的责任,必可统一意志,集中力量以增强戡乱剿匪的工作。但后来事实与理想完全相反。此其原因,乃是由于一般没有受过匪祸的人为共匪虚伪宣传所迷惑,以为共匪也是中国人,他们也在实行民主自由,因为觉得共匪的叛变不过是普通的内乱,决不至像日本帝国主义者那样凶残可怕。由于大家心理上有了这种错觉,于是意志不能集中,精神趋于散漫,力量便无从发扬,以致半年以来剿匪军事不能收到军民一致协同配合的效果,受到不少挫折,这是失败的主要原因。

我们读到了这段说话,我们只有伤心,伤心百姓不易做。总统先生,我们愿以是求教于您:幸而虽号称行宪,依然是党之国而非民之国,若果是民之国,全国人民真有担负政治责任之机会,可能凭其厌恶内战之心,根本反对所谓"戡乱剿匪",如果这个反对意见能形成决定的力量,于是您若不肯顺从民意,放下武力,觅取和平,就得辞职,您能说这将一定不胜于今日之兵连祸结,民力被摧残到无以为生,国力被斲丧到无以立国吗?总统先生,您喜欢和人民讲是非,但总是只讲一面,就是您自己的一面,而忘记了尚另有一面,就是人民的一面。可能您占了"是"底一面。如然,人民之"非"诚将敌不过您的"是"。然亦可能您是属于"非"底一面。如然,您的"非"岂遂敌得过人民的"是"?以权力之占有判是非,不一定便能判定真是非。真是非之不易判定也若是,而谓"剿匪"军事之遭失败,要归咎于人民之认识不清,意志不集中。总统先生,这种说法您以为真能服人吗?

百姓不易做!"抗战期间,节衣缩食,茹苦含辛,所为何来?原冀忍受一时之痛苦,换取将来之康乐。乃胜利后,又不能不戡乱,就老百姓说,栉沐风雨,胼胝手足,可谓勤矣。糟糠不厌,衣履不完,可谓俭矣。服兵役,纳捐税,凡宪法所载的人民对国家应尽的义务都尽到了。所有民有,民享,宪法所赋予人民的权利,则尚待实现。"(以上系老革命党于右任行宪后国庆日献词中语)这还不够,还得负责军事失败之咎!

挨苦挨骂便够了,这还是幸运的,最后还得挨拖。在致辞中,总统终于将拖的话说了出来。他说:"共匪过去曾经夸大宣传,说是今年一年就可以把我们政府推翻,但到了现在,又打算延长叛变到五年了。大家要知道,时间就是我们胜利的因素,时间愈久,共匪的弱点暴露愈多,民众对他的真相认识愈深。而他们失败的时机也就愈近。”

不说自己此时打不倒共匪,而说共匪打算延长叛变到五年,这大概是被认为巧妙的措辞吧?对啦,共匪要延长叛变到五年,总统就预备延长和共匪周旋到五年。总统先生,这样周旋下去,你准知道人民愿意吗?假定周旋下去,而仍未能取胜,您预备给人民再加上什么罪名?

“时间就是我们胜利的因素”!面对此言,像是在嚼苦茶,觉得苦,但苦中亦尚有味。我们人民挨了一顿骂,所得回来的安慰只此而已!只此而已! (竞)

(《新路》(周刊)第1卷第24期,1948年10月23日)

打内战为的是要完成民族主义？

民国成立的第三十七年国庆日，总统在纪念会上致辞，着重在说明二事：一、剿匪是要完成民族主义；二、剿匪军事遭到了挫折，咎在人民之认识不清，意志不集中。吁，此何言？是不可以不辩。

在说明剿匪是要完成民族主义这一段中，总统致辞的大意是：今年三月召开国民大会，成立宪政政府，民权主义的实行于此获得了初步的成功……目前最迫切的任务莫过于完成民族主义。辛亥年推翻满清，大家认为这是民族主义的成功；后来有日本帝国主义者的侵略，抗战胜利之后，大家以为民族主义已经可以完全实现。但到了今天，证明这不过是部分的成功。今天民族的敌人仍然存在，而且是很险毒很顽强，其铲除较之推翻满清和击败日本，尤为艰巨。今天民族的敌人是阴毒险狠的共匪。因为共匪是中国人，所以他们为虎作伥的罪恶难于辨认。自从国父领导国民革命以来，到今天才遭遇了最后的敌人，民族主义才遭遇了最后的试验。

蒋总统是文告专家。国庆致辞已经改了几十年，这里我们特别将他在本年国庆日的致辞提出来，是因为本年才是以总统身份致辞，我们忝为宪政政府下的公民，才有资格质疑。我们读了这个文告的第一大段后，第一个感觉是：自从有三民主义之提出，其实行是否有先后，有之，孰先孰后，这个问题在理论和事实上纠缠了几十年，虽尚无定论，但对民有民治民享三民并举齐举之理，似乎没有人尚持异议。而今总统将三民主义重行割裂，而谓目前最迫切的任务莫过于完成民族主义。民权主义，据云自宪政政府成立，其实行已获得了初步的成功。民生主义呢？他说："民权主义既然可以获得成功，则民生主义的实现自然也没有困难。"这种说法在逻辑上是否站得住，让读者自去评判。过去说三民主义具有连环性，是否因为这是胡汉民说的，已将它废弃了，亦让读者自去评判。

我们的第二个感觉是：三民主义应该是在野革命与在朝治国都要遵循之指针。喊嚷了几十年，有实事可指的，只有推翻满清与对日抗战是实行了民族主义，给三民主义争得了一个极大的面子。除此之外，民权主义，虽然是实行了宪政，实际行的是假宪政；民生主义，根本找不到一点实行的踪迹，仿佛是这份家当早已被共产党占去了，就不必再去争回。喊嚷了几十年，三民主义一词都成了极陈旧的名词了，现在对付自己本国人，还得抬出民族主义相号召，怎能不叫人民增加其迷惘，不叫人民感觉这是在弄虚玄，在引人入迷宫，看他团团打转，愈追问愈糊涂，愈寄希望愈失望。是否还继续追问，还继续寄以希望？

尤其使人迷惘的，是把信仰马列主义的本国人当作外宾。当年鲍尔雪维克党在俄国起革命，他们所宗奉的是一位德籍犹太人。未闻沙皇说这不是沙皇的敌人而是俄国的敌人。今日之将信仰马列主义的中国人当作准外国人，要抬出民族主义这个法宝来对付他们，在历史上不易找到先例；有之，怕只有希特勒德国之反犹太，佛郎哥西班牙之反人民阵线，差与相近。无论如何，这是在滥用名词。名词被滥用之结果，足以亏损民族主义之历史的成就，吾为三民主义整体之将更黯然无光致其杞忧。（竞）

（《新路》（周刊）第1卷第24期，1948年10月23日）

农业中国·工业日本

小 引

《农业中国,工业日本》。

这是过去日本提出来底一个血腥的口号——以中国原料扶植日本工业,变中国为殖民地。

多少年来,日本这样梦想着,到今天中国抗战胜利三载,对日和约尚未订立,由于美国的扶植日本,日本竟有些人在隐隐约约的旧调重弹了,中国一部人士也在怀疑美国有此主张,而予以深切的注意。

历史真的会重演吗?下面是十二位教授各以其不同的证据,对此问题,予以综合的批判,本刊希望引起各界人士注意,提高警觉,共同努力于我们今后中国的经济建设。兹将笔谈内容要点列下:

(一)您以为《农业中国·工业日本》之说,可能再被人援用么?其办法可能实现吗?

(二)过去日本倡此口号,其目的是什么?

(三)美国政府在扶植日本与援助中国之下,如也有同样的看法,它的目的在哪里?又将产生什么后果?

(四)战乱停止后,中国经济建设应先着重工业呢还是农业?还是二者并重呢?并请您提出一些理由来。

(五)将来我们有没有足够的条件建设一个工业发达、农业工业化的国家?

(六)您有没有中国工业化的理想和计划?可否告知一二?

(此笔谈由周炳琳主持,但没有他的笔谈,《工业月刊》1948年第5卷第10期)

辞职以明责任丈夫之行也

财政经济紧急处分案之补充办法颁布后，以打虎著名之上海经济督导员蒋经国即“手令”取消禁止纱布南运与物资出口及数量限制，并于本月一日招待记者，发表书面谈话，题曰《敬致上海市民》，自承“在七十天的工作中，……不但没有完成计划和任务，而在若干地方反加重了上海市民在工作过程中所感受的痛苦”。他说他“决不愿将自己应负的责任推到任何人身上去，同时也决不因遇着挫折而放弃自己的主张”。他“除了向政府自请处分以明责任外，并向上海市民表示最大的歉意”。这“并非是想求得市民的原谅，而是表明自己对市民应负的责任心”。

蒋经国在上海督导经济管制，施过一些手法，有过一场热闹，我们嫌恶他做法霸道，有时近于胡闹，但亦赞许他办事具有热忱，肯负责。闻他在南京参加经济管制会议，因限价议价之争，本与翁文灏意见相左，嗣见政府仍照翁氏的意见公布了补充办法，遂一面遵照法令，解除了有关的几种禁令，让物资在上海自由流通，一面声明七十天来所作所为由自己负责，除了自请处分外，并向市民致歉。这还不失为光明磊落。尤其值得喝彩的，是自己应负的责任不向别人身上推，愿自己担当一切，功罪听诸公论。虽然刑不上“贵人”，此亦只是纸包人情而已；然在此末世，有此胸襟，究也难得。

同日南京电讯，早传翁文灏倦勤消息，自经济管制补充办法发表，放弃了限价，米粮许自由买卖，改币政策已等于整个失败，翁氏已下决心不再苦撑，三十一日于政院通过补充办法后，曾正式向总统呈辞，一日国民党中央政治会议开会后，又第二次呈辞，并将财政部长王云五辞呈一并附入。《世界日报》记者访晤翁、王二氏，二氏表示，责任内阁以政策为进退，政策不行，自应下野。

改币政策之趋向失败，在九月下旬已露其端，翁王二氏未早承认事实，早图补救，到了今日，面临不可收拾地步，始引咎辞职。殊嫌其太晚。然究尚知以政策为进退，政策失败，则负疚辞职，以明责任。然说不上有什么责任内阁的精神，他们的辞职只能认为尚有个人的政治责任感；然在此末世，有此气度，究也难得。

辞职以明责任，在行政上说，应无上下之分，许是对于居上位者更应绳以较严之责任。在政治上说，位愈高，愈要对人民有责任上的交代。今日督导员自请处分以谢上海市民了，院长部长辞职以明责任了，居最高位者宁能外于此，而自谓英雄不承认失败，即可凭此逃脱向人民的交代？党中委员可互相指责，岂人民遂不可以向居最高位者呼吁“盍亦作个具政治家风度的政治家”？　（敏）

（《新路》（周刊）第 2 卷第 1 期，1948 年 11 月 13 日）

看你有无勇气向源头上追问

才两个多月的工夫,“只许成功不准失败”的币制改革,已经一败涂地了。当初确有一些老百姓对这新币制抱着满腔的热望,谁知政府嘴里嚷着“只许成功,不准失败”,一面却以空前未有的速率膨胀通货,一面还要用政治的压力钉住物价。结果是各地都发生抢购之风,货物在市上敛迹,老百姓要买一点日用品必须费尽心力与时间排队挤购,听说限价取消之前,在南京老百姓要买升斗之粮必须前一天晚上拥被在粮店门前露宿等候,到得晚一点的鹄立多时,结果仍遭向隅。这种悲惨的情景,养尊处优的督导大员们本身当然是体会不到的。所以在讨论新币制的补救的会议中,听说还有两位督导大员在极力主张贯彻限价政策。真是自己的面子比老百姓的生活更为重要了。

这次币制改革的惨败,翁文灏、王云五、徐柏园等自然不能不负计划失当之责任。不过论理解铃还待系铃人,他们是不能将自己拆下的烂污留下待别人来洗刷,自己一走了之的。所以我们觉得翁文灏氏,这次不顾“打虎英雄”蒋经国的坚决反对,毅然顺从舆情,先将荒谬不合理的限价政策取消然后辞职一举,认为还算差强人意的。

但是这次的补充办法只不过将过去不合理的措施取消或纠正而已。例如硬性限价的取消,公共事业价格按照成本调整以减少政府的贴补,禁止地方当局妨碍粮食及其他货物之流通等等,都只是消极的更正以往的错误而已。至于积极的挽救金圆券币值的措施,除了传将利用一部分黄金外汇来供给生产事业所需原料及整调货物税以外,可以说完全阙如。这也许是因为翁院长已经决心辞职,所以只将自己的错误更正,其余的一概委诸后任了。

可是政府的财政依然是足使任何人都感绝望的。后任也绝对无法处理得了。内战如此蔓延,政府收支如何平衡得了?政府控制的面积日蹙,物资的供应只有日益缺乏,又有什么方法可以补救?金圆券的发行,已经到了十六亿,转眼二十亿的限额要满了,那时政府又打算怎样应付财政的赤字?这是翁院长与王部长给后任留下的难题。我们且看有谁能有这般的勇气出来承当这副担子。我们并不希望他真能解决这些难题,我们只希望他不要毫不需要的把中国的经济搞得更糟就够了。 (非)

(《新路》(周刊)第2卷第1期,1948年11月13日)

文过饰非，残民以逞，莫此为甚

论军事则除一两处外纷传溃败声，论经济则画符式的币制改革终于失灵而更加深了人民的痛苦，人民在期待负责当局将有一个自认失败自承责任的表示；人民在那里寄予切望，亦准备寄予同情，眼巴巴望着有这样像个政治家的一幕之出现。但是局势尽管严重，出现的只有一道文告，一篇暴露他不恤人民的痛苦只逞自己的凶残之演说。恭读这篇演说词之后，不禁喟然叹曰：英雄昂首，小民悉为灰烬矣！

国民党中央党部八日晨举行纪念周，蒋总统致辞，分析东北挫败后的新局势，全文刊登九日各报。据北平《世界日报》的报道，在是日致辞中蒋总统重申戡乱决心，态度严肃，意志坚毅，对国民党员似为一重大兴奋。蒋总统谓此时如对共匪讲和，即不啻对共匪投降；剿匪即是革命和抗战的延长；革命党人不妥协，即使打到最后只剩下他一个人，他还是要剿匪，要竭尽他的职责，达成他的使命。全场听众听到这些精辟语句，无不动容。演讲终结，掌声历五分钟不断。某党员告人，蒋总统训话有此情景，尚为近年来所罕见。依这个报道，我们可以想见这篇演讲不但陶醉了蒋总统本人，并且麻醉了南京的文武百官。演讲于今现奇迹，诚哉，文告之用大矣！

且看他如何醉己醉人。他说东北军事失利，一时的顿挫于整个革命的成败并无重大的关系。目前的战事实际上就是抗战的延长，乃是一个长期性的民族战争。回忆民国十三四年间共匪破坏国民革命的反动力量何等猖獗，赖信心不摇，终于将他制服。他个人平生做事，一件事不开始则已，一开始就一定要求其成功。三十余年来他对任何战役在发动以前无不郑重决定，一经发动，无论经过任何挫折困难和失败，必奋斗到底，以贯彻其目标。

这里面，我们想，连浅量的南京文武百官也不觉得有多少酒味可以陶醉人。最泼辣的，大概也是最足以使党员为之兴奋的，当推骂主和的知识分子那一段。我们不了解为什么知识分子不能凭其公民之身份依其良心之主张发为和平之呼吁。总统非总裁，党员或许不能抗总裁；公民发为和平之呼吁，总统竟横施诬蔑，宪法中哪一条授予总统这个特权？我们可以原谅这是因失败乃图掩饰，可以说尚有点歉意；惟独借过去以陶醉自己，麻醉徒众，不顾人民死活，意欲孤行，是乃残忍之尤。

吾读此文告，得到了一个结论，已在本文标题中揭出之。 （芸）

（《新路》（周刊）第2卷第2期，1948年11月20日）

一副可怜相

杜鲁门再度当选为美国大总统后,"南京人"在外交看法上之反应,凭五日以后连日《世界日报》之报道,给活活绘出了一副面相,可名之曰可怜相。

"美大选揭晓,首都人士大感意外。外交界之反应,认杜鲁门再度当选,表示美国人民不愿作战。……中国人士则希望杜鲁门高瞻远瞩,无论站在世界和平抑美国安全立场,均应重视中国严重局势。"(五日)

"政院翁院长闻杜鲁门总统当选连任后,发表谈话称……杜鲁门总统向极重视世界和平,此次当选后,仍申明为世界和平前途而努力,此与中国人民之意向完全一致。中国夙望确保国内及国际之真实和平,从前对极权国家之抵抗,目前对共匪扰乱之戡战,不畏艰难,辛苦从事,其目的惟在克服扰乱之原因,奠筑安定和平之基础。此时共匪武力更为扩张,其威胁世界和平之全局更为重大。杜鲁门总统向极热诚援华,深望美国在杜鲁门总统领导下,了解中国局面对于世界和平影响甚大,对于吾国加量积极援助,俾吾国政府之正当努力早日加强成功之分量。"(五日)

"孙科连日与若干立委交换对时局意见。孙谓中国目前只有坚决反共,与美国加强联系,并主张将苏联违背中苏条约各种事实提出联合国,即使不能立即获得有效处置,但因此至少能成为一国际问题,引起全世界注意,于中国究为有利。"(六日)

"立法委员胡秋原、黄建中、费希平、钱纳水等顷对时局发表意见如下……(三)促成中美订立友好同盟条约:今日共产主义之威胁,乃一国际性的问题,吾人必须与亚洲各国家各民族讲求共同防卫之道,尤必须与美国进行友好同盟条约之谈判,以保卫太平洋之安全与和平。"……(六日)

"蒋总统重要文告,将于八日中央纪念周以演说方式发表……七日各晚报有谓文告中将包括声明废除中苏条约者,据记者确实探询,虽废约之说现为若干显要所主张,惟文告中尚绝未有此拟议。"(七日)

"自孙科力主外交方针明朗化,亲美反苏不容模棱,数日来立法院方面与孙表示同感者颇多,现正有人准备正式提案废除中苏协定。八日下午立法院外交委员会召开紧急秘密会,传即与此问题有关。九日立法院大会,决先开秘密会,请王世杰报告对苏对美外交真相,预料于听取王世杰报告后,必有不少立委将要求政府对中苏关系彻底清算。政府方面作此主张者亦日渐增多,佥认此一外交情势不表示明确,则对外无以消除反共国家之疑虑,即无法大量援我,对内无以鼓舞民心士气,

此一与抗日性质相等之战争竟被误认为内战。如无特殊阻碍,相信废除中苏协定及向联合国申诉等举动,不久必将实现。"(七日)

"立法院长孙科近邀各委员会召集人商谈,闻将推选立委数人赴美呼吁加强援华。下周立法院会议时对此事将提出讨论。"(七日)

"据合众社南京电,官方称:美国国务卿马歇尔正改变以前之立场,而赞同'全面及迅速援助中国'。此等人士称:马卿在最近巴黎联合国大会中与王世杰外长晤谈时,曾表示渠态度之转变。据称:王外长已将此项新发展报告蒋总统。"(七日)

"关于废止中苏协定事,虽立法院方面有多人作此主张,政府当局则始终无任何表示。八日立法院外交委员会讨论甚久,激昂慷慨者固多,考虑持重者亦不少。……据记者观察,中苏关系不致有何种新的变化……"(八日)

"立法院九日上午大会,王世杰报告,因系秘密会,拒绝旁听,故内容如何,无从探悉,惟闻各立委对王报告认为内容过于空洞,尤其王最后表示谓:本人当本良心及自己见解,认为与国家有利者,赴汤蹈火均所不辞,否则亦不能以国事为儿戏,听人转移,孟浪从事。立委对此数语深表不满。……至取消中苏协定事,虽有人提起,但并未作为正式提案。"(九日)

"记者顷自可靠方面获悉:王部长世杰今晨于立法院秘密会报告中就美援问题曾申述中国政府之政策。据悉:王氏曾称:中国将来请求任何美援,将着重于下列二项原则,即:(一)欧亚必须并重,(二)军事及经济援助必须同样着重。"(九日) (夔)

(《新路》(周刊)第2卷第2期,1948年11月20日)

干脆重弹旧调,取消伪装的宪政吧!

据北平《世界日报》十一月六日的报道,连日蒋总统在官邸召各高级将领要员商讨危局,力图抢救,闻军政双方均已大体拟有若干办法。政治部分将仿抗战时期国防最高委员会例,设一最高决策机关,行政院等均听其指导,此决策机关将包括国、青、民三党代表,立、监两院代表,及社会贤达,总数不超过十五人。此机关组织法将送立法院通过,立法院在必要时并可自动休会,授权此机关代行立法院一切职权。军事部分则以事关机密,无从探悉。惟闻有若干地区将宣布戒严,停止人民在宪法上若干权利,以防匪谍活动。

又据同报七日的报道,新阁人选蒋总统已决计令张群一试,连日已两度召张商谈,张要求先成立国策决定委员会,俾政院有所秉承,不致独为众矢之的,且因此网罗党外民社与青年及党内三派,可期如抗日时期,收共赴国难之效。惟各方反对成立国策会者颇多,故能否先内阁而成立,殊为疑问。惟蒋总统已分别谆嘱立法院内革新、新政、民主三派对张一致支持。同报遂有十日的报道,谓张群组阁已由九日下午总统官邸会议最后确定,参加会议者除张及翁文灏外,立法院正副院长孙科、陈立夫均被邀。又吴铁城及立院若干小派领袖亦列席。张初尚坚辞,经蒋总统坚决邀劝,并表示所有另组决策委员会等建议,以时间急迫,稍缓再谈,又面告陈立夫、吴铁城等须分劝立法院各同人一致投同意票。张得此保证,遂接受大命。预定十日翁阁最后政务会议例会结束一切,十一日由蒋总统向立法院送出请投张群同意票咨文。如无特别阻碍,可能十二日立法院例会中即举行投票。

以上转录日报的消息,不是我们认为张群其人继翁文灏为行政院院长值得加以评论,是以为从这些报道可以明了南京政府圈里的“世道人心”。那是:伪装的宪政!

(《新路》(周刊)第2卷第2期,1948年11月20日)

立法委员的随声附和

眼见许多立法委员的随声附和，替他们难过，非一日矣；然未有如今日之甚者。报载立法院十六日会议通过了一个临时紧急动议，标题叫做：咨请政府确定剿匪战事性质为反侵略战，宣告中外，以明是非而振士气。自以为是“正名”，实际是着了魔道，在那里白昼说梦话。案文露尽了丑恶卑劣的心理，丢尽了中国人的颜面。这样的一个举动，用什么词句去呵斥它，都不至于显得过分。如果大家不反对欣赏，许我将案文先录在下面：

> 查剿匪战事，远溯之已二十年，近计之，自胜利复员，政协失败以来，亦已两年。以我政府之军力、民力、物力而论，戡乱早应结束。其所以旷日持久匪势坐大者，固有由于政府爱惜民命多所顾忌，而共匪不择手段，残暴恐怖，易于达成其破坏目的；然其主要原因在共匪始终为国际侵略集团之一环，有国际直接间接之支持。东北日军之武器假手于侵略国家转入共匪之手；我国接收旅顺、大连，屡遭拒绝，可为明证。是不啻以我一国之力独当全世界侵略力量之冲。乃国内外人士蔽于共匪巧妙之宣传，多视剿匪战事为争夺政权之争，甚且颠倒是非，以共匪之极权恐怖为民主。不仅全世界爱好正义厌恶侵略之国家对我袖手旁观，即全国人民亦多抱苟且企存之念，而少一致奋起之心。剿匪战争成败之关键，实应自齐一视听，确立观念始。为使全国及全世界爱好和平正义民主自由之人士了解我国剿匪战事为反侵略国家与侵略国家之战，亦即为自由与奴役之战，为和平与恐怖之战，为民主与极权之战，为我十年前为争取国家独立、民族生存、世界和平而抗战之延长，而非政权之争夺。应请院会决议，咨请政府确定剿匪战事性质为反侵略战，昭告中外，以振作士气，齐一民心，而国际间亦庶几得道多助，俾加速完成戡乱大业，奠定世界和平基础。

全文缺短人的灵魂，罩了一件八股外衣；要是止于此，实不值得对它理论。现在要说它，是因为它已被附上了邪魔，在那里胡说八道：“国内外人士”许有只看见是立法委员的躯壳，便不加深究，误以为是“民意代表”在那里“宣达民意”者，故特予驳斥，俾知邪不能敌正。

原“匪势”之所以坐大，正由于政府拿军力民力物力去从事于所谓“戡乱”，不知爱惜民命，遂使自己愈打愈弱，敌遂乘之而愈见其强大。谓“共匪”为国际侵略集团之一环，而影射某国为“侵略”之策划者，这是打输了来个撒赖，借图掩饰败北之耻。“干爸爸”听了，也将斥之为“无赖”。你说这是“义战”，不是争夺政权之争。

孰是孰非,人民心里明白,岂容汝狡辩? 是的,爱好和平正义民主自由之人士必反对侵略,反对奴役,反对恐怖,反对强权。但不恤民隐,残民以逞的现政权有资格说自己亦是爱好和平正义民主自由的人士吗? 你说你自己在“反侵略”,据我们看,你是想以“侵略”抵制“侵略”,仍在玩“以夷制夷”那套玩意儿。我们鄙视你“挤眉弄眼”,冀博“美人”之垂睐。你说,“国际间亦庶几得道多助”,痛快,痛快! 狗尾巴终于露出来! 只可惜“道”字被你糟蹋了一番。古圣先贤立教,这“道”字指的是正道,而不是邪“道”。正道,人民之道也。 (竞)

(《新路》(周刊)第2卷第3期,1948年11月27日)

总统夫人也说话了

在“中国目前的局势确乎十分严重”的时候，我们的总统夫人应美国广播公司的约请，于十一月二十一日对“美国的朋友们”发表广播演说。显然的，这是政府祈求美援的又一张王牌！

这广播演说词包含着满篇的八股，它至少说出了三层意思：

第一是“哀求美援”的八股。请听我们的总统夫人演说词中最精彩的部分，她一则说：

> 中国共匪……为要在国内外损毁政府的威望，真无所不用其极，以侮蔑总统和我以及我们家庭中的人。当我国抗日之时，因为抗日恰巧合乎共匪的目的，他们便称赞我们是英雄，但在今天，却把中国一切弊病都归咎在我们身上。

她继则又说：

“近来虽曾经有若干令人失望的事情，但总统和我并没有丝毫气馁……我们觉得人生的历程已过去了泰半，我们谨愿上帝保佑，将我们的余年献身于建设自由中国的工作上，这是在过去二十五年中，我们一贯忠诚致力的工作，总统与我只要告诉美国的朋友们，援华等于是援己。”这就是她的话：“我唯一要告诉各位的，是未来的任何援助，必须立刻见诸实现，如果共产主义在中国得逞，你们最后也必难幸免，因为中国的战争地位、资源与人力给共匪掌握以后，你们本身的力量亦大大削弱了。”这里面包含亦哀亦胁的技巧，年来有不少大官善于这么做，我们的总统夫人也这么做了，今天这已成为哀求美援的八股了。

> 一息尚存，必将坚决作战，以解除万恶共匪的威胁。即不幸失败，除嗟叹人生短暂，仅此一生以报效国家外，别无遗憾。

前两种八股，实在不值一提，后一种八股，出诸我们的总统夫人之口，我们有一肚子的感慨，简直不知从何道起。

总统夫人只是总统的夫人而已，她和总统可以一起吃饭，一起爬山，一起安息，一起做礼拜，我们却不懂在哀求美援和指摘敌党宣传方面，凭什么她老是要开口闭口地说到“总统和我”，并且还要把“我们家庭中的人”拉在一起？也许这天下根本就是“总统和我”的天下，或者是“总统和我以及我们家庭中的人”的天下！

第二是“指摘共产党宣传”的八股。我们的总统夫人直指“中国共匪和世界其他各地的共产分子”为“惯用宣传欺骗世人的专家”，说他们的宣传是“虚妄”，“狡诈狠毒”,“阴险毒辣”。她举了自己的例子,又举了美国的例子,庶几美国的朋友们也都能与她有同样的想法。

第三是“辩护自己”的八股,这段八股恐怕是全篇不外乎“朕即国家”的语调,竟又见于号称民主之国!

同总统一样,我们的总统夫人也极端忠诚地表达了“鞠躬尽瘁,死而后已”的精神。她有慨于她俩人生的历程已过去了泰半,但是只要“一息尚存”,为了建设一个自由中国,必与共匪坚决作战到底;如果不幸而不能达到目的,那么“除嗟叹人生短暂,仅此一生以报效国家外,别无遗憾”。其志不能谓为不可嘉,只是她忘记了宗教是不嗜杀人的,“一往情深”,何如痛自忏悔啊!

最后,让我们一起学我们的总统夫人那样虔诚,谨愿上帝保佑,不使我们的国家断送在一两个人以及他们家庭中的人之手。阿门! (木)

(《新路》(周刊)第2卷第4期,1948年12月4日)

蒲立德来，蒋夫人去，友谊的交流

蒲立德先生是一心要为中国下赌注的一位“中国之友”。他之第三次来华(那是说，来华而受重视，此为第三次)，在美国大选前便已与共和党参议员美国会经济合作联席委员会主席勃里奇洽定了的，专等旗开得胜，飞马上任。(其任务，先说是“调查中国之紧迫局势”，后来说是“调查美援实施情形”，哪一个说法较为正确，我们相信读者会自下判断。)不料选举揭晓，民主党控制了国会；事出意外，行吧，有点为难；不行吧，赌注已下了，又勒不住。但这位“中国之友”仗着那份义气，不顾一切，依然飞奔来华，于十一月十五日到达上海。上海美国新闻处发布消息，称他为美国会经济合作联席委员会代表。他在机场告记者，他不拟就他的来华使命向报界发表声明。中央社为他所作的报道，则谓他此次来华目的在听取并研究中国当前情势，故在返华府提出报告前拒绝发表意见。中央社并报告蒲氏在华将有六周之逗留。这位“中国之友”，即蒋总统之友，不因南京正在忙着为陈布雷治丧而稍缓赴京，在到上海之第二天即飞抵南京之大校场机场，受往迎者之欢迎，“调查美援运用情形”。十七日晚，蒋总统于官邸接见这位“美前驻法苏大使”，并留晚餐。中央社的报道特别指明“蒲氏为美国会派遣来华调查美援运用情形者”。

此时美国方面传来消息，谓美政府对援华问题与蒋总统保持接触；蒋总统关于中国局势有函致杜鲁门总统，代国务卿罗维特在十七日记者招待会中予以证实。勃里奇曾力促总统召开国会特别会以考虑对华更进一步之援助。但杜鲁门十六日在佛罗里达州基威斯镇招待记者，论及中国局势时，谓渠正执行第八十届国会之命令，并正研究将核准给予中国款项之余款作最有效之运用；渠并称，在第八十一届国会于明年一月间召开之前，不能有新的紧急援助；渠坚决表示，不召开第八十届国会特别会议。

蒲立德在南京住了一周，曾二度访谒蒋总统，并先后会晤政府要员，于二十三日自京飞沪，预备前往广州及平津，并预定十二月初仍返京一行，十五日左右返国。在蒲立德先生逗留首都期间，蒋夫人对美国作了一次广播演说。中文广播词见二十三日各报登载，本刊在上期曾加以评论。她说：“最近有许多国外人士邀请我前往美国，向各位解释中国的现局。因为我国目前正与共匪作生死的搏斗，我虽感谢各方面的盛意，但无法分身，所以今天欣然接受美国广播公司的约请，借无线电的传播，与各位作此一番谈话。”由此可知她那时尚无赴美访问的念头。我们说民主国家的人民真可以羡慕，谁都向他们吁求；但美国人民许是头痛，厌烦谁都向他们进攻。在南京，蒋总统夫人向美国人作广播演说，在华盛顿，另一“中国之友”周以德先生，向其本国人播讲，谓美应进行军事援华，否则即须完全退出中国。与周以德共同在广播中讨论中国局势者，据说尚有哈佛大学远东历史教授费正清及芝加哥大学历史教授频奇。中央社传播华盛顿二十二日合众电，只传周以德说的话，不传其余二人的，大概是以为中国人的胃口只宜纯食不可杂食吧！

杜鲁门总统在佛罗里达州休假两周之后，于二十一日返抵华府。马歇尔则于二十二日返抵华府。当日马歇尔与杜鲁门就整个外交关系作一小时之讨论时，曾会商中国问题。华府观察家均认为由于中国之目前危机已使二氏遭遇最紧急最难解决之问题。据关系方面透露，在二氏会谈中，马氏认为中国主要问题仍赖自身解决，此等问题未解决前，即使美加强援华，亦无多大效能。杜氏则正拟要求一不影响国际纠纷而能协助国民政府之妥善方法，除军事与经济之外，可能于短期内发表对华政策之声明。但据一般评论家推测，杜氏对华声明决不能改变其态度，即缓和与苏联在远东之冲突，进而尽一切可能以延缓三次大战。在此原则下，除中美双方道义上，契约关系所能为者，美或设法提前，并加强其性能，舍此当无更好之方式。故目前凡希望过高，则失望愈大，而过分失望者或可增加其希望。此可为杜氏政策之预先说明。问题发展当仍视国民政府力量如何。（以上根据《世界日报》二十四日报道）

二十四日忽传法国新闻社华盛顿电，称美众院前任外交委员会主席下届国会将继伊赖仍为外委会主席之白鲁姆宣布：渠将请求杜鲁门总统邀请中国蒋总统前往华府直接与美政府讨论中国局势问题。同时传白宫连日集会检讨对华政策，尚未结束，一俟获得会后决议时，美国即将发表一项对华政策之正式声明。马歇尔于是日招待记者，虽曾就中国情形口头上作一简短表示，但未说明在目前危机中美国将采何政策，亦未特别述及将以何项援助给予中国政府。到了二十六日，美国务院宣称，该院获悉蒋总统夫人计划来美访问。同日，在中国方面，蒋总统提名孙科继任行政院院长；立法院未经审查即予通过。二十七日，孙科为疗治足疾，由京乘车抵沪，在沪谈政见，谓当建立有效能之责任内阁，凡类所指责贪污及脱离人民等缺点均当亟谋予以补救。但孙行政院长返京就职要在一两周之后，而蒋总统夫人则于二十八日乘美政府所派海军专机行矣，谓约两星期即回国。

“中国之友”情意可感，会心人当知扶危定倾，疆场之英雄外，尚有巾帼英雄。“无法分身”时竟亦分身，情势之严重，关系之重大，从可知矣！ （竞）

（《新路》（周刊）第2卷第5期，1948年12月11日）

政治破产乃诉诸战争

所谓政治家者，谓其知在盘根错节中爬梳剔抉，坚其志毋暴其气也。勿以为西方国家与苏联闹得不可开交，必将诉诸战争。毕竟双方都尚当得起高明之誉，知道自制宁落于僵持终胜于鲁莽而踏入战争。退观我国，协商之道弃而不循，必要拼个死活，兵连祸结，生灵涂炭；败不俯首，胜必自恃，问题之不得解决也如故，混乱且日益加深。智愚之辨，盖判然矣。

报载巴黎五日电，英美法一面进行柏林西区市选，一面发表联合声明指摘苏联行动专横，蓄意作成柏林之政治分裂。由此一报道，可知英美法现在已安心让局面僵持下去。柏林危局之停落于僵持，勿以为这是西方政治家之无能，实际乃是他们的高明之表现。这宁见其落于僵持的局面而暂停下来，有它的历史的经过，亦有它的思想的渊源。

柏林问题，两方交涉达四个月之久，迄无解决之迹象。两方都没有离开各别所持之原来立场。苏联无意解除封锁；西方三个相信赖空运接济可不虞被迫退出。发致通牒未能打开僵局，提出争端于联合国也未能打开僵局，于是西方国家确认僵局既无法打开，不如听它停落在僵持这一阶段上。他们认为想从谈判与苏联达到和平解决之道，此是一个幻想，不可再听其存在。他们以为苏联可以同你谈，可以同你交涉，但她自己决不作任何让步，你若对她让步一点，接着她便提出新的要求。此一看法，表达得最露骨的莫过于英国贝文外相。贝文在九月间对下院说道："我们是在和一个民族办交涉，从他们那里我们买不到和平。"这叫我想起一九四〇年在敦克尔克之后，邱吉尔论我们当时所处境况时所说的话——"不管你怎样准备让步去应纳粹之要求，你都不能把事情解决下来。"

这一看法究其含义，似乎暗示第二步将便是战争。这正是英国下院在聆悉上述贝文之言后加以讨论时所未尝忘怀者。他们发问，既有这样一个不可以理喻的敌人，如果和平交涉的限度已经到达，下一步骤将是什么？如果外相竟把他所遇的敌手比作纳粹，而谓必须避免"另一慕尼黑"，岂不是英国人就得对战争的危险加以严正的考虑？西方民主国家真妙，他们偏会自作解释，而谓局面虽僵，和平不是便尔绝望！假定局面尚许从容论道，我们的执政者必将笑道："民主就是伪善；西方人真是伪善之徒。"

西方国家对苏联之敌视能做到"悬崖勒马"，其论据是这样的：假定俄国的政策是毫不走样依照纳粹去范铸的话，战争诚将不免。但紫与红，其间仍有不同之处——在顾忌或道德上,甚至许是在终极的野心上,殆无差别,但在方法之不顾及危险上是有其不同处的。希特勒是一个急色儿,为战争而求战争;苏联则曾表明若可能她将避免战争,而等待那些必将到来而信为于她有利的事件之到来。尽管是对人家作疯狂的攻击,说什么"美国法西斯帝国主义",尽管是相信共产主义有其世界的使命,俄国人所食的文字盛馔仍大有异于装满当年德国人民耳中之夸耀武力主义夸耀战争的词调。这些都是不同之处,在贝文的比拟被接受为确切无间之前必须详细加以考虑的。俄国人无意为战争求战争,在过去他们的领导者亦知道应止时则止。即在这里还存着差称充足的根据使西方人士继续置信和平有望。

这是一个态度,一个严正的态度。其严正处在西方国家同时了解它们自己必须挟有相当的戒备;要是不然,俄国一班领导者许有一天不知道何处应止则止。它们之持是态度,盖以希特勒德国为其前车之鉴。希特勒在慕尼黑以前许是尚能也许是已不可能勒住德国侵略底脱缰之马,但在他的西方对手在慕尼黑溃绩之后,他就不觉得尚有勒住之需要了。路似乎是敞开在那里,往前迈步就对了。西方国家以为,同样的,在今日,如果苏联领导人物认为不管他们怎样做,都不会遭到西方国家的反抗,而信之不疑,他们也会禁不起扩张之诱引而走上冒险之途。独裁政治是最易趋于取冒险之行动的,也最不为寻常人之避施暴力所阻过。在这种情况之中,西方国家以为和平的最好希望便在使世人完全明了,变到怎样一个程度,苏联的行动将会引起一个战争。

这样一个武装警卫的政策,西方人士并以为在外交史上固已史有前例的。他们以为在历史上英国之与俄国打交涉即大部分循此道去行的。所谓"东方问题"在十九世纪外交折冲中便是一个永久存在着的问题,这个问题的本质是俄国愿意扩张到君士但丁堡,而为若真要这样做便将引起与英国之战争一念所遏止。约有七十年,这一紧张的情绪并没有导致战争。讲戒慎固老是在戒慎中。

这一政策之实际应用于欧洲,依近来趋势,看得出是在毫无掩饰的循此道以进。全部综合起来,已是对苏联作了一个正式的警告,谓若再进一步即将引致战争。西方联防公约之订立包括美国与澳洲在内,大家约定接受一个协调的混合的政策以从事于局部之军备重整,以从事于一般的军事准备。同时要求西欧之成一政治的与经济的整一。另一方面则表示一般都存着愿望,愿与苏联在联合国以内或联合国以外,就一切可以增加世界之经济的政治的稳定之课题,共同努力。

世界局势如此,我们不能不叹人家毕竟高明。我们错了,错在轻易放弃求以政治方法解决内政纠纷之神圣宣言,轻启干戈。我们继续在错,错在仍希冀美苏将作战,我们好从中取利;错在仍希冀美国能进一步赤裸裸的以军事来援。现在是"危如累卵",智慧的光芒完全消失,成了瘫痪之局。哀哉! (敏)

(《新路》(周刊)第2卷第6期,1948年12月18日)

周炳琳在主持《新路》周刊编辑部召开的“中美关系”座谈会上的讲话

时　间:三十七年十一月二十六日

出席人:叶景莘　孙毓棠　楼邦彦　王铁崖　翁独健　吴允曾　汪暄　刘毓棠　吴景超　周炳琳(代表本刊编辑部为主人)

(记录次序循发言先后)

主　人:首先得谢谢诸位先生参加我们这个座谈会。有好几位还是从乡间赶来参加的,热心尤可感。

目前的中美关系,总算是我们的现政府外交政策上最重要的一个课题;今后中美一般关系之发展,无疑的也将是我们社会上一般人民所最关心的事。在本刊二卷一期,我们曾出过一次关于美国大选的特辑,今天本刊第一次举行座谈会,将置讨论重心于“中美外交”。现在,拟请诸位先生发表关于谈论如何给它划个大纲出来的意见。

王铁崖:讨论中美外交,个人建议从下述三部分入手:(1) 作为背景来看,首先检讨一下过去中美外交之历史发展;(2) 其次,讨论第二次大战结束后之中美关系;(3) 最后集中讨论美国大选前后之中美外交。个人感觉到,所谓中美关系或中美外交,到了今天为止,中国方面始终是被动的,无政策可言,其结果中美关系变成了美国对华政策。

翁独健:我同意这个大纲,我并希望多谈第(2)和第(3)两项。

主　人:假使大家都同意,现在就根据这个大纲进行谈论。我想先请汪暄先生发表意见,汪先生对于中美外交史有过深邃的研究。

一、中美关系之史的发展

汪　暄:讲到中美关系的历史,不能不追溯到 1899 年 John Hay 所宣布的门户开放政策。不过这个政策并非 John Hay 所发明,而是十九世纪中美国对华外交所遵循的一个原则。这个原则的适用亦不限于中国,曾适用于日本、朝鲜以及非洲。不过 John Hay 的贡献在其将门户开放与中国之领土完整及政治独立相结合;他认识了后者为前者的实现所必要的条件。这一点也正是美国对华门户开放政策的特色。

这个政策的正式宣布实由于两种事实:其一即 1898—1899 年间列强在华角逐势力范围所引起的瓜分危局;其二为 1898 年美国取得菲律宾因而一跃而为太平洋上强国,在当时美国国内扩张主义者之影响下,美国对于其在远东商业利益所受之威胁自不能缄默。

不过构成美国此时期政策的基础仍是商业的利益,对于维护中国领土主权之政治的利益实居于次要的地位。所以在 1900 年至华府会议时为止,中国领土主权迭遭威胁时,美国不仅未采取若何积极的行动,甚至因 1917 年蓝辛石井协定,竟对日本作原则上的让步。美国自己承认不能为中国之领土主权行政独立而采取任何对其他国家含有敌意之行动。

第一次大战结束后,美国在远东的孤立因英美的接近及英日同盟的废止而打破;同时日本国内宪政运动的发展及因造舰竞争及西伯利亚出兵而引起的财政上困难,以及因西伯利亚出兵的劳而无功而引起的军人威信上的损失,使代表资产阶级利益之民政党所倡导之国际贸易政策及对华之所谓“友好政策”得到日本国民的支持。在这种新情势下华府会议遂能重申门户开放及中国领土主权完整之原则。

九国公约虽予门户开放以法律的基础,但并未改变日本在满洲之特殊地位。币原之所谓友好政策与田中之武力政策虽有缓急之不同,但对于日本在华特殊利益之维持及发展则无二致。

所以当中国逐渐完成国内统一的过程中,日本之帝国主义与中国之民族主义必然将发生冲突。

“九一八”以后美国对华政策因中日关系的发展,在技术上可以分成几个时期。从“九一八”至一九三三年塘沽停战协定止美国先则采取和解政策继则采取不承认政策。从一九三三年至一九三七年中日和协时期美国远东外交的重心毋宁是谋美日外交关系的调整。自一九三七年日本开始大规模侵略战以后,美国一面予中国以少量援助以保持中国对抗日本之力量,对于日本则又不愿采取任何有效之制裁。第二次大战发生后美日在远东的关系尖锐化,日本的南进问题成为远东关系的重点。美国为防止日本南进一方面增加对华援助以牵制日本,他方面则打开对日谈判之门以图诱致日本脱离德意轴心。珍珠港事变后,中美成为盟国,但因欧洲第一的战略,实际所予中国的援助并不大。一九四五年初美英苏雅尔他会议中,罗斯福总统为使苏联参加对日作战,不惜牺牲中国主权而允许苏联恢复帝俄时代之满洲权益,于是以维护中国领土主权之完整为目的的九国公约,遂由美国自行破坏。

由以上叙述,我们的结论是美国对华门户开放政策主要的建立于商业利益上,政治的利益是次要的,为了维护此项利益,美国始终不愿采取较外交的抗议更积极的行动,九一八以后美国对华虽不乏道义的支持,但在国际上尚无健全的集体安全制度以前,美国不愿单独地采取任何积极的行动。

主　人:汪先生为我们讨论较近的发展提供了清晰扼要的史的叙述。我想关于第(1)就这样结束。以后进而讨论第(2),如何?

二、第二次大战结束后之中美关系

王铁崖:Mansfield 说美国对华外交政策包含三部:目标(Objective),形态(Pattern)与技术(Technique)。我们又可以说,任何国家的外交政策都包含这三部分;我们又可以说,目标是不变的,形态是可变的,技术是常变的;目标是普遍性的,形态是区域性重于时间性的,技术是因时因地而不同的。

美国对华政策的目标是保护自己的利益,这是不变的,整部中美外交史可以看得清清楚楚的,要美国政府利人重于利己,那是单独的幻想。

形态是著名的"门户开放"主义。这著名的主义在五十年之中起了若干的变化:开始是商业的,经济的机会均等,其次是政治的保障领土完整与行政独立,最近数年又有新的变化的象征,那就是直接参与中国的事务以求机会均等与领土完整与行政独立,而所谓"机会均等"是美国利益至高无上的机会均等,所谓"领土完整与行政独立"是要造成外交上追随美国之后的中国。

直接参与中国的事务的原因是第二次大战。远东的战场是美国的战场,中国的一切都依赖美国,政府也要依赖美国以解决内政问题,同时日本打败了,英国无力了,苏联也像是采取旁观的态度,使美国似乎可以放手的为所欲为。

技术是适应形态的,而因时因地更有其变化性与复杂性:调停是一种技术,援助也是一种技术;解除日本武装以及遣送日侨返国是一种技术,经济复兴以及军队训练也是一种技术。

主　人:刘毓棠先生正在这个时期在美国居留,对于当时的情形,想来必有一些很宝贵的意见。现在请刘先生发表出来,如何?

刘毓棠:我很同意刚才王先生所说的美国对华政策的三种形态,其最近的形态,在第二次世界大战之后,我名之曰战略的形态(Strategic Pattern),在第二次世界大战以后,美苏关系日益恶化,美国深深恐惧共产主义之趋于扩张,处处取对抗苏联的行动,所以,反共是美国在此时期之外交政策之中心,而在运用方面则又基于战略的原则,换言之,它的形态是战略的,因此,美国之对外政策,往往因战略关系遂有重此轻彼的现象,从战略上来说,为对抗苏联共产主义,欧洲远较亚洲重要;而在亚洲方面则日本又较中国重要,考其理由,不外如下数点:(一)欧洲之复元能力,尤其有关工业与组织者,远较亚洲尤其中国为强;(二)苏联无强大之海军,即使她能控制中国,亦不能威胁美国在太平洋之势力;而中国大陆之归入苏联又无何意义;(三)欧洲及近东则又不同,如此两地均入苏联之手,则苏联将拥有无数资源与各种力量,且美国在欧洲将失去进攻之基地;(四)近年英法力量减低,美国不能以之为欧洲第一防线,美国必须亲自负责;(五)在亚洲方面,对于美国,日本之战略地位较优于中国，美国扶植日本较之扶植中国有用；中国国力衰弱将来难有助于美国，而日本之作战能力，从上次大战中证明，并不逊于英法。由是，在战略上既有如上情形，则美国对华政策在其整个外交政策上所处之地位当不可能显得十分重要，现在我们再回顾这两三年来之美对华政策。雅尔他会议时，美国也曾为中苏关系致力，希望中苏之间可以获得一个合理的安排。一九四五年十二月，杜鲁门派马歇尔来华调停中共纷争。但一年的努力竟完全失败，后马氏离华返美，行前曾发表一声明书，在该声明书中，他对中国政府大为不满，似对中国不抱过大的希望，况且他出身军界，其见解亦不免有出自战略观点之处，后马歇尔就任国务卿，对中国已不很重视，而在欧洲方面则有所谓“马歇尔计划”，初，“马歇尔计划”并不包括援华在内，后来由于一些国会议员的主张，才有极少部分的援华贷款，继马歇尔之后，有魏德迈来华，逗留一个月，行前又发表声明，但其内容大部分仍与以前马歇尔所发表的相同。总之，目前美国外交政策仍以马歇尔为主，重欧而轻亚，对援华事尚难积极。

主　人：孙毓棠先生年来遨游英美，最近始归来，此一时期之美国对华政策，殆必有他的看法。我们愿意听听孙先生的卓见。

孙毓棠：近年中美外交，中国始终处于被动地位，故言中美关系，主要得看美国对华政策；而美国对华政策，乃是其对全世界政策之一部分。因此我们如果单提出中美两国关系言，便很难得到一正确的透视。

回顾第二次世界大战以来国际政治的动向，便知一九四二年苏联在斯大林格勒对德获胜乃近代史上一大转折点。自那时起，英美渐知希特勒结束后即是苏联问题。英美在战争最后两年，一面作战，一面即努力其对苏的欧亚大陆弧形长墙政策，欲自北欧穿过德奥至南斯、希腊、中东再接连印度、中国、朝鲜、日本，以阻苏联之扩张。在战争末期以及战争以后，对一切欧亚诸般问题的努力，无不以此为标的。苏联方面为自卫与扩展计，一直在努力要推倒这长墙，并择重要地带跨出长墙，以求世界之平分的均势。且冀在墙外能得一列国缓冲地带，以完成俄国百余年来“冲生带”的传统外交政策。战后三年来一切国际问题，实在大半就以这个长墙问题为核心。

中国坐落在这长墙上，构成长墙问题的一部分。中国是个弱国，但国际局面的推衍使我们立在一特殊地位。假设自战后中国无内战，则我们自然应该在美苏两大之间取中立态度，以获取举足轻重的地位。但我们不幸未能达成此点。从理论上说，最理想的是内政的分野不影响对外的国策，如美国之两党外交，或外交政策之转移不影响内政的政策，如近两年的英国。但如外交为内政局势所左右，或以解决内部问题为目的，则此种外交便无法健全而求得主动。

中国外交既不能求得主动，故一切得看美国对华政策。近两年来，美国对华显然冷淡。冷淡原因有三：一、美国外交自为其己身利益着想。如战后中国能有和平统一，中国市场可以开辟，则美国当有兴趣协助中国，达成其经济的与政治的目的。今既不能，则冷淡自所必然。二、美国对世界，近年大致是一种军略外交。美国以为第三次大战一爆发，则只能占有欧亚大陆的极边缘以进行其原子战争。大战重心，显然在欧洲，亚洲方面恐为一次要之地域。因此，美国对中国内部的问题并不见得有极大的兴趣。三、近年中国内部诸般情形，很多使美国寒心之处，已无可讳言，遂使美国不热心再在此投政治资本。因以上种种原因，美国对中国之冷淡直至今日。

最近月余，中国因局势之变迁而呼吁加强美援。对美援前途，不愿预作揣测。若衡诸美国各种情形，其世界全盘外交政策，及杜鲁门当选后美国可能之外交动向，恐怕美国目前不大会十分满足中国政府的希望。在此有一两点我们似乎可以注意。自杜鲁门当选后，美国不是不可能一面加紧与西欧列国合作，一面却与苏联寻求一个"平衡点"以松弛国际紧张局面，躲避战争，如果美国如此打算，则其东亚政策怕不会有很大的改变。再者，中美关系既全为美国主动，则中国内部局面之变迁是否可以影响美国对华政策，全得美国当局作主。而美国当局是否转变政策，怕不是中美一时舆论所可全部转移。最后，美援的可能方式大约是经济的而非军事的。希望美国在华参战恐非可能之事。提到经济的援华，美国一向主张中国能自救时得先自救，故欲求美国作进一步的经济援华，第一步必需的步骤怕是政府应没收全部豪门在美的产业移为国用。此步不行，欲求大量美援怕不容易，且是件不大说得过去的事。

王铁崖：从战争结束到现在，美国对华政策的形态，本人上面已经提到，其技术主要的有三：调停、等着瞧和局部援助。因此，也可以分为三个阶段：第一阶段开始自一九四五年十二月十五日杜鲁门的声明和马歇尔的派遣，第二阶段开始自马歇尔调停失败以及一九四六年十二月十八日杜鲁门的第二次声明，第三阶段开始自一九四七年，主要的表现是杜鲁门声明中国政府不应该包括中共在内以及国会通过四亿援华，其中包括军事的援华。

主　人：现在我们请翁独健先生发表意见，如何？

翁独健：老实说，从国家人民的立场来看，最近两年来的中美外交关系，实在是一段丑态毕露的历史。我们所看到听到的只有整天奴颜婢膝求乞"美援"，哪里有什么外交可言。但是在当前中国局势急剧变化之下，美国政府可能采取的政策，倒有一谈的价值。美国现政府对于中国可能走的似乎只有三条路。一条是继续政协调处失败以后，两年来既不避免干涉又不积极援助的观望待机政策。这条路由于美国方面对于中国现政府军事力量估计的错误，已经无法继续了。要继续就等于全盘失败，退出中国。这种下场，美国恐怕尚不甘心。另一条是马上积极大量援助，甚而直接参加军事行动。这条路，姑且不说是否应该，姑且不管中国人民的反应如何，现在也已经来不及走了。现在再走这一条路已经不能扭转目前的局势；并且走这条路所可能引起的严重后果，美国在现阶段的世界关系上大概还没有断然不顾一切的决心。况且美国在希腊的经验，也使它不能不慎重考虑。还有一条路便是面对目前正在演成的新局面，赶紧采取新策略，放弃原来以现政府为中心的原则，使美国在未来的新局面中尚能保持相当的地位与影响。近来许多迹象，如对中国中央政府当局的种种暗示，对地方实力派的暗中策划援助，对沈阳美国领事馆的不肯撤退等，都使人相信美国正在考虑改换路线。至于这条路是否可以如意走通，那是另一个问题了。

主　人：吴允曾先生为本刊写过好几篇文章，都是关于国际关系方面的。承吴先生参加我们这个座谈会，我现在请吴先生发表他的卓见。

吴允曾：我只能拉杂的谈一些我对于中美关系的观感。去年春天我曾在《大西洋》月刊上看到过一篇文章，在那篇文章里，作者认为美国将扣留五亿贷款以作为对国民政府的压力，同时留军事顾问团和青岛海军在中国，作为对中共的压力。然后在适当时机再完成马歇尔所未完成的使命。由过去一年多的情形来看，这项推测是完全正确的。此外裴斐教授近来在 *Annals of the American Academy of Political Science* 的七月号上，曾经写了一篇讲中国的文章。其中有一段很值得注意。他说：“在调停失败以后，美国政府和政府以外的中国专家们，没有一个预测到中国政府在军事上会陷于如此不利状况的。”从这几句话里，可以知道目前中国的情形有一部分是出乎美国专家们的意料之外的。现在显然到了他们需要作新估计的时候了。

主　人：刘毓棠先生于此殆亦有意见？

刘毓棠：方才翁先生说：“沈阳美国领事不随国军撤退可能为转圜留一个余地。”对于这句话，从几位对中国情形有研究的美国军官的谈话里可以得到证明。最近他们曾对我表示，对于最近共军的胜利并不惊奇，而且，他们觉得即使中国全为中共控制亦不至于和苏联的共产主义一样，又不可能完全变成苏联的附庸。在他们的了解中，小国如南斯拉夫尚且能够摆脱苏联的羁绊，地大人众之中国岂不更属可能？况且中共领袖中亦有不少是国家本位者。这样说来，美国对于中共的胜利并不过于恐惧的。

三、杜鲁门当选前后之中美关系

主　人：现在谈讨第三个题目，还是先请王（铁崖）先生发表意见！

王铁崖：刚才翁先生所说的种种，个人大体上可以同意，我们都知道，美国政府在重新考虑对华政策，其原因是：第一，杜鲁门之意外的选举胜利，第二，中国局面之突然的急转直下。

我们看到目前种种的迹象，美国方面似乎尚未有完全具体的决定，换言之，还未到使形态发生变化的阶段，这可以说是犹豫的阶段。在这犹豫的阶段，并非无所作为，而是适应于原有的形态的种种可能的方法都做，希望在这里能够找出一个出路，而不变更原有的形态，非至迫不得已，尚无完全改变的勇气。

数年以来美国方面所援助的中国政府，只要未到完全垮台的地步，仍然是合法的政府，全面援助、全面支持固然不易做到，但是关键还是要延续的，原有的有限性的援助也不是完全断绝的，此其一。所援助的政府已在动摇之中，不得已求其次，对于这方面并无继续采取决绝态度的必要。正式的或且近乎正式的关系固然尚非其时，但是，试探式的做法则不妨开始进行，希望不久将来产生一个混合性的政府，此其二。所援助的政府已在动摇，混合性政府又不易产生，再不得已求其次，则在政府与反政府之外到处找援助的对象，造成混乱的局面，又在混乱的局面之下保持局部的势力，发挥局部的作用。

这些做法都是不变原有的形态的。不过，我个人感觉到，在目前的中美关系之中，美国的外交政策已经逐渐消失了其主动的以及决定的作用，政策的考虑必须适应中国局面的演变，而此局面的演变在于中国自己，而非其他国家所能左右的。当然，美国政府如果十分顽固，不仅要维持原有的形态，甚至加强种种的做法。这样，其结果恐将十分恶劣的，就美国而言，既破坏其政策的传统，也损害其长久的基本的利益。

刘毓棠：我认为目前美国对华政策并不完全在 Wait and See。刚才我已经说过，美国以战略关系，并不太重视中国，则其对华政策自亦不可能如欧洲之被重视。此已成为其对华政策的既定原则，况且，美国对中国情形的了解已相当深彻，故亦无须有较大之 Wait and See 之范围，美国有一个外交设计委员会，其中有两个设计中国部分的人，他们对中国政府并无好感，所定之对华政策是不会十分积极的。

主　人：最后我们要请叶先生发表一些意见。

叶景莘：一个强国在国际关系上运用的力量不外于军事的与经济的两种。美国之强以经济的力量为主，如果美国不能用军事的力量来解决一个国际问题，亦可用经济的力量来应付或牵掣。这是美国传统的对华政策。日俄战争后有 Harriman（哈里门）的收买满洲铁道计划，华府会议时代有新银行团的组织。二十六年日本大举侵入中国，而美国的 Morgan 银团亦曾于那年冬季与日本的久原财阀秘密订立大借款合同，以久原的全部产业为抵押，那时久原已从日本军阀获得经营伪满洲国全部重工业的权利。我有一个朋友与久原的代表极熟，从他探得了这个秘密消息即由我请当时在平的美国西北大学政治学教授兼《芝加哥日报》访员 Montgomery McGoven 拍电美国去揭发。如果那个合同实行，恐怕日美即不开战争而美国未必有军事援华了。罗斯福总统在雅尔他同意苏联恢复其已由列宁归还中国的东北权利的时候，亦在商议苏联所希望的二十亿美元借款。刘毓棠先生所说魏德迈主张的东北国际化，恐怕亦是在经济方面。现在美国对于中国的变局如果认为非军事援助所能解决，或仍将用其经济的力量来应付。中国处于美苏两大之间，必须保持独立自由的地位，不落在“铁幕”或“防疫地带”里，且更应进而为美苏间的一个桥梁。这个理想似乎说起来好听，做起来很难，但亦未必没有实行的途径可寻。现在全世界的趋向社会主义是毫无疑问的。美国的资本集中亦正是走向社会主义之路，只要美国政府于必要时不得不逐步提高工人的待遇与权利，并且限制股东的利润，与生产品的分配，那就可成为美国式的不流血的社会革命。至于中国人民的呼声是经济平等、政治民主，无论由谁来主政，亦必须实行社会主义，但以中国经济的落后，加以对日抗战与长期内战的大破坏，必须大规模的恢复交通、修治河道、建设工业、改良农业，即必须利用外资。现在只有美国能供给大量外资。苏联尚未能充分供给自己的需要，所以对于东欧未能实行其供给机械产品的协定。外资投入是否成为经济侵略全在我们的如何利用，苏联的大建设亦曾利用美资。如果我们能以美资的援助实行社会主义下的建设，那就可成为美苏间的一个桥梁，因为社会主义的中国必与共产主义的苏联友好，而美资的利用亦加密中美的友谊。

主　人：谢谢诸位的宝贵意见。我相信我们这次座谈是相当成功的。诸位的宝贵意见，我们要整理出来在本刊发表以飨本刊读者。

（见《新路》周刊（北京）第2卷第6期，1948年12月18日）

人民民主政权给了中国人民伟大的创造力以发挥的机会

中国人民站了起来，建立了自己的人民民主的国家，已满三年了。在这三年中，新中国在政治上、经济上、文化上和国防上各方面的成就，得力于毛主席和中国共产党的英明领导，而其基础则建在人民的积极性的发挥上。这种主人翁的气概在中国人民中的出现和增强，是空前的。人民民主制度的优越性，于此得到了一个最有力的证明。我们是以三年为恢复的期间，接下去便是进行大规模的建设。事实告诉我们，我们恢复得很快，现在建设条件已大体具备，即可大踏步进行国家工业化的工作。这样光明的前途鼓舞着每一个中国人。作为一个经过思想改造的旧知识分子，我能以新的气宇来祝贺大规模建设前夕的国庆，欢愉之情尤异寻常。

最紧要的，是把握最基本的东西，回到纯朴上面来看事物。

洗净身体上的尘垢，靠水。水，是最原始、最质朴的。洗清思想上的尘埃，靠真理。真理，往往是最基本的道理。社会发展到某一阶段，当它由壮年而进于衰老，要让位给新的阶段的时候，繁文缛节便跟着滋蔓起来。要把最基本的道理再提出来，必须先在混乱的一套思想中下一番剔除的功夫，使问题重返于朴素。一个旧知识分子在改造思想中，当他的热忱被鼓动起来而趋于豪放的时候，容易说出这样一句话：还不算迟，重新来过！但是，仅凭这一点豪放，是不够的。若不经过检讨和批判，则根深蒂固的旧思想怎能被抛弃掉。这些旧思想，就中国的旧知识分子来说，有吸收自西方近代资本主义国家的，也有承袭自中国中世纪封建社会的残余的。在少数知识分子的思想中，往往两者兼而有之。无论根源属于哪一方，无论是单收还是并蓄，这些思想就其本质来说，其所反映的乃是衰败没落的社会中一些基本的、而旧社会本身又无法解决，要待革命来给以解决的问题。问题显得十分繁复，仿佛是无边无际。究其实，不过是在历史发展面前不肯放弃统治和剥削的特权而已。这时，革命运动适成了"返璞还真"的运动；问题再从其历史的意义上被提了出来。一旦革命成功，基本的道理显得更明白了，再为一般人所接受，这就成了思想上的"解放"。

从鸦片战争失败时起，中国人便要求进步。要求进步的总目标，是独立和富强。有很长一个时期，是努力学习西方，学习西方资产阶级民主主义的文化。救国，维新，学西方，那是一而二而三，三而二而一的。对帝国主义的侵略，一部分人有过一点惊慌，但大部分号称先进的中国人还是迷信西方。由于辛亥革命那样全国规模的运动的终于失败，怀疑产生了，但依然没有放弃学西方。直到第一次世界大战期中俄国十月革命暴发，创立了世界上第一个社会主义国家，中国人的思想才大大地受了一次震撼。从苏联的实例，中国的先进分子懂得了一个道理，那就是：为外国人所看不见的伟大的中国劳动人民的革命潜力，只要领导得法，便可像火山一般爆发出来，使当之者披靡，无论对方是国内的反动政府还是国际的帝国主义。便这样，中国的先进分子知道了独立和富强该如何去求；帝国主义的侵略该如何去抵抗。毛主席在《论人民民主专政》中写道："十月革命一声炮响，给我们送来了马克思列宁主义。十月革命帮助了全世界的也帮助了中国的先进分子，用无产阶级的宇宙观作为观察国家命运的工具，重新考虑自己的问题。走俄国人的路——这就是结论。"中国这种先进分子的组织便是中国共产党，其第一杰出的代表者，不是别人，正是毛主席。"星星之火，可以燎原。"中国共产党经历了二十八年，走过了艰难曲折的道路，终于在毛主席领导之下，取得了中国人民解放战争和人民革命的伟大胜利。

从前所谓新学的人们，都自封为先进的中国人，别人也不与之争，因为比诸中国封建主义的文化即所谓旧学，新学是进步的。自从十月革命给我们送来了马克思列宁主义，进步与非进步，界限分明，中国知识界跟着便起了分化。进步的前进了，跟上去了。落后的意存观望，终于永远落在后面。尚有原来进步，逐渐变为反动的，则从反对封建文化一变而反对无产阶级先锋队，与反动派为伍起来。这正说明了一般知识分子的思想意识之为阶级利益所局限。凡今日之旧知识分子而自命能独立思考问题者，多半受过西方资本主义国家文化的洗礼，并对这种文化的价值有着不低的估量。可怪的，是西方早就有人在大谈其"欧洲的没落"，中国人摭拾了西方文化的一鳞半爪，却把它看成具有价值不低的文化。应该说"西方在没落中"这一说法是对的。那是因为十九世纪以来，欧洲资本主义社会文化的重点被安放在发财致富上。财发得那么大，使劳动人民遭到无比的穷困。劳动阶级与资产阶级之间有了一道很深的鸿沟，资产阶级之将坠入沟中，那是绝对不能免，也是理之当然的。在文化萎缩之中，正需要有革命。革命从来是人类文化成长史上的动力。革命是一个过程，在这个过程中，它会唤出新的伟大的创造力。

今日中国的情形，正是革命以排山倒海之势激动了中国人民原就蕴藏着的潜力。

为人民大众而献身于革命；依靠革命群众来进行革命；革命胜利了，人民政权建立并巩固起来了，让人民大众发挥其智能以创造其美好的将来，这是革命的全程，也是革命的要义。难道这不是最基本的吗？难道这不是"适乎世界之潮流，合乎人群之需要"的吗？

我们推崇毛泽东思想，说它"正确地和生动地把马克思列宁主义的普遍真理和中国革命的具体实践结合起来"。这是说，毛主席运用马克思、恩格斯、列宁、斯大林的理论到中国来，使之变成中国大众的革命力量。我们推崇毛主席为革命能手。

这是说,毛主席最能依靠中国革命群众的创造力,把革命一步一步向前推进。毛主席把新民主主义的革命规定为“在无产阶级领导之下的人民大众反帝国主义反封建主义的革命”。在这个公式里面所说的人民大众,他所指的,主要的是工人和农民。因此,他把由新民主主义的革命所建立起来的革命的民主政权,叫做“工人阶级领导的、以工农联盟为基础的人民民主专政”。毛主席把农民的问题看做解决无产阶级领导的中心问题。试想一想,这些都不是最基本的问题吗?这样提,这样联系,不是在“一切为人民大众”这一点上提得和联系得恰如其分吗?

新中国现阶段所要创立的文化,是新民主主义文化。它是民族的、科学的、大众的文化。所谓大众的,意思就是说文化应首先为全民族百分之九十以上的工农劳动民众服务,成为他们的文化。随着经济建设高潮的到来,新中国即将掀起一个文化建设的高潮。这不只是理论,这是已经开了端而成绩已经十分显著的事实。

我很喜欢读毛主席在十八年前写的《关心群众生活,注意工作方法》这一篇文章。它洋溢着革命者对革命群众的关心与热爱,把握着革命的基本要义。那一股火般的热忱就是“天下无敌焉”的秘诀所在。毛主席在这篇文章里说:“同志们,真正的铜墙铁壁是什么?是群众,是千百万真心实意地拥护革命的群众。这是真正的铜墙铁壁,什么力量也打不破的,完全打不破的。反革命打不破我们,我们却要打破反革命。在革命政府的周围团结起千百万群众来,发展我们的革命战争,我们就能消灭一切反革命,我们就能夺取全中国。”只有经常为着群众,经常受群众的拥护,才能长出这样的一个革命的英雄气概来。

新中国即将开始大规模的建设,一切条件都已经或快要具备了。我们所想的所计划的都是最基本的。而基本之基本,则是:一切为了人民大众,一切出自人民大众自己。这便是我们的力量的源泉。

(《人民日报》1952 年 10 月 9 日第 3 版。本文原题《我的检讨》,经毛泽东主席审阅后改为此题)

学习《实践论》后，我进一步懂得了什么？

一、我进一步懂得了变革现实和改造自己，在立场和观点上所要求的是什么

我们是处在变革的时代，要在地球上很大的一个范围内转变了或正在转变黑暗面为前所未有的光明世界这样一个有史以来未曾有过的重大时节，历史向我们提出了斗争的要求，要求我们实现下述的任务：改造客观世界，也改造自己的主观世界——改造自己的认识能力，改造主观世界同客观世界的关系。这个任务是艰巨的。对于一个旧知识分子来说，它首先要求他站稳立场及承认自己的思想远远落后于实际。经历了思想改造运动，一般说来，旧知识分子都已经具有了人民的立场。但这还只是开始，有待于加强和巩固。当然可以这样说：改造自己的认识能力的过程，应该也就是巩固立场的过程。但此时强调立场的重要性，还是有它的必要。倘若有人没有站在无产阶级或革命人民的立场，单是主观地以为认真参考便能认识革命和改造世界的真理，而不在实践中锻炼自己，那是不会得到什么好结果的。

其次，思想落后于实际，这就是在多年投身于革命事业的人们中，也是常有的。旧知识分子原就落后了一大步，虽然经过初步改造，也往前跟进了一小步，但依然是大大地不够，他们的思想还往往不能随变化着的客观情况而前进。只有投身于变革客观现实的实践之中，全心全意地为人民在社会改造和国家建设中所提出来的要求服务，才能改造自己的主观世界；只有时刻不离变革的实践，才能免于永远落后，永远跟不上时代。所谓“生活、实践的观点，应该是认识论的首先的和基本的观点”这一语的意思，必须掌握得活泼，就在活生生的社会实践中随时把它体现出来。必须记住，社会实践的过程就是改造自己的认识能力的过程。

毛主席写道：

> 马克思主义的哲学辩证唯物论有两个最显著的特点：一个是它的阶级性，公然申明辩证唯物论是为无产阶级服务的；再一个是它的实践性，强调理论对于实践的依赖关系，理论的基础是实践，又转过来为实践服务。判定认识或理论之是否真理，不是依主观上觉得如何而定，而是依客观上社会实践的结果如何而定。真理的标准只能是社会的实践。实践的观点是辩证唯物论的认识论之第一的和基本的观点。

在这一马克思主义的概括里，毛主席把变革现实应该掌握什么样的理论、应用

这种理论应站在什么立场上和依什么观点来判定认识之是否为真理,一并揭示了出来。经过反复思考,使我进一步懂得学习马列主义所应持的态度是什么。

这是我在学习《实践论》中第一个重大的收获。

二、我进一步懂得了如何辨别正确的认识论与错误的认识论

毛主席教导我们,思想问题的最本质的问题,就是关于马克思主义的理论基础的问题,即关于辩证唯物论的问题,关于辩证唯物论的认识论的问题。在这一个最本质的问题上,一个真正的马克思主义者是必须采取战斗的态度的。早在一九四二年的整风报告中,毛主席就曾指出,必须努力宣传唯物论,宣传辩证法,以克服理论战线的落后(就当时的情况而言)。现在的问题性质相似,但范围扩大了。现在要宣传唯物论,宣传辩证法,对旧知识分子来说,这就是说,必须对着那种从封建社会沿袭下来的神秘主义和烦琐主义的经院学派,对着近代中国那些或是土生的、或是从西方反动资产阶级那里贩运来的各种唯心论和神秘主义的反动思潮和反动哲学,进行革命的批判的战斗。这类反动思潮和反动哲学对于我也有过巨大的影响,这次学习了《实践论》,使我提高了警惕,要求自己毫不爱惜地对着这类反动思潮和反动哲学的残余,进行革命的批判。

过去反动势力统治时期,在学术界,尤其是社会科学学术界,占优势的认识论是所谓内省体验的那种唯心的经验论。捐弃了它,似乎并没有碰到很大的困难。但是,批判了这种反动的认识论,还不能保证,说从此便掌握了正确的认识论。按辩证唯物论的观点,哲学上有唯物的唯理论与经验论,虽然各有片面的真理,但都不懂得认识的历史性或辩证性,因此,在认识论的全体上,它们都是错误的。同是唯物的了,但差别就很大。此所以在《实践论》中毛主席要在哲学阵线上进行反对主观主义两种流派的斗争,即反对教条主义和反对经验主义。在这里,毛主席主要地是要阐明真理,但同时也就是指斥了错误。这使我明确地认识只有辩证唯物论的认识论才是正确的、放之四海而皆准的认识论。按照毛主席的观点,对主观主义两种流派在认识论上所犯的错误进行揭露和批判,这就是帮助自己更深刻地理解马克思主义的认识论。

马克思主义的认识论的基本特点,就是理论与实践的统一。否认了理论与实践的统一,这就是否认了唯物论,也否认了辩证法,一句话,否认了马克思主义的理论基础。教条主义者的认识论的基本特点,乃是割裂理论与实践的统一。他们否认认识过程第一阶段的感性认识的必要性,以为理性认识不必依赖于感性认识。因此,教条主义者并不是唯物论者,并不是马克思列宁主义者,他们是主观主义者,是唯心论者。经验主义的认识论的基本特点,也是割裂理论与实践的统一。在这点上,它和教条主义相同,和马克思主义则相反。它否认认识论过程第二阶段的理性认识的必要性,以为感性认识不必上升为理性认识。毛主席用强烈的语句指斥教条主义者,把他们叫做“知识里手”;而对经验主义者则称之曰“庸俗的事务主义家”。

认识从实践发生，而又服务于实践。实践统一了感性认识和理性认识。实践形成了从感性认识到理性认识这种推移的运动。教条主义者离开实践，看轻实践；所以就不懂得由感性认识到理性认识的推移和变化。他们的活动既不以实践的经验和估计实际工作为基础，而否认了感性认识，因此，他们的所谓“理论”，就只能是“无源之水，无本之木”。剥夺了感性认识也就是剥夺理性认识，这便是剥夺感性认识所必然引出的逻辑的结果。

至于经验主义者，虽然他们或多或少有些感性认识，然而因为他们没有把感性认识提高一步，所以他们的认识就还只能是片面的和表面的，而他们的感性认识也就不能够是深刻的。实践证明：感觉到了的东西，我们不能立刻理解它，只有理解了的东西，才更深刻地感觉它。经验主义者不能够理解那事物，因此也就不能够更深刻地感觉那事物。限制感性认识并使感性认识归于无用，这便是否定理性认识所必然引出的逻辑的结果。

教条主义和经验主义在绝对真理与相对真理的问题上，都也很明显地流于主观唯心论。毛主席说：

> 马克思主义者承认，在绝对的总的宇宙发展过程中，各个具体过程的发展都是相对的，因而在绝对真理的长河中，人们对于在各个一定发展阶段上的具体过程的认识只具有相对的真理性。无数相对的真理之总和，就是绝对的真理。

与马克思主义者相反，教条主义者把自己限制在历史上某些抽象的公式里面，认为那些抽象的公式不论在任何时间、地点或其他条件，都是绝对的。他们只片面地承认绝对的真理，而否认相对的真理。

有些经验主义者也把自己个别的或局部的经验加以绝对化，否认该项经验的相对性。另有些经验主义者则在各种零星的感性经验之间游移来游移去，无可无不可，他们实际上只承认相对的真理，而否认绝对的真理。

《实践论》是毛主席为了要保卫和巩固党的马克思主义的理论基础而写作的；虽然是十几年前写出的，但它的意义是普遍性的、永久性的。这一战斗的文献严厉地批判了各种错误的认识论，同时并用了党在长时期中极其丰富的战斗经验，充实了和发展了马克思主义的认识论。如果我们能用《实践论》的思想来武装自己的头脑，从而提高自己的认识能力和工作能力，避免可以避免的错误，那么，我们的获益将是无穷的。

这就是我在学习《实践论》中第二个重大的收获。

三、我进一步懂得了在展开学术工作时，什么样的工作方法和思想方法才算是正确的工作方法和思想方法

《实践论》是毛主席的思想方法与工作方法的科学总结。务求我们的学术工作不再是大大地落后于人民的需要,我们的理论不再是远远地落后于实际,我们必须好好地学习,并且认真地实验毛主席进行理论工作的方法。

现在宣传唯物论,宣传辩证法,这对于学术工作者来说,就是说,必须用唯物论和辩证法来建立我们真正的历史科学,来发展我们的自然科学。这所谓“宣传”,当然并不是指那种口头的空嚷,而是指那种必须按照唯物论和辩证法的理论和方法,从事埋头刻苦的工作。这所谓建立历史科学和发展自然科学,当然也绝不是用口号或标语所能解决的,绝不是用一些贫困的知识去硬套若干抽象的公式所能解决的。这里只能依靠认真的搜集大量材料和认真的研究。

毛主席的《实践论》,正是我们“宣传”唯物论的伟大旗帜,它给我们指出了如何按照唯物论的道路去从事学术工作。

毛主席说:“认识开始于经验——这就是认识论的唯物论。”毛主席又说:“认识有待于深化,认识的感性阶段有待于发展到理性阶段——这就是认识论的辩证法。”今天的学术工作者不能再把“唯物论”徒托空言了,不能让自己对于一个问题不去精细地研究材料,或者不去对于许多材料加以批判的选择。“只有感觉的材料十分丰富(不是零碎不全)和合于实际(不是错觉),才能根据这样的材料造出正确的概念和论理来。”这是一个十分肯定的论断。如果我们学术工作者实际上看轻、以至否定感觉的材料,那么,我们的“学术工作”就会变成“无源之水,无本之木”。这样的所谓“学术工作”,结果必然只能是可悲的。

不是说在学术工作者中完全没有从事过搜集某些问题的材料的人,问题在于这些人只是为材料而材料,他们把自己的工作停在半路上。这些人“不知道感觉材料固然是客观外界某些真实性的反映(我这里不来说经验只是所谓内省体验的那种唯心的经验论),但它们仅是片面的和表面的东西,这种反映是不完全的,是没有反映事物本质的”。这些人不知道“认识的真正任务在于经过感觉而到达于思维,到达于逐步了解客观事物的内部矛盾,了解它的规律性,了解这一过程和那一过程间的内部联系,即到达于论理的认识”。没有把感觉的材料提高到论理的认识,这就是说,没有认真地从事研究,搞出理论来。在这种情况下,要有真正的科学成果,乃是不可能的。

按照《实践论》的观点,毛主席是十分重视科学的理性认识的。毛主席不厌重复地说:“论理的认识所以和感性的认识不同,是因为感性的认识是属于事物之片面的、现象的、外部联系的东西,论理的认识则推进了一大步,到达了事物的全体的、本质的、内部联系的东西,到达了暴露周围世界的内在的矛盾,因而能在周围世界的总体上,在周围世界一切方面的内部联系上去把握周围世界的发展。”毛主席又说:“只有理解了的东西才更深刻地感觉它。感觉只解决现象问题,理论才解决本质问题。”毛主席十分重视思考的作用。他写道:“要完全地反映整个的事物,反映事物的本质,反映事物的内部规律性,就必须经过思考作用,将丰富的感觉材料加以去粗取精、去伪存真、由此及彼、由表及里的改造制作工夫，造成概念和理论的系统……这种改造过的认识，不是更空虚了更不可靠了的认识，相反，只要是在认识过程中根据于实践基础而科学地改造过的东西，……乃是更深刻、更正确、更完全地反映客观事物的东西。”这对于学术工作者是一个多么明豁的指示！这里所说的就是列宁所说的“科学的抽象”。列宁在《黑格尔〈逻辑学〉一书摘要》中曾说：“物质的抽象，自然规律的抽象，价值的抽象以及其他等等，一句话，一切科学的（正确的、郑重的、非瞎说的）抽象，都更深刻、更正确、更完全地反映着自然。”资产阶级科学工作者亦讲究“科学的抽象”，但他们只在现象上摸索，有时近于凭空臆造，这与根据马克思主义的唯物论而作出之“科学的抽象”并无共同之处。

正因为学术工作是这样郑重的、严肃的一件事情，所以我们应该不辞劳苦地去克服必然要遇到的困难。“搜集十分丰富和合于实际的感觉材料”，这当然是要遇到许多险阻，并经历一番极大的劳苦的；“将丰富的感觉材料加以去粗取精、去伪存真、由此及彼、由表及里的改造制作工夫，造成概念和理论的系统”，这当然更会遇到许多险阻，并经历一番更大的劳苦。失败是可能的，错误是可能的，问题在于应该怎样去变失败为胜利和变错误为正确。关于这点，毛主席启示道：

> 一般地说来，不论在变革自然或变革社会的实践中，人们原定的思想、理论、计划、方案，毫无改变地实现出来的事，是很少的。这是因为从事变革现实的人们，常常受着许多的限制，不但常常受着科学条件和技术条件的限制，而且也受着客观过程的发展及其表现程度的限制（客观过程的方面及本质尚未充分暴露）。在这种情形之下，由于实践中发现前所未料的情况，因而部分地改变思想、理论、计划、方案的事是常有的，全部地改变的事也是有的。即是说，原定的思想、理论、计划、方案，部分地或全部地不合于实际，部分错了或全部错了的事，都是有的。许多时候须反复失败过多次，才能纠正错误的认识，才能到达于和客观过程的规律性相符合，因而才能够变主观的东西为客观的东西，即在实践中得到预想的结果。

学术工作的实践过程正是这样的。毛主席在这里道出了他自己极其光辉地执行了中国革命所需要的各种根本理论工作和行动指导工作的任务的经过。

在一定的意义上说来，《实践论》是马列主义的科学方法论的第一课，它深藏着无穷的智慧待我们去吸取。

这就是我在学习《实践论》中第三个重大的收获。

（1953 年 5 月于北京大学经济系工会学习小组上的学习报告）

在中国人民政治协商会议第二届全国委员会第一次全体会议上的发言

（1954 年 12 月）

我很高兴我终于能够同同志们站在一起为人民民主统一战线事业而努力。

解放以来，我从自外于人民转到靠拢人民，再进一步到愉快地怀着信心地为祖国的社会主义建设贡献其一份微末的力量，这在我的思想里是一个由昏暗走向明亮的过程。

我曾自以为，自己一贯要求政治民主并且为政治民主作过斗争，无论如何总是站在人民方面的。我并自以为，自己早就看到反动的蒋政权是注定要失败的，早已同它断绝关系，新局面的到来早在意料之中，自己对于这新局面是不会觉得有什么抵触的。但是实际怎样呢？实际是，一接触到真正的人民的力量，我就退缩。当人民解放战争接近在全国范围取得胜利的时候，众人欢腾，我却变得十分矜持。矜持就是意味着对人民、对祖国都缺乏热爱，对人民的敌人的痛恨也不够深。简言之，矜持就是意味着反动。人民政府成立后，我的态度是冷眼看世变。但是世事在演变并且是在剧变之中，自然就不能在我的思想里没有反映，没有斗争，但历颇长一个时期，依然是反动思想占据上风。曾有一个时候，思想混乱达于极点。直到参加土地改革运动，接触到土地改革中农民斗争的质朴性，混乱才略见澄清，但即便是在土地改革中，我至多也只是一个善意的观察者。

在参加广西省的土地改革期间，我读到了周总理对知识分子思想改造问题所作讲演的记录，深佩其所指陈之富有说服力，同时结合自己的经验，懂得思想与祖国的实际情况不对头是极痛苦的一桩事，于是对“思想改造”这一口号之提出，不唯不像解放初期那样表示反对，而且对其积极作用心向往之。可是，在回到北京投入运动后，一碰到群众的集体力量，便又对其方法持起怀疑的态度。使我诧异的，是群众之执行自觉自愿这个政策竟执行得那么好，使我丝毫不发生见外之感。相反地，在洋溢着热忱帮助的空气中，使我认识到，是自己在那里自外于人民，使我认识到，是自己徘徊在道路上，要就是自己转个身，和向前迈进的队伍一同携手前进，要就是人家不让我长久在路上徘徊而被挤在一边，第三种办法是没有的。我的在民主党派中的朋友，包括中共朋友在内，我的在大学的师友，特别是几位老友，和我的爱人，他们都以极大的热情和最大的耐心向我进行说服，使我体认到固执成见是可耻的，延缓进步是可耻的。特别使我感动的，是青年们对新事物有那样敏锐的感觉,对推动新中国前进有那样豪迈的气概,使我重忆起“五四”运动前夕的自己,使我感到反璞还真,长保赤子之心,这对于改造自己是一个重要的关键。我于是深悟前非,决心由自外于人民转向于靠拢人民了。

此时我才认真阅读毛主席的著作,特别是他的《新民主主义论》这一著作。根据这些著作,并辅以胡乔木同志写的《中国共产党的三十年》,来检查自己从“五四”运动后第二年起历三十余年自己的思想情况和所作所为。陈伯达同志的《人民公敌蒋介石》这一著作在历史事实的敷陈和对问题的看法上对于我也起着很大的帮助作用。经过这番检查,我才初步批判了自己的反动的政治面貌和反动的思想意识。再进一步检查自己在社会科学领域内究竟有什么所谓学问。检查结果,发现全是些支离破碎的东西,可以说,真实学问一无所有,资产阶级学术思想中的折中主义则中其毒很深。赖已有反璞还真、从源头上看问题和重新作起这一念头,我在学术工作上也开始认真学习马克思列宁主义经典著作。这在我是一个新生的力量。虽然在这方面还只能说是一个小学生,但小学生可以有小学生的气概而大言不惭地说道:我现在有了正确的方向了,我将挟着正确的宇宙观、正确的人生观和正确的治学和处事的方法去向前挺进。在这里值得特别提一提的,是通过对斯大林的《苏联社会主义经济问题》这一著作再加上对苏共第十九次代表大会中马林科夫同志的报告的学习,它为使我对马克思列宁主义科学、对伟大的斯大林、对苏联的社会主义建设、对中苏关系以及对世界两个阵营间的关系有正确的认识奠定了基础。

应该指出,在我的思想改造过程中,主观愿望的形成固然是重要的一面,但更重要的,是这主观愿望所反映着的物质基础。中国共产党和毛主席的正确领导,师友和家人的协助,以及群众的策励,这些都是出现要求改造这样一个愿望的物质基础。而有着更巨大更基本的影响的,当然还是解放以来我们祖国的物质生产力的恢复和巨大增长,在抗美援朝中祖国国防的益臻巩固,以及在多方面的民主改革上的由胜利走向胜利,这一连串在中国历史上亘古少见的成绩鼓舞了住居在新中国的大陆上的每一个人。可以毫不夸大地说,这就是古书上所说的“郅治”,这就是在现实基础上引人入胜地向着理想的无剥削无压迫的境地迈进。在这样美好的光景前面,凡是爱祖国的人谁能不受鼓舞而无动于衷?我的经历只是千百起事例之一而已。

如果我可以根据自己的经历作出结论的话,我的结论便是:先入成见是可怕的,是见不得太阳的;同时,因缺少阳光而受害的,见到阳光后是会更生的。我不禁想起随蒋贼去台湾的人们,他们中间必有不少是不甘心殉葬的。他们的问题不是愿意背叛祖国、愿意听任蒋贼出卖祖国领土的一部分给美帝国主义的问题,而是在劫持之下不能表达出他们的自由意志的问题。听说在他们当中曾流传着关于我在新中国的安全和自由的海外奇谈。我可怜他们,愿意用忠言答复他们。这忠言便是:被劫持的朋友们,猛省吧!回头是岸,猛省吧!

(《新华月报》1955年1月号。本发言稿曾在中央人民广播电台向台湾和海外广播许多次)

第二部分

来往书信

邓中夏等1920年3月致周炳琳等函

刘飞经　刘炽昌　常　惠　倪品真
高绍珠　许宝驹　朱自清　宋金桂　诸君钧鉴：
周炳琳　周长宪　高尚德　李荟堂

为筹备春假期内"农村讲演"及刊行讲演录各事，定于本星期六（二十七）晚七时半，在本事务所开会讨论。届时务祈准时到会，为祷！

邓　康[①]　同启
杨钟健

（《北京大学日刊》第571号，1920年3月）

① 邓康，即邓中夏。

周炳琳1924年4月14日致罗家伦函

志希吾兄：

读八日惠书并支票三纸，兑得现钱无讹，乞勿念。这一点小款，真是杯水车薪，国内当事者，未免不甚负责任，在弟并憾他们对于我们缺少诚意。此于去年秋间油印穆致蒋函中见之。兄已致公函诉苦，命再汇每人四百元，甚善。但弟犹以为应严重质问计永久，如穆氏无力一次集巨款，请分数期寄，三个月一次乃至一个月一次均可。惟寄的日子须定，请他负责地照行。万一他支吾地履约，则请痛快地寄路费来，令我们回国。在弟宁愿如此办，不甘贬落人格地在外乞怜过日子吃鸡肋，想都感无味。兄与书贻有何善计？书贻遨游意大利，不给弟一字，且于寄钱玩小手段"信口开合(河)①"，真该打。弟意一元五毛美金之寄费要他出如何？劳兄奔走询问，经受许多麻烦，多谢多谢。弟来德早有意，实指望来款便走，讵知此次来钱，只这一点小数，借人款须得还，欠的房租须得给，计已去了美金百五十元，留下二十元合法郎三百许，够甚用？尽已复入窘乡矣！纵令设法得路费，来到后又何以为生？眼见得娇养之计划，不得实现，恨极恨极！留在兄处之廿五元五毛，望扣除两次寄费，从速寄下。盖现在手中的三百许法郎，过一天少一天，若十日内不得余款，将立见枯槁耳！兄欠弟款虽曰为日太久，然以兄之负债比弟多，此次又仅得些须，弟不忍启齿也。守和兄已于昨日下午二时许离巴黎，先至比利时小住，即往德与兄晤面在即。弟已告以兄还款意，命出二百元之收条，谨尊见另纸。金甫兄与弟同居，他旬日来以全力攻法文，兼程并进，毕竟杨大哥老成。吴之椿亦在巴黎，千确万确，闻有人赠他以吊膀子大家之徽号，弟意多少当得，惟知道不多，算了罢不饶舌。此复，即候"阖安"？或"阃安"。

弟炳琳　　四月十四日

（此信为1924年）

① 编者改正。

周炳琳 1924 年 7 月 14 日致张国华、周仙霞函

介然①、荷妹②：

曩得大哥③转来惠书，并赠相片④，拜嘉，讫未复，至以为歉。你们得男，看相片知非凡品，以为慰。我落拓在外国⑤，固以读书为归，但常总觉得生活不丰富。去岁四月间到法以后⑥，因经济不充裕，未克旅行，常以为苦⑦。上月初得些钱，摒当行矣，又小病，至本月五日始离开巴黎，先游法之里昂，继来瑞士，此邦湖山胜景闻于全球，此次得亲游历，眼光不同，奖毁处不免略与人不同，但大致甚满意。今晚在赴柏林道中，旅中对月兴感，爰寄数语申意，详俟到德后再告。颂暑安！

炳　琳

［一九二四年］七月十四日

---

① 介然，即张国华（1893—1934）。黄岩人，保定陆军军官学校骑兵科第三期毕业，当时任浙军连长，后来在国民党军队中任至陆军少将。周炳琳的妹夫。

② 荷妹，即周仙霞（1900—1965）。黄岩人，周炳琳的妹妹。

③ 大哥，指周炳南。曾任上海中国公学商科大学庶务、江苏邳县公署收发主任、乐清警备队二营会计兼书记、南京特别市政府工务局特务员、浙江民政厅第四科事务员、杭州高级中学总务科事务员等。

④ 相片是指 1923 年年底张国华、周仙霞和他们的长子在上虞县五夫村寓所合摄的照片。

⑤ 从 1920 年起周炳琳经蔡元培的选拔和穆藕初的资助留学美国哥伦比亚大学、英国伦敦大学、法国巴黎大学，所以说“落拓在外国”。写此信后，他还曾留学德国等国。

⑥ 在法国，周炳琳在巴黎大学注册入学。

⑦ 民族资本家穆藕初以其在第一次世界大战中办纱厂的利润资助五名北大学生出国留学。大战结束后，纱厂受到西方垄断资本的竞争而亏本，留学生的经费也受到影响。后来，穆藕初将房产卖了，继续资助这些学生留学。

蔡元培1924年9月30日致罗家伦兼致周炳琳函

志希吾兄大鉴：

前月二十一日寄奉《中国与欧洲》稿一篇，奉托代译代读。二十三日又奉快函，请即发致穆君[①]电，想均达览。（二函均由比京发，穆君有复电否?）惟到此后（史太师埠），许楚兄[②]又转来惠函，催询穆君事，想系未接弟快函时所发也。现在诸事如何，至以为念，请随便复我数行。我已致穆君一函（挂号寄），措词甚婉，候复奉告。

英国退款用途委员会事，弟亦赞成推荐丁文江君。如丁君因矿务而不能来英，则以胡适之先生为最相宜。因适之先生现因肺疾，北大又准假一年，乘此机会转地疗养，亦甚好也。十一月间如国内战事平定，英国会当可奉行三读形式，尔时当积极进行。

北大预聘陈寅恪、俞大维二君之聘书已到弟处，惜遗在比京行箧中，稍缓寄上，请先致意二君。专此，敬祝

研祺

书贻[③]、梅生[④]二兄均此。

弟元培敬启　　九月三十日

（据蔡元培手札）

---

① 穆君，指穆藕初。1920年资助由蔡元培选拔的北大毕业生段锡朋、周炳琳、罗家伦、汪敬熙、康白情五人赴美欧留学。

② 许楚兄，指许德珩。

③ 书贻，即段锡朋。

④ 周炳琳，字枚荪，亦号梅生。

蔡元培 1924 年 10 月 6 日致罗家伦兼致周炳琳函

志希吾兄大鉴：

奉前月二十六日复函，知前寄演稿承兄与大维兄订正数点，并为译完，感甚。如胡代办肯代读，亦甚佳，因 K 博士本与胡君商量也。

穆君[①]复电极可怪。诸君所拟致蒋梦麟先生之电，请照发。至所属在欧洲暂借小款一层，恐不易得，容图之。

本月十六日至十八日，柏林有美学讨论会，弟亦被邀，然为经济及时间所限制，竟不克到会，不克与诸同学一晤矣，附闻。并祝

研祺

书贻[②]、梅生[③]二兄均此。

弟元培敬启　十月六日

（据蔡元培手札）

---

① 穆君，即穆藕初。

② 书贻，即段锡朋。

③ 梅生，即周炳琳。

何思源1925年3月13日致傅斯年、罗家伦、周炳琳、杨步伟、冯文潜

梦真、志希、梅僧①、云卿、柳漪兄：

弟之事无日不在 crisis 之中。两月以来，波浪涛天，难得安宁。一波不平，一波又起。现在弄的神魂颠倒，不知如何是好。

她叔父自被拒回家后，即疑惑她有其他之关系。终究是资本家老奸巨猾，走后暗布密探，不三日即发现我的行迹，忽然又来巴黎，遍搜她房中东西，遂找出我两人之信件及赠物。老头子不[大]②发雷霆，宁愿看他侄女死，也不愿看她嫁于中国人。一口咬定我是骗她，其他的说明及解释一概不听，他说若不是骗她，何不即是[时]与她结婚。他并不要求我即刻结婚，乃下定死心非驱除此骗婚之东方人不可，现在他恨中国人，即恨我之心深[入]骨髓，家中所有我的东西，无论一纸、一字、一书等任何物皆被焚烧，所有书籍页页都得过目，凡有中国字及我之笔迹者，皆在烧毁之列。他气的见神见鬼，每在街上遇见一个东方人，若说是我。

她虽说至死不变，然为难之状现于无形之中。当此时，她不愿即刻与她叔父决裂，怕他有精神及身体危险，（不忍十余年教养之恩），（我想若过激了，我的生命恐也在危险中，怕老头子下暗手）况我是一文无有，每日发生吃饭问题，幸她有时给我几个，不然非受饿不可，（现在我两人每日还可偷着见面，一次或二次）若即刻与老头子决裂，生活无着。

此事闹到什么田地，我也不知，她得否始终不变我也不知。现在她的出入、写信及打电话都不自由，老头子运用其全部势力与我争此一人，律师、医生、侦探等皆受其指挥，同时又有争风之人为之献媚，以减我两人之爱情。我的断定是大约若无其他爱情在内，即争风者不得风头，此四五千万法郎之家产买不动此人，老头子十余年之恩，也不足以阻止。

此种困难早已料定，但不知如此之难，又不知如此之复杂。往前一看，困难多得很，此仅是一个开端，我觉着将来不是乐观的。现在我是胡思乱想，患得患失，弄得很 suspicious。

生命如此之多事，爱情生命又如此之困难，实出人意料之外。在她那方面似乎

① 即周炳琳。

② 编者改正，下同。

不如是之吃苦,她是在[最]好最利的地位,数方面争着献媚,献情,她之性情开脱,思想单简[简单],即心中有苦,也不如我心中之繁杂。

对于我家中,我已写信去办(二月间),将来困难不知又到什么田地?总之,无论何种困难我都敢当,最后到不得已时,要命足矣。任何大的事,不斩两个头,这是我负责的 limit。

此颂

近祉

弟思源上　三月十三日

外有一信,请即加票付邮作平常信寄

(此信为 1925 年)

周炳琳1931年9月9日致郑天挺(毅生)改推燕树棠参加司法会议函

毅生兄:

本校出席司法会议代表,原请定戴君亮先生。上星期六,君亮先生与弟言,近来两手发麻,医生谓不宜旅行。适燕召亭先生接司法院秘书长谢冠生函要求赴京帮忙,访弟商应否前往。当与燕先生商定本校代表即改由彼任之。兹请陈明校长,并酌定用公文抑用电报报告司法院,弟意会期已近,用电报或较敏捷。措辞似可即以戴身体略感不适,医谓不宜旅行,改请燕往为言。即候
日安!

弟 炳琳 九月九日

(见《百年法学》,北京大学出版社2004年版,第151页)

蒋梦麟1931年12月22日致胡适、傅斯年函(涉及周炳琳)[1]

适之、孟真两兄:

我这回的离校,外面看来,似乎有些"突如其来",其实不然。枚孙和我两人,商量了不知多少回,才决定的。学校的致命伤在经费的积欠,教员的灰心。两位也知道好多教员,真是穷得没有饭吃。第一批学生南下的时候,我们两人已议决了把北大放弃不办。枚孙做事是很把细的,我有些粗心,但我能取断然的手段。我们两人商定了的不致大谬。当两位到校长室里来的时候,我已向两位暗示枚孙不回来了,孟真兄说他也是这样想,或许孟真兄也有点会意了的。

一个学校要办好,至少要有四、五年的计划。第一年的计划,不到三个月就破坏。现在简直今天计划不了明天,还有什么希望呢!

学生的跋扈——背了爱国招牌更厉害了——真使人难受。好好的一个人,为什么要听群众无理的命令呢!

北平的教育,非统盘筹算,是不易办好的。Bad money drives out good money(恶币驱逐良币),没有钱是没法办。这种学校每月用三十五万来维持,也觉得不大值得。李先生说,譬如养一师兵。我说办学如养土匪兵一样,不如不办。

枚孙和我都决计不回到北大来了。我校长也当厌了。我十数年来没有休息,现在也应该休息一年半载,才对得自己住。

今日已买到卧票,径赴上海。离平时未向两位告别,罪甚。

一年来承两位继续不断的帮忙,感激得很。这回决然弃去北大,亦请原谅。

我去年十二月十九日离南京北上,今年不期然而然的又同月同日离平,事岂先定!

梦　麟

[一九三一年十二月]廿二日天津发

---

① 蒋梦麟,当时为北京大学校长,胡适为文学院长,周炳琳为法学院院长。信中的枚孙,应作枚荪,即周炳琳。

周炳琳1932年11月23日致胡适函[①]

适之先生:

向市党部申请登记件昨已携交。据云应填两纸(指上下行之申请书而言),琳已嘱市党部宣传科向市公安局取空白,送琳转交先生补填。但先生日内即将南行,若能请社中黎君今日即去取得此项空白交先生补填一纸,当较为迅捷。如何?乞裁夺。

候安!

周炳琳

[一九三二年]十一月二十三日

① 1932年胡适、丁文江、蒋廷黻、傅斯年等学术界著名人士在北京组织"独立评论社",筹备创办《独立评论》周报。当时周炳琳任北京大学教授兼法学院院长,同时兼任国民党北平特别市党部委员,因此胡适托他协助办理"独立评论社"及《独立评论》周报的立案和登记等手续。后来,《独立评论》周报创刊后,周炳琳曾在该刊撰写文章。1936年11月,由于周炳琳的《冀察现局》一文和张奚若的《冀察不应以特殊自居》一文,使《独立评论》受到"立即停刊"的处分。

周炳琳 1933 年 2 月 6 日致胡适函[①]

适之先生：

《独立评论》立案事，昨得朱云光兄复信谓早已办出，望差人到市府一询。原信附上。

关于党部误谓民权保障同盟北平分会非法事，琳今天在党部纪念周讲演“党治与法治”，有所辩正。讲演稿如今晚送到琳处时间尚早，当专差送上。望先生勿再对记者发表谈话，琳生怕尤其是某报记者兴风作浪也。先生试忆如有记者为党部昨日辩驳先生前日谈话，曾找先生征询意见，而先生亦曾表示意见，望即电话嘱咐勿予发表。

骑两只马的人如琳，惯会发生滑稽的事情，自笑，想先生亦笑我也。

候安！

炳琳上

［一九三三年］二月六日下午七时

① 周炳琳当时既为北京大学教授兼法学院院长，又为国民党北平特别市党部委员，所以自称“骑两只马的人”。本信说明周炳琳在协调胡适等学术界著名人士和国民党的关系上，颇费苦心。不久以后，胡适等人都通过周炳琳的介绍和联系，一一被拉入蒋介石的统治集团。

戴修瓒 1935 年 3 月 12 日致周炳琳函

枚荪院长赐鉴:

敬启者:本系自我公长院以来多所兴革,学生风纪及在学成绩已较昔年为进步,惟部定课程似尚有可议之处。现值教育部修改学则,亟应早速研究,以便向部建议。查近年日本官私各大学于法律教育之设备及教材颇有变更。如法律哲学一门,旧时虽知注重,而于既成法之原理原则是否尽符哲理,则又不知研求,日本学者近有主张仿德国柏林大学先例,增设法律学概论讲座,藉求两者之沟通。现在日本各大学已否实行此项计划,其效果又如何,殊有调查之必要。又法律系随社会之进展而变化,研求既成法之合理性格不能不取径于历史,各国于法制史一学科虽已成绩斐然,而于立法思想方面似尚未能为纯史学的研究。现闻日本各大学间有增设法史学讲座者,其教材如何搜集亦应调查以资借镜。又法律不能网罗世事而无遗,故其本身即有缺陷,在成文法之国家固应从静的方面探讨既成法之义理,但亦应兼从动的方面研究立法政策,庶不致穷于应付。弟所谓动的研究,现能独立成为学科者,仅有刑事政策学、犯罪学、劳动法学、经济法学等数种。而经济法学究以非常之经济问题为研究对象,抑以平时之经济事项为研究对象,学者不一其说,是此项学科之范畴根本即未确定,若再以上述诸学科与既成之公私法规互相比对,则如公法内之诉讼行政以及私法内之人格身份等法,显尚无较有体系之立法政策可以探讨。日本各大学于此项切要问题似亦在研究解决之中,亟应调查其情况并咨询各专家意见以资参考。再日本民刑诉讼法改正后其实施情况如何,尤与司法人才之训练有关,亦应详晰调查,留作诉讼实务之教材。惟本系各教授均任有讲座,无暇担任此项调查工作。查本系助教张守正品学俱优,于诉讼法一学科尤有心得,拟令张助教支领原俸,前往日本调查,并就其研究之学科搜集资料,似属一举两得,用特缕陈原委以备采择,可否派遣张助教出国调查之处伏候鉴核,如蒙允准并恳转请校长核示遵行。肃颂

教祺

法律系教授会谨启

戴修瓒

二十四年三月十二日

(据北京大学档案馆收藏本函原件)

周炳琳 1935 年 3 月 13 日致蒋梦麟推张守正赴日留学进修函

孟邻校长：

前陈关于派法律系张助教守正赴日本调查法律教育，并就其研究之学科搜集资料之意见，兹接法律系教授会公函，嘱转恳，核示原件附呈乞鉴核示遵。

周炳琳敬上

廿四年三月十三日

（北京大学档案馆收藏，见《百年法学》，北京大学出版社 2004 年版）

北大师生1935年9月7日联名向蔡元培赠屋祝寿函[①]

孑民先生:

我们都是平日最敬爱先生的人,知道明年一月十日是先生七十岁的寿辰,我们都想准备一点贺礼,略表我们敬爱的微意。我们觉得我们要送一件礼物给一位师友,必须选他所最缺少的东西。我们知道先生为国家、为学术,劳瘁了一生,至今还没有一所房屋,所以不但全家租人家的房子住,就是书籍,也还分散在北平、南京、上海各地,没有一个归拢庋藏的地方。因此,我们商定这回献给先生的寿礼,是先生此时最缺少的一所可以住家藏书的房屋。我们约定这次赠送的参加,由个人自由决定,任何人的赠送都不能超过一定低微的数目,而且因为时间和地点的关系,对于先生许多的朋友、学生,并不及普遍的通知。可是各地的响应,已超过了我们当初的期望。

现在我们很恭敬的把这一点微薄的礼物献给先生,很诚恳的盼望先生接受我们这一点诚意!我们希望先生把这所大家献奉的房屋,用作颐养、著作的地方;同时,这也可看作社会的一座公共纪念坊,因为这是几百个公民用来纪念他们最敬爱的一个公民的。我们还希望先生的子孙和我们的子孙,都知道社会对于一位终身尽忠于国家和文化而不及其私的公民,是不会忘记的。

我们很诚心的祝先生的健康和先生一家的健康!

① 北大同学周炳琳、段锡朋、罗家伦等发起向蔡元培赠屋祝寿活动,参加的北大教师有蒋梦麟、胡适等人,见《蔡元培先生日记·1935年9月12日》。

蔡元培1936年1月1日答谢北大师生祝寿献屋函

接二十四年九月七日惠函。拜读以后,惭悚得很!诸君子以元培年近七十,还没有一所可以住家藏书的房屋,特以合力新建的房屋相赠;元培固没有送穷的能力,但诸君子也不是席丰履厚的一流:伯夷筑室,供陈仲子居住,仲子怎么敢当呢?

诸君子的用意,在对于一个终身尽忠于国家和文化而不及其私的公民作一种纪念,抽象地讲起来,这种对于公而忘私的奖励,在元培也是极端赞成的。但现在竟以这种奖励加诸元培,在元培能居之不疑么?

但使元培以未能自信的缘故,而决然谢绝,使诸君子善善从长的美意无所藉以表见,不但难逃矫情的责备,而且于赞成奖励之本意,也不免有点冲突。元培现愿为商君时代的徙木者,为燕昭王时代的骏骨,谨拜领诸君子的厚赐。誓以余年,益尽力于对国家对文化的义务,并勉励子孙,永永铭感,且勉为公尔忘私的人物,以报答诸君子的厚意。谨此申谢。敬祝诸君子健康!

二十五年一月一日　蔡元培敬复

傅斯年1936年3月19日致蒋梦麟、胡适、周炳琳函

孟邻、适之、枚荪三先生①：

别来半月余矣，未知近况何似？

到此之次晨，书诒②来，即将孟邻先生所示者告之。书诒云，想法子去。是晚，在教育部吃饭，雪艇③云，两事（一、已捕而情节轻者释之，重者解京。二、勿办所谓教育委员会）已由冯焕章④、石敬亭⑤分别电北平。斯年忙且小病（伤风），至今未奉闻，为歉为歉。

此时北平情形不知何样。今日报载《晨报》接收，此辈又多一地盘矣。学校情形如何？枚荪便中乞惠我一信。

此间情形，实在烦人，某巨公专挑不相干的事做，大计则谈不到。而且毫无消息，远不如北平灵通（我也不曾出去打听过）。

所中事极忙⑥，恐非一二月不能就绪（几个人工作），四月末或五月初当北上小住也。余续白，敬颂

日安

斯年谨上

［一九三六年］三月十九日

---

① 孟邻，即蒋梦麟，当时任北京大学校长。

② 书诒，即段锡朋，是周炳琳最亲密的同学和朋友，曾任南京国民政府教育部政务次长等职。解放前病逝于上海。

③ 雪艇，即王世杰，原北京大学政治系教授，离校后任蒋介石的秘书，正式名义是“军事委员会参事室主任参事”，还曾任教育部部长、国民参政会秘书长、外交部部长等职。

④ 冯焕章，即冯玉祥，曾任军事委员会副委员长。

⑤ 石敬亭，西北军出身，北伐后，孙良诚任山东省主席时，因故未能到任，曾由石敬亭代理省主席职务。

⑥ 傅斯年，北京大学毕业生，山东省官费留学英国、法国等国。回国后任中山大学文学院长，并在该校创办语言历史研究所。后来，将此研究所迁往南京，并入中央研究院，改名历史语言研究所。此处所说的“所中事极忙”当指历史语言研究所，傅斯年任所长。抗战胜利后曾任中央研究院院长，并曾一度代理北京大学校长。

毛泽东 1936 年 11 月 2 日致周炳琳等教授的感谢函

各位教授先生们：

收到惠赠的各物（火腿、时表等）①，衷心感谢，不胜荣幸！我们与你们之间，精神上完全是一致的。我们的敌人只有一个，就是日本帝国主义，我们正准备一切迅速地进到团结全国出兵抗日，我们与你们见面之期已不远了。为驱逐日本帝国主义而奋斗，为中华民主共和国而奋斗，这是全国人民的旗帜，也就是我们与你们共同的旗帜！

谨致

民族革命的敬礼！

毛泽东

［一九三六年］十一月二号

（见《毛泽东书信选集》，第 84 页）

① 周炳琳夫人魏璧、许德珩夫人劳君展都是早期新民学会会员，1935 年底，她们得悉毛泽东等已到达陕北，特从周炳琳、许德珩等教授处筹集经费，买了三十多双布鞋、十二块怀表和十几只火腿，委托中共北京地下党的徐冰、张晓梅设法送到陕北。许德珩（1890—1990），周炳琳的密友，周曾多次介绍或聘请许到北京大学政治学系来任教授。抗战前，许德珩因积极从事抗日民主运动，曾被北京大学解聘。1946 年周炳琳又聘请许德珩回到北京大学政治学系任教授。新中国成立后，许德珩任政协全国委员会副主席、全国人大常委会副委员长、九三学社中央主席等职。他们向毛主席等人赠送火腿、怀表、布鞋这件事，编者曾听魏璧和劳君展说起过。

傅斯年1937年1月3日致蒋梦麟、胡适、周炳琳函[①]

梦麟、适之先生，枚荪兄[②]：

昨日下午五时到京，倦极，未出门。雪艇兄来谈，他仍是他的见解，我仍是我的见解！我这次到北平，想不惹得人疑鬼疑神，其实还是上次往保定之故事，一人做一人的主意，是临时高兴，既不是有何等使命，尤不作侦探也。

今日仍倦，未能找消息灵通者。惟晤端升[③]及经管军事交通者。所得局势大致如下：

一、张之随蒋出也，是其自动。[④] 蒋谓何必，张坚谓同来（此是此贼之有能力处）。内中与宋[⑤]究有何约，至今仍无人知。宋初返时，长行政院之说甚盛，继以此间空气对宋极恶而罢。蒋之一再请辞，其中实有作用。张到此后，住宋宅，全山警备，皆由 cadets［军校学生］为之。此时 cadets 竭力保护他，不许人骂他。程沧伯［波］为此挨骂，愤而辞职未准，现在往常州玩去了。张遇人便见，满不在乎。最近因军法审判，生气得很。“家族”、“外戚”、“部曲”皆一致保护之，称赞之，安慰之。蒋本人除辞职外则沉默。张现在“羁拘”在陵园孔宅，[⑥]受裁判“by definition”［就其本义而言］。

这样看起来，是要妥协了。

然而又有确切消息，除原有军队未撤外，又运去六师连夜前往。我听这消息，大为兴奋。

或者要有一个 major clash［重大冲突］。

专颂

---

① 此信原未署明日期，根据傅斯年1937年1月4日致蒋梦麟、胡适、周炳琳的“绝密”信件推断，当写于1937年1月3日，信中谈到西安事变后蒋介石的所作所为等。

② 傅斯年与蒋梦麟、胡适是北京大学学生和老师的关系，所以称“梦麟、适之先生”。傅斯年与周炳琳是北京大学同学关系，所以称“枚荪兄”。

③ 端升，即钱端升，清华毕业留美。曾任清华大学教授、北京大学教授。新中国成立后接替周炳琳任北京大学法学院院长。

④ 张，指张学良。蒋，指蒋介石。此句说的是西安事变后，张学良主动送蒋介石回南京一事。

⑤ 宋，指宋子文。

⑥ 孔，指孔祥熙。张学良送蒋介石回南京后，先住宋子文公馆，后被软禁于孔祥熙公馆。

日安！

斯　年

[一九三七年一月三日]

看来蒋之去浙，似仍是两管齐下法，大包围，然后讲价也。

傅斯年1937年1月4日致蒋梦麟、胡适、周炳琳函①

Absolutely confidential[绝密]

昨日写之信正拟付邮，而一友人来访（老辛也）。此君当日自西安飞来，甫下机，闻其所云，大与昨日所闻者不似。此君实不知西安内幕，然既住西安三日，自知西安最近空气也。大略如下：

一、街上标语有“庆祝张、杨二将军政治主张成功”、“拥护蒋委员长领导全民众抗日”等等，不脱抗日，而绝口不谈共产。

二、大家皆云联合战线，故不知谁是共产党。

三、晤杨贼，甚高兴，云做得粗鲁，但从无一字悔其主张。

四、周恩来晤蒋二次，第一次蒋一语不发，第二次谈得甚好。（此事弟已在此间得到 confirmation[证实]）西安遍传蒋云“终身不内战”。

五、蒋之行也，实共党主持之（此事亦 confirmed[已证实]）。

六、陕北、陇东，张军与共党相互照应。

又：昨日西安放出飞机一队，尚有一队数日内可放也。此事自与中央追兵相矛盾，然只是表面的。

总之，西安空气是蒋答应了一切。

老辛走后，我思之又思，觉其中大有文章，虽西安空气过实，然确有 nucleus[核心]。

今日晤到若干友人（尚未晤到我[们]的“消息灵通者”及咏霓②），知西安空气颇有不少根据。盖共党之主张放蒋，坚谓不赞成张之扣蒋，是事实（此事弟早料到）。蒋晤周，亦事实。周谓“此时非全国在蒋先生领导下抗日不可”，亦事实。周又谓取消中国苏维埃，红军改番号，与张、杨军守西北以抗日。看来此时共党已接受 Moscow[莫斯科]命令，而表面上做得如情如理。

关于蒋之态度，到此只谈军纪，从无一字谈政治，大可注意。蒋在西安决未签任何字，但在当时情况下，有 favorable[同意]之表示，似乎甚在情理中也。然此亦 expediency[权宜之计]，至此后如何办，另一回事。

---

① 此信是傅斯年1937年1月4日写给蒋梦麟、胡适、周炳琳的绝密信件，信中要求“看后焚之”。绝密信中通报了西安事变的情况以及西安事变后南京的情况，也表述了傅斯年本人对政治和形势的看法。

② 咏霓，即翁文灏，曾任北洋政府地质调查所所长，清华大学代理校长，南京国民政府行政院秘书长、副院长、院长等职。

目下之实际问题，乃东北军及陕军约十五万，合以赤军，共二十万，兼以地形之便利，如何打去，故此间大费踌躇，有人觉得一打便不可收拾。

但我以为如不打亦不了，如真形式的收编红军，使此二十万悉拥西北国际路线，则西北五省只等于东北四省。如真有政治之契合，则冀察必立时变，日本必立时进兵，吾国之准备不及用矣。如此一大阵，中央军必于半年内消耗其半，此时华北必尽失，而南方必为共产之天下，故我认为此路绝不可通也。我们对日之办法，我以为任何地方有事即抵抗，然除非万不得已时，此时不必扩大，一俟准备稍充（军事的，外交的），则准备作 major clash［重大冲突，下同］。若日本先以 major clash 来迫，自当应之。总之，抗日与上吊不同，中国共产党所迫政府者，是上吊，非抗日也。此时看来，英国一条路，大可有用处，如此时先沉淀出一 major clash，则俄国必先动手然后可，否则即就彼等之"国际阵线"言，亦至无谓也。

在此情势之下，非各方看清，不易着手。为国家计，东北军非分化出陕西，则国事不可为也。此时蒋作何打算，恐甚少人知道，但又调兵前去，则事实也。明天再谈。

此信乞交奚若[1]兄一看，看后焚之。

年

［一九三七年］一月四日半夜

---

① 奚若，即张奚若。清华大学政治学系教授，国民参政员。新中国成立后曾任教育部部长、中国人民外交学会会长、政协全国委员会常务委员等职。

傅斯年 1937 年 1 月 7 日致蒋梦麟、胡适,并转周炳琳、张奚若函

梦麟、适之先生:

张[①]之处分,似尚得宜。据闻(确切消息)审张之日,张作一个政治研[演]说,大骂南京政府及“蒋先生左右”,自何[②]至政学系、银行家,等等,谓蒋好而南京太坏,彼如在一日,必拥护蒋,亦必打倒南京政府云云。此演说把审判长 greatly impressed[大大地感动了]。

事为 Generalissimo[委员长,下同]所闻,甚气,谓:“不放这小子回去。”所谓“管束”有三端,即居处、见客、通信皆不得自由也。

Generalissimo 在秦,晤周恩来两次。第一次不发一言,听周演说。第二次谈得很高兴。大约此时正在“孝堂山”想这问题。

此信乞交枚荪,奚若二人一看,看后焚之耳。

问安!

斯年

[一九三七年一月]七日

① 张,指张学良。

② 何,指何应钦,当时是南京国民政府军政部部长。

周炳琳 1937 年 6 月 6 日致胡适函[①]

适之先生：

日前应邀到庐晤蒋，所谈颇多。要点与《大公报》五日所载对记者谈话之内容无甚大出入。这位记者便是张季鸾。琳与蒋并有一次个别谈叙。他表示上次先生到南方，未得晤面，深以为憾；并知道先生将出席世界教育会议，甚盼行前能到庐一畅谈，意甚恳切，并谓将亲函先生邀约。此与广大会谈系两件事。唯会谈或将分三次，期间是七月十五至八月十五。先生能于七月初到庐一游甚佳。如何望赐示，将据以先电告。教部内事[②]，以到此仅达二周，且一周之时间不在此，尚未知悉清楚，无何足告者。专肃，即候

教安！

周炳琳敬上

廿六年六月六日

---

① 1937 年经国民党元老，前北京大学校长蔡元培的推荐，周炳琳于 5 月间出任南京国民政府教育部常务次长，当时的教育部长为王世杰。6 月应邀到江西庐山会见蒋介石，其中并有一次“个别谈叙”。谈叙中蒋介石嘱周炳琳约请胡适到庐山与蒋会晤及畅谈。

② 此时周炳琳任南京政府教育部常务次长。

周炳琳1937年6月22日自教育部致赵廼抟函

廉澄[①]我兄如晤：

六月十八日惠示，诵悉。

经济系因缜略[②]兄将休假出国研究[③]及弟南来[④]，已觉空虚。现又有宜来[⑤]兄南行，就信托局事。兄焦虑，弟亦焦虑，计唯有亟图补充。但此诚非易事。弟到此后[⑥]，欲进行，苦于无适当者，或所专科目不相当，因是迄未有消息报告兄。会计方面，需要尤大，望兄速计议在平[⑦]觅人，或专任或兼任，之门路。原拟补充一货币银行方面之专任教员，五月间曾电林霖君；询能否来校任副教授；久未得复，最近始由内人[⑧]转来林电，谓已就某事。日前与何廉[⑨]君同赴庐山[⑩]，与谈及。渠谓现在华盛顿，于货币银行及经济统计深有研究，写过中国银问题一书之Y. F. Leong君或能返国就教职。弟已向其取得梁君在华盛顿之地址。兹拟就——由校长出名之电稿，提示待遇条件，征询是否愿就，望兄斟酌，如可行，即与毅生[⑪]兄商发。林霖君回电兹附上，望阅后，并交毅生兄。然梁君究能来否，亦殊未敢必。颇闻中研院社研所曾邀他，他回电谓不能摆脱在美现任事。但据何廉君说，则谓他曾表示欲到大学教书，北大请他，如待遇较好，或能来。兹姑试为之。其人在Brookings Institute[⑫]与Monlton等同做研究工作，其所作书弟亦曾在政治学会图书馆略略翻阅，大概是一把好手。故提示的待遇不能不高。同时望兄与侯伦北君一商，能否来校专任为副教授。如侯君肯答应，亦属补充之一法。望兄先一探询，如何即函示。如兄别有所见，可以进行者，亦望急速进行。总之，我们须集全力解决此难关。

---

① 即北京大学经济系主任赵廼抟教授。

② 即秦瓒教授。

③ 不久抗战事起，未去成。

④ 周炳琳原为北京大学法学院院长，法学院下设法律、政治、经济三系，1937年经蔡元培先生推荐出任南京政府教育部常务次长。

⑤ 即卓宜来。

⑥ 指就任教育部常务次长后。

⑦ 指北平。

⑧ 即魏璧女士。

⑨ 南开大学经济研究所所长、教授。

⑩ 参加庐山暑期谈话会。

⑪ 即郑天挺，北大秘书长。

⑫ 布鲁金斯研究所。

研究所[①]经济学部无论如何，必须开办，望早为计议。预算前毅生兄来函，总可想法。添助教一人，兄可主张。总之，望兄一切主持，与毅生兄商办，当无不允也。

经济系本届毕业生出路问题，近来接洽情形如何，念念。姚曾荫君已得陶孟和[②]先生允许容纳。当有林家琏、萧垚松二人亦函弟设法，而陶先生处见姚君[③]成绩优良，似有可以再由北大选一人之可能。但需要财政方面的。望兄示知林萧二人是否以财政为论文题，其平日成绩实况如何。望请沈大政君到注册组取得二人之历年成绩单寄弟，并检寄二人之论文与弟。此事成否未能必，请勿即告知本人。又前谓介绍一二人到浙，近来情形如何，盼并示及。

弟依然想回平一行。但何日能行，目前当不能有定说[④]。庐山暑期谈话会，兄与裘阆辉兄均被请。彼时弟或亦到山[⑤]，冀能一叙。

匆匆，即候

近安！

嫂夫人[⑥]前致候。

弟炳琳上

廿六年六月二二日

① 北大社会科学研究所周炳琳教授兼所长。

② 中央研究院社会科学研究所所长，新中国成立后任中国科学院副院长。

③ 指姚曾荫。

④ 十五天后，七七抗战爆发，未能回北平。

⑤ 指庐山。

⑥ 指骆涵素教授。

周炳琳等1939年12月17日致胡适的祝贺函

适之先生：

今天是学校的生日，也是先生的生日。我们忘不了先生的生日，也如忘不了学校的生日一样。我们刚开过纪念会就写这封信来庆祝先生的生辰。

北大四十一周年纪念日　在昆明

蒋梦麟　梅贻琦　杨振声　罗常培
赵　淞　陈贸若　陶曾榖　赵廼抟
罗　庸　郑天挺　周炳琳　章廷谦
魏建功　陈雪屏　邵德厚　潘家洵
周作仁　樊际昌

江泽涵1945年9月3日致胡适函(涉及周炳琳)[①]

适之兄：

…………

今日是胜利日，北大的事真是千头万绪，不知从何说起。蒋校长来昆明宣布他要辞职后就回重庆了[②]。他是说你回来继任。他曾要锡予[③]师代理校长，锡予师坚决的拒绝了，现在还是无人负责。本来学校的事都在毅生[④]兄一人手中，他今日飞重庆，听说教育部派他去北平，不知道他真去北平否？现在可以负责的人只有枚荪兄与锡予师在昆明。(枚荪兄似不肯居负责的地位，因为他反对蒋校长兼职颇烈。)我觉得你做不做校长关系不大，但是你越能早回北大一天，于北大的好影响越大。凡是与北大有关的人几乎全体渴望你回来。不知道你究竟能否提早回国，我

---

① 江泽涵，哈佛大学博士，北京大学数学系教授兼主任。新中国成立后，还兼任中国科学院学部委员、中国数学会副理事长等职。他是胡适夫人江冬秀的弟弟。本信中谈到周炳琳等不赞成蒋梦麟在担任行政院秘书长的同时兼任北京大学校长，并劝胡适回国任北京大学校长。

② 蒋校长是指北京大学校长蒋梦麟，他在担任南京国民政府教育部长时曾亲手订下了“大学校长不得兼任行政官吏”的规条。抗日战争后期，蒋梦麟在重庆担任了行政院秘书长的行政职务。当时他是西南联合大学三位常务委员之一，并不到校工作，西南联大校务由清华大学校长梅贻琦常务委员主持，所以矛盾尚不突出。1945 年抗日战争胜利后，西南联大准备迁回华北，恢复北大、清华、南开三所大学的建制。这时，北京大学校长的人选问题才成为一个迫切需要解决的尖锐问题。蒋梦麟自己仍有兼任北京大学校长的意愿，可是北大同人几乎都不赞成。于是，在昆明的北京大学元老周炳琳(法学院院长)、汤用彤(文学院院长)、张景钺(生物系主任)、毛子水(图书馆馆长)四位教授，联名去电美国向胡适反映北大教授们的意见。电文中劝他回国“臂助”蒋梦麟校长，实际上有请他回来任北大校长的意思。他们认为当时只有胡适能够改善北大，并影响全国大学。

1945 年 8 月 7 日蒋梦麟一度回到昆明，召开北大教授茶会。会上他说：重庆政府要员、北大校友朱家骅、傅斯年两先生劝他辞去北大校长职务，因为他如兼任北大校长，就违反了他手订的大学组织法。他说：他从前未想到此点，所以打算兼任，现在他觉得必须辞职了。他还说：大概要胡适来做北大校长，在胡适自美回国前，要派人代理校长。会后，他就飞回重庆了。

关于由谁来暂时代理北大校长一事，论资历和在北大的地位，必将落在周炳琳和汤用彤的头上。由于周炳琳是反对蒋梦麟兼任校长最坚决的人，自然不宜出来担任代理校长，所以他不肯担任。蒋梦麟曾要汤用彤代理校长，在这种形势下，汤也坚决地拒绝了。后来，终于在校外请傅斯年回校暂代校长，直到胡适 1946 年秋回国就任北大校长。

③ 锡予，即汤用彤(1893—1964)。留学美国明尼苏达大学，先后任北京大学哲学系教授、文学院院长。新中国成立后，任北京大学校务委员会主席、北京大学副校长、中国科学院哲学社会科学学部委员等职。

④ 毅生，即郑天挺(1899—1981)。北京大学毕业，历任北京大学讲师、教授、秘书长、文科研究所副所长等职。1952 年我国高等学校院系调整后，先后任南开大学教授、历史系主任、副校长、顾问等职。

们只怕北大仍旧敷衍下去，不能趁此整顿振作，未免太可惜了。

弟泽涵

［一九四五年］九月三日

圭贞、丕桓等同候①

---

① 圭贞，即蒋圭贞，是江泽涵的夫人。学数学，新中国成立初曾在中国人民大学和北京大学教数学一个短时期。丕桓，即江丕桓，是江泽涵之子，新中国成立后在中国科学院任研究员。

汤用彤 1945 年 9 月 6 日致胡适函(涉及周炳琳)

适之先生:

多年未具函问候起居,然常在念中。前孟邻先生自美返国就政院秘长,北大同人因复校之期不远,校事须加紧策进,极欲先生返国为孟邻先生臂助,因有枚荪及弟等四人之电。此举用意并非对孟邻先生有所不满(其时亦未知校长将辞职)。至孟邻先生所以坚持辞职的缘故,实因"大学校长不得兼任行政官吏"之规条,乃其任校长时所手订。当蒋先生自渝返昆召集教授同人宣布辞意时,措辞极诚恳坚决,同人闻悉之下,神志黯然,盖惜其去而知其不能留也。近得泽涵转示先生赐示,知台端因接前电而有所启示,至为感激。但前孟邻先生在渝尚未返校宣布辞职时,昆明即传言其有辞意。弟与景钺兄曾上校长一书劝阻。其中有曰:

> 溯自 先生长校以来,在北平时代,极意经营,提高学术水准,成效彰著,……在抗战八年中,三校合作,使联大进展无碍,保持国家高等教育之命脉。此中具见先生处事之苦心,有识者均当相谅。

此所陈二点,虽未能如来谕所言之亲切,但其意相同也。弟等虽愚,实尚未如先生所云走入迷途也。

成事不说。现政府已任先生为北大校长(未到任前由孟真[1]兄代理),同人知悉,莫不欢欣振奋,切望台端能早日返国到校。弟以为今后国家大事惟在教育,而教育之基础,尤在领导者具伟大崇高之人格,想先生为民族立命之心肠当一如往昔,必不至于推却万不应推却之事也。

孟真在重庆,毅生已到重庆,景钺不日出国赴美(理学院事切盼树人[2]兄即返主持),枚荪言当另上函。至一切校务,孟真到后自有详细报告,不赘。

……专此,敬颂

著祺!

弟汤用彤顿

〔一九四五年〕九月六日

---

① 孟真,即傅斯年。抗日战争胜利后曾代理北京大学校长,直到 1946 年秋胡适自美回国。

② 树人,即饶毓泰(1891—1968)。早年留学美国。历任南开大学物理系教授兼主任、北京大学物理系教授兼主任、北京大学理学院院长、中国科学院数学物理学化学学部委员、全国政协常务委员等职。"文化大革命"中因受迫害而上吊自尽。

江泽涵1945年9月14日致胡适函(涉及周炳琳)[①]

适之兄:

你的八月廿九日的信,本月十一我就收着了。我立即送给周、汤、张、毛四位[②]看,毅生兄已去渝往北平,我抄了一份赶寄去渝,即抄一部分寄冬秀姊[③]。

你长北大已有命令。你在国外若电辞,恐怕发生周折,于北大很不利。此事经过据我旁观,约如下:梦麟先生做官而兼校长,几全体不赞成。有些人以为他将来回来,暂时北大敷衍过去,也未尝不可,但这只是与他最接近的少数人,多数人很痛恨战时北大敷衍的不当。枚荪、孟真二位则从大道理上说,非要你来任校长不可。孟真先生我并未会见,枚荪兄说过这些话:"劝适之先生回国与劝他回国任校长,看作是同一件事,不容易分开。现在蒋校长做官了,中央研究院又有代理院长,这是适之先生任校长的一个最好的机会。"他的理由是:"现在是最重要的时期,只有适之先生能来改善北大,并影响全国大学,这就像以前蔡先生的时候一样,别人不能当此任。"他以为:"蒋校长的兴趣不在大学教育。战时他对北大的事不问,但他每日忙着招待无关重要的外国人同云南的显要,可见他的兴趣所在。适之先生也无法推避,正如周鲠生[④]先生不能不去武汉一样。"

校内的空气如此,一个最重大的原因,是校长避免与教授接谈,当然与学生更无关系。蒋校长绝对不看教授,教授也只极少数去看他。只有一个校务会议,起初不选举代表,被教授逼迫多时,选出代表,但不肯开会。好像每年有两次会,就算稀有的事。开会时总设法阻止多谈。校长从远处回来,有时有个茶会,或校庆时有茶会,但在这种会中,毅生[⑤]兄总做出难堪的样子,叫人唱戏或想别种办法闹一阵而散。这种情形过去特别显著,近一两年好些。所以有人说蒋校长当红十字会长后,精神好多了。盼望他做更大的官,精神可以更好些。这原因的原因何在?我觉得:

---

① 这封江泽涵致胡适的信,说明蒋梦麟校长早已脱离了北大的教授群众。周炳琳于1945年反对已就任行政院秘书长的蒋梦麟回北大兼任校长这件事,是得到广大北大教授们的赞同的。

② 周、汤、张、毛四位,乃指周炳琳、汤用彤、张景钺、毛子水四位北大元老。他们不久前曾联名去电劝胡适回国及回北大工作。

③ 冬秀,即江冬秀,是胡适的夫人,也是江泽涵的姐姐,故称冬秀姐。

④ 周鲠生(1889—1971),法学家。留学日本、英国、法国,获法国巴黎大学法学博士学位。历任北京大学教授、武汉大学教授、系主任和教务长。1945年任武汉大学校长兼政治学教授。新中国成立后,继续担任武汉大学校长。1950年调任外交部顾问,并任中国人民外交学会副会长、第三届全国人民代表大会常务委员会法案委员会副主任委员等职。

⑤ 毅生,即郑天挺,曾长期担任北京大学秘书长,主管全校行政事务工作。

(一)他的夫人与多位谈不来。[①](有警报时他们与枚荪兄、树人师、景钺、今甫兄在乡下同住一院子。[②] 我幸而在另一乡下。)(二)毅生兄遇事敷衍对付,他是管理北大一切事务的人。我从来未公开表示我的意见。枚荪兄有一次问我,我只空洞地说:"从前提倡民主与科学,那时国内样样学问空虚,难以有大成就。现在时机好,各种学问都已有进步,所以更需对于教育有眼光有见解的人领导。"所以具体地说,我对于枚荪兄的理由是很赞成的[③]。

…………

联大第一学期十二月中结束,第二学期明年四月中结束。因为交通的缘故,大家都以为明年四月后才能离开昆明。我们一家人都平安。昆明物价已跌落一半以上,还每日跌落,这一年的生活总可以舒服一点。我已不能出国。立夫师、景钺兄月内可成行。思杜与祖望有回国的希望否?望他们直接写信去绩溪。

子水兄很不以你的来信的话为然,他说要写信给你。听说他正在替周、汤诸位起稿。[④]

…………

弟泽涵

〔一九四五年〕九月十四日

圭贞、丕桓等同候

① 蒋梦麟校长的夫人是陶曾榖女士。她的官太太的架子十足,在生活上搞特殊化,十分脱离北大的教授群众。傅斯年在1945年10月17日致胡适的信中说:"北大的事,是因孟邻先生到行政院起来的。他这几年与北大教授感情不算融洽,总是陶曾榖女士的贡献,大家心中的心理是'北大没有希望'。"

② 抗日战争时期,北京大学迁到云南昆明,与清华、南开联合组成国立西南联合大学。云南省主席龙云将他在昆明城内绥靖路大宅的东部院落让出给北京大学教授们和校长居住,这就是大门开在才盛巷的北京大学办事处。蒋夫人占有了其中最好的房屋,并有龙云赠送的专用小轿车。不久以后,敌机空袭频仍,北大又在昆明北郊距城约十里的岗头村建造宿舍,供教授们躲警报时长期居住。在那个院子里,蒋夫人住的是唯一的三间大瓦房,而教授们住的都是小茅草屋,他们有:周炳琳、饶毓泰、张景钺、杨振声(号今甫,文学教授,曾任山东大学校长)、吴大猷(物理学教授,后任台湾"中央研究院"院长)、赵迺抟(经济系教授和系主任)、孙云铸(地质系教授和系主任)、周作仁(经济系教授)、章廷谦(中文系副教授)等。

③ 在这里,江泽涵表示十分赞成周炳琳要求蒋梦麟辞职并请胡适回国任北京大学校长的理由。

④ 这里说的是毛子水在替周炳琳、汤用彤、张景钺和毛子水四人起草联名写给胡适的信。

罗常培1945年9月22日自美国致胡适函(涉及周炳琳)[①]

适之先生:

…………

先生去国后,北大事实上已失去学术重心,要想复兴,须恢复民八至十三以前,或二十年至战前的学术空气。各系须整顿者外语、法律、地质、化学……均须考虑。国文系文学组先生不可不亲自领导。建功[②]中途离校,也许是沈兼士所说"姑奶奶脾气",但望先生说明是我的意思请他回去。兼士是苦节孤忠,全活留平一部分朋友的名节,非其他某派某系可比,应由先生斟酌,请其回校。凡参加伪校者,即知堂亦在不赦[③]——请先生万勿留情。事务方面毅生确系柱石,但教务非换一个人望所归的不可,枚荪似最适宜[④]。培植后进的意思,仍望先生筹一具体办法。在过去五年内为"吾道"四布起见,由我荐至各校任副教授或讲师者,专以中文系论,计华中三人,中大一人,交大一人,华西一人,云大二人,印度国际大学一人,史语所三人,南开二人,此非迹近招摇,实属广通声气。——我不想再作这类的"荐头行",但我希望北大多一些像这样对后进热心的"为而不有"的人!

---

① 罗常培(1899—1958),语言学家,号莘田,北大毕业,历任西北大学、厦门大学、中山大学、北京大学等校教授,历史语言研究所研究员,北京大学文科研究所所长。新中国成立后任中国科学院语言研究所所长、中国文字改革委员会委员。此信是他在美国进修和讲学时写给胡适的。

② 建功,即魏建功,北大毕业,长期担任北京大学中文系教授。抗战胜利后,曾去台湾任台湾大学教授。新中国成立后,任北京大学中文系教授,并一度兼任北京大学副校长,70年代病逝。

③ 抗战以来,北京大学辗转迁往昆明与清华、南开联合成立国立西南联合大学后,敌伪政府在北京大学旧址上利用校舍和设备,成立了伪北京大学。知堂是指周作人,他不但在伪北京大学任教,而且一度出任伪华北政府教育总长。抗战胜利,北京大学迁回北京后,对于参加伪北大的教师,一概不予录用,问题严重的如周作人、徐祖正等,则以汉奸论处,判处有期徒刑。傅斯年代理北京大学校长时十分坚决地贯彻了这一原则。他自称:"我是傅青主的后代,我同汉奸是势不两立的。"

④ 在抗日战争胜利以前,北京大学的教务工作长期由蒋梦麟校长的亲信樊际昌主持。由于樊际昌的学识不足以胜任教务长的职务,又要照顾到蒋梦麟的安排,胡适提出一个折中的办法,即建议设立"课业长"的职称,由樊际昌担任,仍管教务。樊在多年的工作中不孚众望,许多教授建议另外聘人作教务长。罗常培认为周炳琳最适合担任北京大学教务长。后因周已长期担任北大法学院院长,一时又未能聘到合适的人选接替,所以另聘物理学家郑华炽教授担任北大教务长。郑于1946年开始任北大教务长,直到新中国成立后1952年的院系调整。

趁礼拜六有闲写此信,以后如有所见,随时再写。专此,敬颂
研绥!

学生罗常培谨复

三四,九,廿二

傅斯年[①] 1945年9月28日致周炳琳函

枚荪吾兄：

惠示敬悉，盛情热心感佩之至。弟贸然代理，半年之后，必遭天殃，有不得不与兄等约者，弟固跳火坑矣，而公等亦不当立于高峰之上，搬请以为乐也，除非大家努力，齐一步骤，此局不易维持也。北大之敌人多矣，随时可来算账，且此时不攘外即无以自立，此尤使弟斗志奋发，而又不得不戒惧者也。此间事，看来与北大无关，实皆息息相关，故教育会议不得不努力，会后不得不留数日，双十前后可到昆明，住一月再返重庆，即谋北上一看，然后再回来，身体能否得付，亦未可知也。适之[②]先生长校，各方腾欢，宋江出马，李逵打先锋，有利亦有弊。

弟赴昆明日期，未能即决者，因骝先[③]月底赴英，诸事均得与之商一大概。以便彼与适之先生面谈，尤其是添院之事，弟如早到昆明，返来骝先不在，亦甚不方便也。

前需百万元是借的，其用处已函锡予[④]先生，即为生病同人，有生病眷属同人，

---

① 傅斯年，号孟真。山东聊城人。五四运动时期为北京大学学生领袖之一。1919年5月4日那天，他任北大学生游行队伍的总指挥。北大学生攻入赵家楼卖国贼曹汝霖宅时，周炳琳亲见傅斯年将曹宅的红绸被面撕下围在腰上，周问傅："你这是干什么？！"同年创办《新潮》月刊，傅斯年任主任编辑。1919年夏在北京大学毕业后，考取山东官费留学伦敦大学、柏林大学。为了从事革命工作，他曾从海外将手枪藏在挖空的洋装书中，带回国内。傅斯年同周炳琳交往密切，在周处长期存放有傅斯年在英国时购买的马克思著《资本论》第一卷的英文精装本。书上第一页有傅斯年的毛笔题字："购得我们阶级的圣经，其喜也不可名状。傅斯年1923年于伦敦。"回国后，历任中山大学文学院院长、北京大学历史系教授、中央研究院语言研究所所长。抗日战争前，傅在南京经常将南京政府的重要机密消息写信告诉在北京的胡适、周炳琳等人。抗日战争胜利后，北京大学蒋梦麟校长出任行政院秘书长，根据他在北大任校长时亲自制定的"大学校长不得兼任行政官员"的条款，不得不辞去北大校长的职务。这时，傅斯年向教育部朱家骅部长推荐，由"枚荪代理一时"，周炳琳则坚决拒绝代理北大校长，表示"不肯居于负责的地位"，并在昆明联合汤用彤、张景钺、郑天挺、毛子水等北大元老联名去电在美国的胡适，望其回校工作。不久，蒋梦麟亦推荐胡适为北大校长，9月政府任命胡适为北大校长。由于胡适尚在美国，周炳琳等又推举傅斯年在胡适回国以前，代理北大校长。傅斯年于1945年至1946年代理了北大校长。在此期间，他主持了北京大学在北京的接管工作，在接管中对于曾经在日寇统治下的伪北京大学任教的人员，一概拒绝接受。他说："我是傅青主（傅山）的后代，与汉奸有不共戴天之仇！"1949年任台湾大学校长，1950年12月20日在台湾省开会时猝患脑溢血逝世。安葬在台湾大学校园内的"傅园"。

② 适之，即胡适。原籍安徽绩溪。美国哥伦比亚大学哲学博士。原任北京大学哲学系教授，1931年起任北京大学文学院院长，同时周炳琳任北京大学法学院院长。抗日战争期间，出任我国驻美大使。1946年秋回国任北京大学校长。1948年12月离北大去美国，后到台湾任"中央研究院"院长。1962年在台湾逝世。

③ 骝先，即朱家骅。曾任北京大学地质学系教授。当时任教育部部长。

④ 锡予，即汤用彤。湖北黄梅人。原北京大学哲学系教授、系主任、文学院院长。时任西南联合大学教授、哲学系主任。新中国成立后任北京大学校务委员会主任、副校长、中国科学院哲学社会科学学部委员、《哲学研究》编委等。1964年病故于北京，享年71岁。

子女不得上学之同人借用之。锡予附汇西先生,似故借若干(例如每人十万),锡予先生或不肯自借,乞兄借付。

建设计画,已佩佩,一切面谈。

景钺[1]先生近来一信,另纸作复。如已行乞设法转安。

奚若[2]兄,弟多年敬畏之友人,而立意不与弟谈话,弟虽竭力设法,亦无是何,此为弟赴昆明心中一大疙瘩,盼大为一说。数年以来,"吾甚惭于孟子",然彼必谅弟之无他也。昨雪屏[3]示弟,奚若谓弟之办法,有甚妙者,有甚糟者,不可悉听,听时有 discrimination[4]。诚哉是言。深知我者也。专颂
教安。

弟斯年　二十八日〔1945年9月〕

端升兄同此不另

(原件藏北京大学档案馆,案卷编号533号。此信未收入《傅斯年全集》1980年台北版)

---

① 张景钺,原北京大学植物学系教授、系主任。时任西南联大生物系教授。

② 张奚若,号熙若。陕西朝邑人。原清华大学政治学系教授、系主任。时任西南联大政治系教授、系主任。新中国成立后,任中央人民政府委员、政务院政法委员会副主任、教育部部长、对外文化联络委员会主任、中国人民外交学会会长等职。1973年病逝,享年84岁。1989年清华大学为纪念其诞辰100周年,编辑出版了《张奚若文集》。

③ 陈雪屏,江苏宜兴人。历任北京大学心理学系、教育学系教授、系主任等。时任西南联大师范学院教育系教授、系主任。新中国成立前夕,任北京大学训导长,南京政府青年部部长。去台湾后,任台湾大学教授、台湾中央研究院评议委员等职。

④ Discrimination,区别对待,加以辨别的意思。

胡适1945年10月10日自美国致朱家骅、蒋梦麟、傅斯年并转北大同仁电

骝先①、孟邻、孟真三兄鉴：

江、微、鱼电敬悉，缓复乞恕。世界教育会议，当勉强遵命参加。民国二十年以后，北大复兴，孟邻兄领导之苦心伟绩，弟所深知。北大复员，仍不可无孟邻兄之领导。曾于上月托张仲述带信与北大同仁，恳切陈述此意。孟邻兄为政府征调，只是暂局，孟真兄肯扶病暂代，最可感幸。将来弟归国，若不得已，亦愿与孟真分劳，暂代一时，以待孟邻兄之归②，此意至诚恳，乞亮察，并乞转陈主席与咏霓兄，并恳转致北大同仁，至感。弟在外八年，结束稍需时日，拟明年二月海道归国，并闻。弟胡适蒸一九四五年〔十月十日〕。

---

① 骝先，即朱家骅（1892—1963）。早年留学德国，归国后任北京大学地质系教授。1926年任中山大学代理校长。1932年起历任国民党政府浙江省主席、军事委员会参事室主任参事、国民党中央组织部长和国民党政府教育部长等职。

② 胡适在本电稿中答应北大同仁的要求，回国就任北大校长，但在措词上写作“暂代一时，以待孟邻兄之归”，以照顾蒋梦麟的感情。后来，胡适于1946年秋到校就职，直到1948年年底北京围城中只身飞离北京赴南京。

傅斯年1945年10月17日致胡适函(涉及周炳琳)

适之先生:

要写的信,至今方才写,都因为一切事常有变化,弄得不知从何说起。现在大致写写,托他们带到伦敦去。

北大的事,是因孟邻先生到行政院起来的。他这几年与北大教授感情不算融洽,总是陶曾穀女士的贡献,大家心中的心理是"北大没有希望"。我为这事,曾和孟邻先生谈过好多次。他总是说,联大局面之下无办法,一切待将来,而今日之局,其罪魁祸首是我(长沙临时大学之发动)!我真苦口婆心劝他多次,只惹得陶之不高兴而已。他答应宋[①]到行政院,事先绝未和北大任何人商量过,到此地亦若干日与北大同人无信(过昆飞机未停),我劝他赶快回去一看,也未能做到。于是昆明同人吵起来了。在他事之初发表时,我还与骝先商量,枚荪代理一时[②],不意我在此接到昆明的信,——连着好几封,一致主张先生继任,包括毅生诸人在内,而枚荪尤为强调。我去一说,又太直爽,然旋即说通。当时孟邻先生虽发一小气,事后甚好,于是决定请先生担任。不过枚荪做得太过火,连累及我,我做得太直爽,累及骝先。孟邻先生最初态度甚好,近反若有所芥蒂,大约又是陶曾穀的把戏。也许因为行政院已经无趣了,故心理如此(陶却最高兴)。这些事只有面谈,也只有你回来,才可替我们解释清楚。此事提出来之后,蒋主席有些犹豫,大约对先生另有借重意思(中央研究院,或同样的)。孟邻说,子文要先生担任中研院,但我看不过随便一说……

…………

敬问

旅安!

学生　斯年

三十四年十月十七日

---

① 宋,指宋子文(1894—1971),当时任国民党政府行政院长,中国"四大家族"之一。蒋梦麟答应他的邀请,到行政院任秘书长。

② 当蒋梦麟就任国民党政府行政院秘书长后,傅斯年曾建议由周炳琳代理北大校长,可是由于周是反对蒋梦麟兼任北大校长最坚决的人,自然不便由自己担任此职,他十分强调请胡适从美国回来继任校长。后来周曾自我解嘲地说:我是从来没有当大学校长的"命"的!这是指他曾两度被人提名为大学校长或代理大学校长,而终于未能实现的事。另一次是在1929年左右,周炳琳任清华大学经济系教授时,曾被南京政府任命为清华大学代理校长,那时他认为,由北大人担任清华校长,清华人会认为清华成了北大的殖民地,而坚辞不就。此事在《清华大学校史稿》一书中亦有所提及。

周炳琳1945年11月29日致傅斯年函

“周炳琳，北大及联大经济教授，一度任联大法商学院院长。在1945年梅贻琦离昆期间，曾应梅约暂代联大常委会主席职。”（《梅贻琦日记》第11页注）

孟真兄：所谓晚会，是在二十五晚在联大图书馆前空场举行的。当晚学校四围被军队包围，墙外枪声四起，情形极其紧张。据说会场中秩序依然维持得很好，得按程序终会。翌晨学生自动罢课，据说是对前一晚事抗议。联大于是日午召集校务会议，议决三事：(1) 对地方军政当局作书面抗议，(2) 电教育部报告经过，(3) 推代表三人[①]至是日午后二时举行之自治会代表大会，劝告即日复课。三事当日均办。致教部电〔急〕：

教育部朱部长钧鉴：本校学生与云南大学中法大学及英语专科学校学生，于本月二十五日晚在本校举行时事晚会，由本校教授钱端升、伍启元、费孝通及云大教授潘大逵四先生讲演，对于内战问题有所讨论，秩序良好。事前地方当局与学校当局商洽，不准学生开会。学校以为学生在校内开会，事属寻常，请勿操之过急，并负责不使学生有轨外行动。乃于甫开会之时，竟有军警在本校四围施放枪炮，断绝交通。学生愤慨，于今日罢课。除已函省府交涉，勿再有此项措施，并令学生即日复课外，诚恐传闻失实，谨电请并派员来昆彻查，以明真相。

国立西南联合大学叩

寝（二十六日）印[②]

一面用电报发出，一面录电稿一份连同请孟邻先生[③]转之致三常委函托便人带渝送聚兴邨交梅先生[④]。昨日报载梅先生廿六日已行，可能前数件均未得达[⑤]。兹抄二件寄与兄，并设法与本栋兄[⑥]通长途电话，请将去件寻得转与兄。学生依然

---

① 张奚若、钱端升、周炳琳三人代表西南联大教授会。

② 原件存南京中国第二历史档案馆。

③ 即蒋梦麟，北大校长、西南联大常务委员。

④ 即梅贻琦，清华校长、西南联大常务委员会主席。

⑤ 梅贻琦于11月7日到重庆，又于11月26日飞经汉口，11月27日到达北平。12月11日自北平飞抵重庆，12月12日回到昆明。在此期间，周炳琳曾应梅约暂代联大常务委员会主席。

⑥ 即萨本栋。

未复课,昨日校务会议又集会,议决:(1) 布告学生重行告诫迅即复课,(2) 今晨九时开教授会议,准备以教授会名义劝告复课,(3) 今日午后三时召集全体学生训话。希望学生能及时停止,同时希望地方当局不蛮干。现在看,游行之事或可免,惟复课或当有几日。先此奉告,余俟续陈。那边[①]对此事有何看法? 望兄告朱公[②]照顾一下。即候
时祺!

弟炳琳敬上
〔一九四五年〕十一月二十九日

附抄件〔略〕
(台湾中央研究院近代史研究所收藏)

① 指重庆国民政府当局。
② 指朱家骅教育部长。

周炳琳1946年2月6日致朱家骅坚决要求将惨案罪魁祸首李宗黄撤职函

骝先[①]先生大鉴：

四日返抵昆明[②]，同事相见，以李伯英[③]撤职事如何了相问。到校看到墙壁上贴有标语，集中在必李先撤职，然后安葬死者。这一点上，同事如此关心。此事是因为教授会曾议决以两个月为期，以去就争李撤职之实现。两个月之期到本月二十二日届满，若不能在此以前见到政府决议将李撤职，全体教授势必履行诺言，向政府辞职。学生之有是标语，是听说前些日子地方公团又提议公葬死者，学生怕李撤职事落了空，乃有此表示。弟来昆前，自今甫[④]兄处得知本星期二行政院例会，将提出李事，作个决定，故同事问到，辄以是告之，以安其心。乃今日报纸披露，昨日政院会议任免事项，仍不见是项决议，不知是何道理。[⑤] 此事须即办，不可再缓，否则学校将复入不安定状态中。望先生特予注意。孟真[⑥]兄对此事亦曾作保证，弟知渠于此事之迟迟未实现，亦必焦躁万分也。专此颂

道安！

弟周炳琳敬上

[一九四六年]二月六日

（此信收藏在台湾"中央研究院"近代史研究所档案馆的《朱家骅档案》中，中国社会科学院近代史研究所研究员闻黎明2004年8月前往抄回。教育部于1946年2月9日的收文登记签上，在"函由"栏中开列了此信的两个要点：第一点为"李宗黄撤职事，须即办，不可再缓，否则学校将复入不安状态之中，望先生特予注意"；第二点为"孟真兄（即傅斯年）对此事亦曾作保证"）

---

① 即朱家骅，时任教育部长。

② 指从重庆回到西南联大。

③ 即"一二·一"惨案的罪魁祸首李宗黄。

④ 即杨振声教授。

⑤ 李宗黄此时不但没有受到处分，反而于1946年2月5日被任命为国防最高委员会党政考核委员会秘书长。1946年2月6日周炳琳闻讯极为愤怒，当即写信给教育部长朱家骅，表示必须立即将李撤职。

⑥ 即傅斯年。

周炳琳1946年4月17日致周恩来函①

恩来先生大鉴：

此次飞机失事，贵团同志，男女老少，殉者十余人②，闻悉之后，痛悼殊深。忆两月前，足下与颖超女士邀宴，偕内人魏璧女士，得与其盛③，席间话旧，欢洽逾恒。王若飞先生、秦博古先生、邓发先生，当日皆在座，扬眉姑娘活泼可爱④，博古先生同出席于宪章审议会议⑤，接谈尤频。今则诸人已逝，倏焉隔世，人生真若朝露，聚散尤叹无常，尚乞志悲风劲草之喻，益加迈进，努力促成全国团结，循和平道途，以救中国。死者殉道，生者衔哀，牖启是珍，道将益见发扬，是固全国人之愿望也⑥。专函致唁，并陈悃忱，死难诸先生之家属，并望代为一一致慰，临颖神驰，不尽欲言，诸惟亮察，为前途珍重。顺候

道安！

弟周炳琳敬上

[一九四六年]四月十七日

---

① 此信乃周炳琳为吊唁叶挺等飞机失事而致周恩来的唁函，经周恩来之手发表于《新华日报》(重庆版)1946年4月21日第2版。原标题为《唁函续志·周炳琳先生》。

② 1946年春，国民党反动派破坏《国共停战协定》，向解放区发动进攻。当时在重庆同国民党谈判的中国共产党代表王若飞、秦邦宪，为了向中共中央汇报请示，于4月8日和新四军军长叶挺、中共中央职工委员会书记邓发、进步教育家黄齐生等冒着恶劣天气，乘坐美国军用飞机，同机飞返延安，因飞机在山西省兴县黑茶山失事不幸遇难，同机遇难的还有叶挺夫人李秀文、女儿叶扬眉等。

③ 1946年年初叶挺将军出狱，周恩来夫妇设宴欢迎，邀请周炳琳暨夫人魏璧作陪。周炳琳与周恩来早年在欧洲留学时就曾相识，魏璧早年在法国勤工俭学，亦与周恩来相识。所以信中有"席间话旧"之语。

④ 扬眉，即叶扬眉，是叶挺的女儿，亦同机遇难。

⑤ 1945年国共双方重庆谈判期间，组织了一个由国共双方代表参加的"宪章审议会议"，会议的主要任务是修改《中华民国宪法草案》(即《五五宪草》)。周炳琳作为国民党方面的代表参加了这个会议，会上同中共代表接触颇多。

⑥ 周炳琳在这里表达了他主张国共合作反对内战的主张。1945年毛泽东、周恩来、王若飞三人从延安到重庆同国民党谈判，签订了《国共双方代表会谈纪要》(即《双十协定》)。《双十协定》公布后不久，蒋介石便撕毁协议，向解放区发动军事进攻。周炳琳在这时坚决主张循政治途径和平解决国共问题，反对内战，并敢仗义执言，受到中共人士的赞赏。

罗常培1946年4月24日致胡适函(涉及周炳琳)

适之先生:

满肚皮的话,本打算您来西岸后尽量畅谈,现在知道您决定不来,所以写一封长信以代面谈。

国内的政治情形既然闹得这样糟糕,教育当然跟着难办,尤其是让一班青年裹入党的漩涡,根本失去了教育的意义。所以您回国后开宗明义的第一章,应该把北大恢复到当年蔡先生的自由主义的色彩。对于教授学生的政治活动,固然不便也不能干涉,但是同时也不能提倡一党一派。我们固然不容CP、CY公然横行,同时也不容教授兼办党部或三民主义青年团。他们有什么行为,都是校外的个人行动,学校不能代负其责,更不能加以提倡。在联大一方面的北大同人,除曾昭抡[①]外,比较右倾的多。雪屏办团[②],从吾办党[③],实际是为学校帮忙,但到北平后还是让他们摆脱的好。此外枚荪、毅生、端升、今甫、燕绍庭[④]和我……总算都有党籍的,除绍庭喜欢倚老谩骂外,我们这班北大出身的,都能保持自由主义不屈不挠的传统。对于青年方面,枚荪和我的话较有力量。专给CC作耳朵的只有崔书琴[⑤]一人,并不足畏。如果您抓住枚荪办教务,毅生办总务,在人望上决无问题,没有人会骂他俩是党棍子的。我过去七年在文学院方面因为您不在国内,孟真不在昆明,俨然做了西蜀的廖化,好说话,好奖掖青年,虽然得罪了许多人,却也得许多人的维护。虽然挂名党籍,却还领导得起各党各派的三千多学生在露天开会六小时,不倦不吵。

① 曾昭抡,当时是北京大学化学系教授兼系主任,中国民主同盟中央委员。新中国成立后,任高等教育部副部长。

② 雪屏,即陈雪屏,当时是北京大学教育系教授,在西南联大领导三青团的工作。抗战胜利后任北平临时大学补习班总主任,负责对伪北京大学学生的补课和甄别工作,又任北京大学训导长,国民党政府青年部长。

③ 从吾,即姚从吾,北京大学历史系教授,在西南联大时任国民党区分部主任委员,后调任河南大学校长。

④ 燕绍庭,应写做燕召亭,即燕树棠,北京大学法律系教授兼系主任。抗战胜利后任武汉大学法律系教授。

⑤ 崔书琴,北京大学政治系教授,国民党CC派分子。1948年逃往台湾。

因此民主同盟方面的一多[①]、光旦[②]、昭抡极力拉我入伙。我因甚鄙努生[③]的为人，没有被他们劝动。希望您也不要为过去的感情所左右，仍望保持超然、自由、无为而无不为的精神。至于谁是地下的共党分子，我却指不出来（有人说建功接近，实际不过太捧鲁迅罢了，台静农也一样）。前月接卢逮曾信，他叫我向您说，仍想回北大，如能答应他，可要知道他跟CC潘公展的关系很深。（以上是分析校内的政治背景。）

…………

承您允许我再学一年，我固然十分感激，但我相信，如果您不嫌我自荐，我还算得您一个帮手。孟真和枚荪都不满意我出国，但我想，如果你们容许我多涵养两年，也许将来帮你们的力量更大一些。不知您以为如何？

……化学系如昭抡政治兴趣过浓，须换人领导[④]。法学院法律系最差，蒋先生因在长沙时日本派的人不肯合作，决改变作风，注重法学。可是老朋友燕树棠本身已感过时[⑤]，所请的助手如张健（留比）、李某（留德，天津人）、芮沐[⑥]（现在美）均太不像样，非彻底整顿不可。至于新增的农、医、工三院，更非吸收新进分子不可了（以上是人事现状）。

…………

生罗常培

三十五年四月二十四日

---

① 一多，即闻一多（1898—1946）。清华大学中文系教授。1943年参加中国民主政团同盟，后改称中国民主同盟，创办《自由论坛》杂志，历任中国民主同盟云南省支部委员、宣传部长兼青年委员会主任、中国民主同盟中央委员。抗战胜利前后，积极参加民主运动，反对国民党反动派的专制独裁。1946年7月15日在昆明遭国民党特务暗杀。

② 光旦，即潘光旦（1889—1967）。清华大学社会学系教授。1943年参加中国民主政团同盟，后改称中国民主同盟，历任中央委员、中央常务委员、中央文化委员会主席等职。1952—1967年任中央民族学院教授。

③ 努生，即罗隆基。曾一度任西南联合大学政治系教授。1941年参加组织中国民主政团同盟，后改称中国民主同盟，历任中央执行委员、中央常务委员兼宣传委员会主任等。新中国成立后，出任林业部部长。

④ 昭抡，即曾昭抡，原任北京大学化学系教授兼主任，抗战胜利后专任北京大学化学系教授，化学系主任一职改由钱思亮教授担任。新中国成立后钱思亮去台湾任台湾大学校长、国民党政府"中央研究院"院长等。

⑤ 当时燕树棠已不能胜任北京大学法律系主任职务。不久，燕树棠因体弱多病为理由请求辞去系主任职务，周炳琳起初加以慰留，后来同意了他的请求。

⑥ 芮沐，德国法兰克福大学法学博士，当时是西南联合大学法律系教授。抗战胜利后任北京大学法律系教授。

周炳琳1946年7月9日致胡适函

适之先生赐鉴：

阅报悉先生已到上海，未能前来迎候①，遥祝健好胜常。上海人多年所盼的"天亮"盼到了，旋复阴晦，一般有良心的人失望苦闷乃至忿怒，盖原意中事。以先生之素倾向于乐观，并饱经变乱，对于目前世事想必能冷静观察，明悉其症结之所在也。武人只知武力足恃，不惜诉诸战争以解决内政纠纷。在此局势下，号称主人翁之人民呼吁无灵，而智识分子尤可怜。若干时下所称为社会贤达者，良心应尚未泯，而竟偏阿成了御用的宝贝，滋可叹也。吾人今日于内战虽不能挽回劫运，然是非须分明，至少应持超然的态度。② 教育在今日难办，而亦愈见其重要。先生此次回来主持北大，于振奋人心实有重大关系。就北大内部言，人数大嫌不足，亟待补充，尤须网罗新人。好在已粗有基础，现有同人大都有热诚愿为开辟工作努力，得先生积极领导，发展之希望当不致太小。孟邻先生之去职，以从政与长大学不可得而兼，兼则损及大学威望。当时同人有主张孟邻先生应即辞去北大职务者，此纯为公，某种谰言不值一辩。③ 得孟邻先生涵容，立即从谏，并荐先生以自代，此亦为公。在先生未回国前，复得孟真兄允诺暂行代理，以积病之身愿任此繁剧，同人对孟真为母校牺牲之精神，钦佩莫名。数月来策划奔走，煞费苦心，尤其近两个月来，在北平洽收房屋，其魄力大，关系多，乃大收效果。先生想已与孟真晤面，校中各方面情形，必可从孟真报告中得之。校中内部维持与在联大中与清华、南开保持接触，数月来汤锡予兄实负其责。锡予兄身体原不大好，为爱北大，竟肯挺身而出，至足钦敬。锡予兄处事稳妥持平，深知各方面情形，数月来局面之维系，孟真实深得其助。锡予原有意先赴宁沪与先生一晤，六月初来重庆后，见于飞机机位之不易获，遂变更原议，决定径飞北平。即在此时，航委会机移作别用，至平无机，遂延至今日尚未能行。以接涂允檀君电报，知先生确已在返国途中，并可即到，又曾动意单身赴沪与先生晤叙，琳亦从旁怂恿，并为设法帮忙获得机票，近日未见面，不知已行否。郑毅生兄最先返平，继之杨今甫兄亦往，渠等在平为复校作种种布置，亦劳

① 抗战胜利后，交通仍很困难。当时周炳琳全家滞留在重庆市沙坪坝南友新村，候机飞往北京，故未能前往上海迎候方从美国归来的胡适。

② 本段说明周炳琳在抗战胜利后的政治态度，反对国民党反动派挑起内战，主张循政治途径解决国共矛盾。

③ 当时，周炳琳主张蒋梦麟既出任行政院秘书长，就应即辞去北京大学校长职务。此事纯为北大前途考虑，而当时个别人借此扬言周欲去蒋以自代，这种说法是没有根据的。

苦备尝。先生拟何日赴平,从时局发展情势言,诚宜存戒惧之心。然就校中内部需要与情形言,又无躲避余地,抑亦有可恃者在也。琳五月初以来,右目患角膜溃疡,几至失明,现病已愈,而视力尚未恢复正常,赖左目健好,动作不受影响,医嘱宜休养,重以暑天又交通不便,原有意偕内人等先赴京沪,转浙江原籍省视老母后再北行①,近已暂弃此议,拟至八九月自渝径飞北平。琳在校已十五年,自己检讨,觉过去校之用我,实用溢其量,颇思摆脱行政职务,专一教书,看是否收成较多。法学院内部亦亟待调整。燕召亭主法律系,琳觉其甚不相宜,主张变更,孟真不甚同意。政治系原由端升兄主持,渠于孟邻先生辞职获准,以孟真代后,表示欲辞去系主任职务。琳甚盼先生能给端升一信,留他仍勉为其难。② 赵廉澄主持经济学系,亦非理想人选,惟经济学系内容尚不算太虚空。法学院院务,琳前觉可延张子缨③兄返校主持,惟近闻渠将在沪办报。渠现在沪,盼先生能与一洽。此类具体之问题在此提出,并不是想烦先生一一为我解决,只是举出以证明麻烦事情多,个人力量不足,倘能另请得一人主持,于学校,于个人均为计得耳。在未卸去职务前,自亦无脱卸责任之心,诸祈亮察。专肃,敬候暑安!

炳琳谨上

〔一九四六年〕七月九日

① 周炳琳原拟于1946年从昆明回北京途中转浙江黄岩原籍探视老母周陈氏的,因工作、交通、身体等原因而不克成行,周陈氏不幸因病于1946年10月逝世。

② 后来钱端升因赴美国讲学,北京大学政治系主任新聘王铁崖教授担任。王系英国伦敦大学政治学研究生。新中国成立后一直在北京大学任教,并兼任中国国际法学会副会长、中国法学会顾问、中国政治学会顾问、中国国际关系史研究会顾问、国际法研究院院士、世界艺术和科学院院士等职。

③ 张子缨,即张忠绂。曾任国民党政府军事委员会参事室参事。周炳琳曾拟延聘张忠绂到北京大学任法学院院长,而自己专任教授。后因张另有他就而未果。

周炳琳1946年7月17日致梅贻琦函[①]

月涵先生：

月初，台从过渝，以乡居消息不灵，未得趋候，至以为憾。

黑暗势力滋长，一多[②]继李[③]后殒命，此案应追个明白，谁实指使，必令负杀人之责任，决不可开个追悼会拿死人做文章，做了文章便了结。先生似可告霍揆彰[④]，责任所归，不许马虎。专此顺候大安！

弟周炳琳敬上

〔一九四六年〕七月一七日

（清华大学档案馆藏）

---

① 梅贻琦（1889—1962），字月涵，天津人。1909年考取庚子赔款公费，留学美国，1914年获吴士脱理工学院电机工程学士学位，1922年获芝加哥大学机械工程硕士学位。历任清华大学教务长（1925）、中国在华盛顿的留美学生监督（1929）、清华大学代理校长、校长（1931）。1940年获美国吴士脱理丁学院名誉博士学位。抗战时期，在北大、清华、南开三校联合而成的西南联合大学任常务委员会委员、主席。1948年12月离北平南下，1949年7月到巴黎参加联合国教科文组织年会，并任常驻代表。1950年由法到美，管理清华大学在美国的基金。1955—1961年在台湾新竹建立清华原子科学研究所，附办研究生院。1958年起以清华大学校长身份出任台湾"教育部"部长三年，还兼任原子能委员会主任，并主持制订台湾长期科学发展计划。1962年5月19日在台北病逝，享年73岁。遗体安葬在台湾新竹清华大学内的梅园墓地。

在西南联大，周炳琳为经济学系教授，一度任法商学院院长，代理联大常委会委员。在梅贻琦离昆明期间，曾应梅约暂代联大常委会主席职，在此期间昆明发生了"一二·一"运动。

② 闻一多（1899—1946），湖北浠水人。1912年考入清华学校，1922年赴美国学习美术和西洋文学。1925年回国，任北平艺专教务长。1927年参加北伐军政治部工作，以后在武汉大学任教，在青岛大学任中文系教授、系主任、文学院院长。1932年任清华大学中文系教授。抗战开始后，他参加湘黔滇旅行团与学生一起步行到云南，任西南联大中文系教授，1939年起兼任清华大学中文系主任，直到抗战胜利。抗战后期参加中国民主同盟，并任《民主周刊》编辑。他为民主运动奋起斗争，遭到反动统治者的忌恨。1946年7月15日他在昆明参加李公朴殉难经过报告会痛斥特务罪行后，惨遭国民党特务杀害。

周炳琳与闻一多同在西南联大任教授，并同在联大教授会中工作。周炳琳在重庆闻知闻一多被暗杀，极为悲痛和愤怒，特致函梅贻琦要求严惩凶手。周炳琳又联合复员过重庆的联大教师们，联名以快邮代电致函教育部朱家骅部长，要求"缉凶归案"和"严究主使"。

1946年7月28日重庆各界六千余人举行追悼李公朴、闻一多大会。张群任大会主席，周炳琳任主祭，吴玉章、张笃伦、胡子昂、鲜特生、许德珩、邓初民、史良、黄次威、沈起予任陪祭。周炳琳报告了闻一多的生平，并说："近三年来，为了政治的使人无可缄默，他于是为国家为人民而尽力呼吁。自己毫无私图，议论不怕激烈，因此闻先生竟遭人之根而牺牲了。闻先生的学识与为人，使我佩服到极点。现在我们就国家的元气上说，就人道上说，从是非上说，我们纪念闻先生不是闻先生一人死的问题，而是如何承担闻先生未完成的事业，继续下去。"（见《闻一多年谱长编》，第1096页。）

③ 李公朴（1900—1946），爱国民主人士，1945年任中国民主同盟中央委员，积极参加爱国民主运动。1946年7月11日晚在昆明学院坡被国民党特务枪击身亡。

④ 霍揆彰，时任云南警备司令部总司令。

周炳琳等 1946 年 7 月 18 日致朱家骅部长快邮代电

南京教育部朱部长勋鉴：

同人等复员过渝，留滞陪都，方怅行路之艰难，而昆明噩耗频传，联大中国文学系教授闻一多先生父子又被狙击。闻先生治中国文学成绩卓著，一代通才，竟遭毒手，正义何在，纪纲何存！同人等不胜悲愤惊愕，祈主管当局务缉凶归案，严究主使。政府在道德上、法律上之责任决不能有所规避。对于其所属人员，亦自不能有所曲护，并祈从速处理，以平公愤，无任企祷！

王遵明、王宪钧、江泽涵、吴素萱、邵循恪、
李鲸石、周炳琳、周作仁、金岳霖、苟清泉、
姚从吾、姚　圻、陈　康、徐　仁、高华年、
马大猷、许维遹、张清常、张怀祖、郭沂增、
阴法鲁、冯友兰、冯式权、汤用彤、汤佩松、
费　青、傅乐淑、黄子卿、叶企孙、叶　楷、
刘俊潮，刘　钧、蔡枢衡。

1946 年 7 月 18 日

（南京中国历史第二档案馆藏）

（见《新华日报》（重庆）1946 年 7 月 28 日）

燕树棠1946年7月20日致胡适的对周炳琳的辩诉函

适之校长：

校长给鲠生[①]的一封信和枚荪给校长的一封信，我都看见了。校长准我下学年在北大请假一年，并欢迎我随时回校，我甚感厚意。可是，枚荪那封信，用意太狠了些。他向校长告我一状，我也理应向校长辩诉几句。他那信上攻击我，有两点：

一、他说我休假期内没有休息，而在武大教书，拿薪水，是违反北大休假规则休假期内不得作有给职务那一条。他真是故意捏造事实。行政会议有决议案，那条在本学年不实行。枚荪是行政会议之一员，他不知道吗？

他说我休假期满而不回校，"应负责任"，是说我违反了休假期满有返校服务之义务那一条。他简直是信口开河，不负责任！

我从来没有不回校的意思，亦未向北大同事或学生说过不回校的话，且现在亦不到休假期满之时。鲠生给校长写信，也是因为我不能答应他留我在武大。枚荪现在怎么一口咬定，说我不回校？北大是我工作十八年的热土，有人驱逐我，那都不愿走，我为什么不回去？"七·七"那年，北大到了长沙，枚荪即不随北大到昆明而自去重庆，当了中央政治学校的教育长[②]。萧条的北大到了昆明，当时孟邻校长央求枚荪回校当法学院长，他不肯回去。那年，我在北大请假一年，到了武大，国民政府亦已发表我为监察院监察委员。孟邻校长由昆明给我写信，说：北大法律系教授多人离去，无人负责，并说我若不回校，西南联大即要决定停办法律系，云云，我即刻忍痛的拒绝了抚五[③]、鲠生几位老朋友的苦留，到重庆辞了于右任的官[④]，坐飞机到昆明，去办北大的法律系。北大在那苦难危急的时候，枚荪作了临阵的逃兵，我是慷慨赴难的义士，现在枚荪竟敢大胆追问我对北大的忠心，可谓大言不惭！但是他是院长，他是在位又当权的院长，他不但向校长控告我，他又已经向北大法律系全体教授宣布了他给校长的那封信，拿他捏造的罪状公开的攻击我。我感觉我陷入了他的重围，使我处于进退维谷的苦境！

---

① 鲠生，即周鲠生，原北京大学教授，后调任武汉大学校长。

② 1937年年底，周炳琳辞去国民党政府教育部常务次长职务。1938年春蒋介石派他视察流亡在湖南芷江的中央政治学校并提出整顿计划，核准后被任为中央政治学校教务主任。当时的教育长仍为陈果夫。

③ 抚五，即王星拱（1887—1950）。原北京大学教授，当时任武汉大学副校长。

④ 于右任，当时任国民党政府监察院院长。

一言难尽,算了！说不清！以上短简的几句话,是我向校长提出来的一件辩诉状,请校长下一个判决,是曲是直,我绝对服从。此请
公安!

燕树棠敬启
〔一九四六年〕七月廿日

周炳琳1946年8月1日致胡适函

适之先生：

卅日赐电收到了。在此受托招呼三校联合招考[①]，至月半方能完事，稍作准备，九月上旬应可以北行。惟到那时能得到机位否，很难说，自当早作接洽。本日起空运票价涨价了，比原价加了一倍半。原价重庆至北平十一万余，现在要二十八万余了。这对滞留在途中，未能在七月卅一日前到达北平的，是一个打击。一家四口，旅费预算须另作一番部署。

先生到沪后，曾寄奉一函，请竹垚生兄转，已转到否？校中现状与年来经过，与孟真、毅生、锡予、今甫诸兄多叙几次，不难知道个大概。行政上办事效率亟宜求其提高。人事部署自不是易事，高级人员如一时不获其选，似不宜在急遽中即作某种决定。教务长过去人选不当[②]，未能发挥其作用，此时选任，允宜特别注意。报载先生到后，对记者谈话，谓将保持自由作风，信仰言论自由，容忍他人之自由。此诚为适时之表示。日前晤李仲揆先生[③]，他要我们注意防备在党争下内部意见不一致，驯至不能互容，以致不但不能矫正时弊，反为外力所乘。

琳照料法学院，无何建树，向即自劾，极希望能变动一下。在责任未脱卸前，自当尽其绵薄，勉事维持并略求改进。原希望先生能自美约几位治社会科学的中国青年学者回国，不知有洽有成议者否？何时能回？目前法律、政治两系尤显得缺人。法律系主任琳仍主易人，尽管孟真不甚赞成。政治系仍盼端升能继续照顾，不知先生在京沪与端升晤面，已与谈及否？

余容续陈，先此布复。顺候

安好！

周炳琳敬上

[一九四六年]八月一日

---

① 当时周炳琳受北大、清华、南开三大学的委托在重庆主持联合招生工作。

② 此处的教务长乃指北京大学课业长樊际昌。

③ 仲揆，即李四光（1889—1971）。原北京大学地质学系教授。新中国成立后任中华人民共和国地质部长，中国科学院副院长、古生物学研究所所长、地学学部委员，中国科技协会主席等职。

周炳琳 1946 年 8 月 18 日致胡适函

适之先生：

寄沪托竹垚生兄转一函，及奉到先生电嘱早日北去后寄奉一函，想均已投达。此间[①]招生事大致已了结，内人正在收拾什物准备北行，期九月中以前能到平。

法学院事希望先生能觅到妥人替代以新观感，在未卸去责任前，自仍当竭尽所能作应有之布置。以尚不能即到校面陈一切，谨扼要作如后之报告。

去冬在昆明曾拟就一计划书，题曰“迁返北平后法学院各部门在拟议中之计划”，内容包含下列各端：

一、扩充法律学系为法律学院，使成为一法律学研究与造就法律应用人才之中心。

修业年限由四年增为五年。

与相关学系取得更密切之联系，而同时解除其若干束缚。

加强外语训练。于英语外兼习另一种西洋语。

增聘教授。

充实图书设备，自辟一阅览室。

二、政治学系增聘教授。

政治学系所属之行政研究室予以扩充。除教授指导并参加研究外，设专任研究员若干人，其所需经费一部分由本校负担，余向政府行政机关及其他方面筹措。

三、经济学系增聘教授。

设立“北大经济研究室”，着重于实地调查与研究。除教授指导并参加研究外，设专任研究员若干人，其所需经费一部分由本校负担，余另行筹措。

充实统计实习。与数学系数学统计组联合设置一较充实之统计工作室。

设置会计实习室。

四、充实“政治经济阅览室”。

五、法律学系扩充为法律学院之计划如获实现，法学院可改称“北大政治经济学院”。

六、法科研究所仍包括法律、政治、经济三大部门，依定章办理。

草拟计划书时，傅代校长[②]适在昆曾录出一份呈核。南京新近曾有某种集会，

① 指北大、清华、南开三大学在重庆时。

② 指傅斯年。

讨论高等教育问题，其中有一决定为法学院专办原有之法律系，原有之政治、经济两系合称政治经济学院，此与去冬所拟议者适相合，惟未知法律各组修业年限有无增加。北大是否即依此办理琳认为尚须详加考量。就今年说，教授尚大嫌不足。或可以今年为法律系准备扩充成为一独立之法学院时期，到明年暑假正式成立。至院址琳意最好即以国会街原参众两院之地址充之。

中央研究院决定各所与各大学取得密切之联系与合作，陶孟和先生曾函琳提议商与北大法学院合作办法，正在通讯商洽中。

讲到人事，专言教授，法律系名单中，燕召亭[①]、蔡枢衡（诱衷）、费青（仲南）、李士彤原在昆明，当续聘；章剑（化龙）原亦在昆明，拟不续聘。蔡诱衷日本东京帝大出身，在校已十余年，由专任讲师而副教授而教授，治刑事法，教刑法。费仲南东吴出身，考取中英庚款，留学英国。李士彤本校毕业，考取清华庚款留学，在德较久。年来在昆教书不算努力。外国文能力颇强，且续聘一年以观其效。章化龙本校出身，战前服务于意大利使馆。年来在昆教书极不负责，且志在仕进，故不拟续聘。

法律系名单中原在本校暂时离去待邀约回校者，戴修瓒（君亮）在南京，早与接洽，已允回校，在敦促中。李祖荫（麋寿）在湖南大学任法律系主任兼法学院院长，今年尚不能回，陈瑾昆先生已在北平，对诉讼法大有研究，教书是一把好手。闻已加入民主同盟，此属另一事，不必过虑。芮沐（吉士）现在美国哥伦比亚大学法律学校任教，允明年回校。

已在平之石志泉（友儒）欲延聘来校为教授，存心有年。近闻业被拉去主持朝阳学院，若确实，只能仍聘为讲师[②]。

原在延愿伫候先生为法学院延几位青年教授回国，闻先生与王克勤已洽定，即可回国，喜慰无似。原听说清华邀了他，相信既与先生有了成议，是说不可置信。

政治系教授原在昆明者，钱端升、崔书琴、吴之椿，均续聘。崔在抗战那年到校，教国际法及国际关系。

政治系中暂时离去邀约回校者，周世述现在上海，已允回校。张佛泉已在北平。中途离滇返北平，孟真说他是一个失败主义者，殊欠公道。张子缨离开外交部后即与洽回校，最近消息闻在沈阳为某方所挽筹办中正大学，待再函洽。

许德珩（楚生）回校，仍参加政治系。

拟邀程希孟到校为政治系教授，口头接洽多次，正式去函，尚未得回信。

萧公权推荐吴恩裕来校教政治思想，论学力应入选，本校政治系有此需要。与端升函商是否延纳中。

---

① 即燕树棠。

② 北大兼任教师的职称只有讲师一种。

经济系在昆明[1]时除琳本人外,有赵廉澄[2]、周作仁(濯生)、杨西孟、秦瓒(缜略),均续聘。除秦缜略较懒散外,对教学均甚认真。

新聘已定者,宋作楠——教会计,陈振汉——经济史,原在南开经济研究所,蒋硕杰——经济理论,学力甚好。

陶孟和先生推荐朱炳南,于理论及财政学有较长之教授经验,并富指导研究生之能力。拟延纳。尚有樊弘(止平)自请返母校任教,学力入选,亦拟延纳。

上以列举奉告人事,似乎法学院教授人数真不少。绳以过去每系五人之说,尤显得溢了量。法学院虽只有三系,学生人数合计为在一千以上,有几种科目将来须开双班,法律系尚附有一司法组。综计二三十位教授应不为过多。

政治系将仍请端升兄担任主任职。在本系诸人中惟他最适当。端升有时自视过高,陈义过高,以是标准绳人鲜有当者,诚其短处。但他究是一个正派的人,一个有血性的人。对朋友对同事仍是热情多胜过其眼界高。琳之所以不肯放松者,以依目前人事,若端升不担任,逼得琳本人要暂承其乏。

经济系仍请廉澄兄为主任。

余容续陈。即候

暑安!

周炳琳敬上

〔一九四六年〕八·一八日

① 指西南联大。

② 即赵乃抟。

燕树棠1946年8月20日致胡适函(涉及周炳琳)

适之校长:

西南联大法律学系实即北大之法律学系。棠担任系主任,已达九年。四年来因体弱多病,曾先后用书面或口头,向联大梅常务委员,傅常务委员,及法商学院周院长,屡次请辞系主任职务,均嘱勉励维持残局,未蒙允许。今北大复校,法律学系系务繁剧,棠以多病之躯,实不能胜任系主任职务。且病后尤须休养,恳祈准予辞去系主任一职,俾今后可休养病躯,专心教学。区区之情,谅邀台鉴。端肃,敬请
公安!

燕树棠敬启

〔一九四六年〕八月廿日

周炳琳 1946 年 8 月 29 日致胡适函

适之先生：

八月十九日惠示奉悉，深荷同情，欣感无似。

北归，在等候飞机中[①]。据余又荪兄告，交通部电中航公司续开专机三次，送联大同人至北平，第一班专机名单已定。琳与家人共四口，将列在第二班或第三班名单中。惟第一班似尚未完全洽妥，依过去经验，两班相隔总在十天以上，快亦恐须到九月中始能行。

法学院长事，承答应将来有相当的人可以继任时，不再勉强。让琳补充一点，就是在最近将来，我们得留意物色这样的人。琳相信觅得之不是太难的一件事。

法律系易主任事，在琳作此提议，本是忍痛为之，事非得已，或可评为偏于主观，但为公事，不能说它无“诚”。曾向傅代校长剀切陈情，不蒙见谅，不假商讨，遽施“否决”。琳可不存愠憾心，但意见如常相左，终亦使兴致索然耳。闻召亭已提出请辞去主任职之书函，先生谊当慰留。不识结果如何？倘向来即让琳处理，相信有法取得同意而不太伤感情。今则落入了一种“痕迹”；惟琳与本校负责者间直在商量之中，形式上固尚未揭破此一幕。今后对外当仍持缄默，有何谴责，愿一身当之。若有人谓曲在我，当不分辩。总之，此事在琳为一苦痛之经验，不再多言为妙。

法律系教授太少，是本为琳所最焦虑之事。希望王克勤确能来。石、陈二人目前似无法接洽，俟琳或戴君亮[②]到始能进行。先生欲荐冀贡泉[③]先生来校任教，此意极好。得一老辈参加，于系务进行可收稳定之效。先生所悬“有专任教授，外面不兼营业，而内则对本校法学前途实具热心者”之的，可谓针对现状而言，琳未尝不见及此。可为痛心的是，现在法学界中什九都是有营业关系的。召亭于此诚是胜过人家，但亦领了律师证，惟未开业耳。可见在生活压迫之下，有现成门路可走的多半不鄙弃此门路。此风气自须逐渐将它矫正过来，但今日尚无法开始作此运动。

---

① 当时周炳琳全家在重庆等候飞机飞返北京。

② 戴君亮，即戴修瓒(1887—1957)。现代法学家。北洋政府时期曾任京师地方检察厅检察长，时值“三·一八”惨案，他敢于接受大学生代表投送的控诉段祺瑞执政的控告书，后曾任北京大学法律系教授多年。抗战胜利后，周炳琳有意请他回北大担任法律系主任，未到任时，由周自己兼代法律系主任，虚位以待。后戴修瓒因家属不愿北上而未能到校，周才改聘冀贡泉为北大法律系主任。新中国成立后，戴修瓒历任中央人民政府法制委员会委员、国务院参事、中国国际贸易促进会对外贸易仲裁委员会副主席、九三学社中央委员等职。

③ 冀贡泉，1946 年经胡适的推荐和周炳琳的聘请自美国来北京大学法律系任教授，1947 年起任北大法律系主任。新中国成立后，任山西省政治协商会议副主席。

冀先生在美刻苦自持，当是一位守得住之贤者，愿先生即去电延请。章化农约他回来一年，可以赞同。目前中年人大都沾了坏习气，容纳一两位老辈在内，或可收稳定澄清之效，值得尝试。而尤重要的，应置希望于青年学者。在此，琳亦失望过。举一个例子，张歆海兄之弟企泰学力甚好，二十六年夏受聘，未到校而抗战事起，心骛于战时临时工作，一再延期到校，到二十九年始到昆明，一开始即教书兼为律师，在昆不到两年又离去，来重庆就司法院事，兼中大教授，并兼为律师。弄得承认他兼为律师，只要他留昆明替联大教几点钟书，都留不住。讲到联大法律系教员，是仅一例耳；除召亭暨当时在世之罗钧任外，无其他例外。青年学者亦复如是，此或为暂时之现象。吾人未尽保护之责，或亦不能辞其咎。王克勤返国后，吾人须特别注意。另有一本校法律系毕业生纪元①，十二三年前毕业后，考庚款留学两次，以英文程度较逊，失败。旋应司法官考试，被录，分发上海法院，得院长郭闵畴（云观，曾在燕大任教）之赏识，学力经验均大进。战事起，退出上海，就某战区军法官，为军法官中之佼佼者。三年前到重庆，在首都实验地方法院为庭长，成绩斐然，司法界中无论法官同僚或律师均备致称道。某次，琳与谈话数小时，知其对于法学教育有认识，有热诚，且在东吴法学院任教，有相当经验，即心志之，并心许之。去秋战事结束，原有意约他先到联大任教，以司法部长谢冠生兄坚留不放，且允得机会送他出国深造，乃允仍暂留司法界服务，而请调往北平，好为母校法学系教育帮忙。冠生兄允其请，遂调北平地方法院为首席检察官，去冬已赴任。琳近见于北大法律系现在临兴替关头，已去函征询是否能即到校为专任教员而辞去现任法官职务。此人学力经验均够，如能来校专任，当至少聘为副教授。是诚一值得我们寄其希望之青年学者及行政人才。

旬前寄上一函报告法学院计划与人事，中间曾提到，另选法律系主任，在目前情况与需要之下，戴君亮最为合宜。君亮处大概在今年年初即去函约其回校，早已答应回校。近二三个月来，去了三四封信，久未得复，前数日始接到一封长信，告诉我迟迟未复是因为与家人讨论行止意见，迄未能臻于一致，他自己处于两难之间，惟若坚邀其回校，亦只好不顾一切，遵命北上，云云。太勉强，失之违情。琳考虑之后，复去一函，虽仍表示强烈愿望，而说明不想强迫他。惟琳意他必仍能北上，盖君亮是一位极珍重友情的朋友，且景仰先生，自承与先生有旧谊，并且极重信义，看来不至爽约。他现在南京，住在成贤街七十二号。请先生斟酌是否可以去一个电报。他告诉我，中大方面他尚未应聘。②

---

① 纪元，是周炳琳十分欣赏的学生，当时任北平市地方法院首席检察官，敢于对官场的坏人坏事提出揭发和控诉，有政声。周炳琳于1946年聘请他担任北京大学法律系兼任讲师。（按：兼任讲师是当时北京大学兼任教师中的最高级别，鲁迅先生在北大兼课时也是兼任讲师名义。）

② 对于北京大学法律系，周炳琳于北大复员回北京后，经过多方努力，聘请到冀贡泉、费青、蔡枢衡、芮沐、李士彤、刘志旸等教授，汪暄等副教授，阵容为之一振。

政治系，端升[1]经琳再三函商，已承认为朋友，为系本身，责无旁贷，而谓对此事之 feeling 尚不佳，琳意到平后我们尚可与商。他在候船偕眷北行，盼在九月十日左右可以到平。子缨所开名单，内吴恩裕[2]原经萧公权推荐，琳与端升交换意见，趋向于聘他。萧公权本人今年仍留成都，拟明秋北行，如不一定要回清华，邀来北大并非绝无希望。王铁崖[3]闻将赴沈阳，似系应子缨本人邀。子缨有在沈筹创中正大学之说，已寄去一函询问，并请即为代邀王君来校。楼邦彦[4]年来在胡宗南将军处，闻一时尚不能脱离。吴、王、楼三人学力均甚好，值得罗致。或有人以为难与共事，奚若即有此经验，端升亦有同感。惟奚若、端升对其学力均极称道。琳意共事难云云，究不是一方面的，吾人可有此魄力承受，惟目前罗致尚不易耳[5]。

写来辄长，或足以少补未能即去面谈之缺。自闻先生到沪，一个月来意志相当集中，所谓在有限能力范围内求尽其在我耳。我希望有了此函和前信之后，我不必再多作报告了。如尚有未尽处，询及当补陈。

谢谢先生看这样冗长的信。并祝

安好！

周炳琳敬上

〔一九四六年〕八月二十九日

---

① 端升，即钱端升，当时任北京大学政治系教授。

② 吴恩裕，伦敦大学政治学博士。1946年经周炳琳的聘请到北京大学政治系任教授，开设“马克思的政治学说”等课程。1952年院系调整后调至北京政法学院任政治系教授。60年代以来研究《红楼梦》，成为著名的红学家。改革开放以后在准备赴美国参加《红楼梦》学术讨论会赶写文稿时，患脑溢血逝世。

③ 王铁崖，伦敦大学政治学研究生。1946年经周炳琳的聘请到北京大学任政治系教授兼系主任。

④ 楼邦彦，伦敦大学政治学研究生。当时任胡宗南部的秘书长。1947年经周炳琳聘请到北京大学政治系任教授。新中国成立后曾任北京市司法局局长等。“文革”中患脑癌在北京大学病逝。

⑤ 除了上述吴、王、楼三位教授外，还聘请到许德珩到北大政治系任教授。此外，还有原北大政治系教授吴之椿、张佛泉、崔书琴、钱端升等，政治系教授的阵容为之一振。

经济学系教授原来阵容较强，所以在本信中没有专门提及。实际上在1946年周炳琳也聘请了著名教授樊弘、陈振汉、蒋硕杰、宋作楠等到经济学系任教，连同原北大经济系教授赵乃抟、周作仁、杨西孟、周炳琳等，阵容更为加强。

周炳琳 1946 年致胡适函的残页[①]

……去为经费所限,乃有五人之说,原非合理之办法。今日薪给,在学校预算中只列底薪,余均由国库另行支给。

最后讲到系主任人选。请先生相信琳对法律系主任之必须易人,此主张盖凭深切的认识而提出。开罪朋友,员谤……等等之顾虑均敌不过责任心之驱使,必求其贯彻。详容面陈。继任人选琳推荐戴君亮〔戴修瓒〕,虽非理想,在实施拟议中之法律系计划,惟渠较能融通东西洋与年长年青者。

① 此函仅存此一页。为胡适收藏。

燕树棠 1946 年 11 月 4 日致周炳琳函

枚荪院长：

棠充任法律学系主任，业已八九年之久，渡过难关，以至复员复校，现已在北大校址正式上课矣！在棠不惟筋疲力尽，亦算仁至义尽矣！非敢后也，马不进也！自即日起，不再办公。前曾向校长函请辞系主任之职，未蒙允许。兹特修书向院长再度表示诚恳坚辞之意，敬祈俯允，以免贻误！专此，敬请

公安！

燕树棠敬启

〔一九四六年〕十一月四日

周炳琳1946年11月5日致燕树棠函

召亭吾兄：

昨晚奉读惠示，思之复思之，吾人在此工作，只有工作性质上略有区分，根本精神在循良知，尽其在我，以共赴此公同努力及寄托之事业，初无级位之分。兄在此八九年中艰苦撑持本校法律系，至于最近，在人事补充上，弟偶供献所见，有时未能尽趋一致，但均属坦率交换，无掩藏，不勉强。弟与兄根本见地初无不同，有些话说了，兄不谓然，决不愠。有时重说之，亦只是提供参考；遇兄不置可否，辄了解兄大概不赞成，遂自认自己所见不一定便对，惟觉说了不见采比不说而自己在那里转念头为心安理得。兹敬恳仍本初衷，维持下去；弟必自绳，有意见尽管提出，但绝对尊重兄之判断。

今晨趋府候晤，值兄已外出。归至北楼，缮此略当面叙。诸希亮察，无任屏营。即颂

日安！

弟周制炳琳[①]上

〔一九四六年〕十一月五日

① 周炳琳之母于1946年10月在黄岩病逝，正在守制期间，故在姓名中有“制”字。

燕树棠1946年11月6日致胡适函

适之校长：

月前棠函辞法律学系主任之职，曾蒙慰留。昨又向院长函请坚辞，亦承好言劝勉。惟棠自度，承乏已久，贻误太多，倘若继续敷衍，于公于私，责任太大。棠所以再三烦渎者以此也。我有终身服务北大之志愿，能不尽心哉！仍祈批准辞职，统希鉴原，是为至祷！专此，敬请
公安！

燕树棠敬启

〔一九四六年〕十一月六日

再：致院长函及院长复函，附呈。[1]

① 即燕树棠1946年11月4日致周炳琳函及周炳琳1946年11月5日致燕树棠函。已见前，此处从略。

周炳琳 1946 年 11 月 9 日致胡适函

适之先生：

闻先生即将飞往南京准备出席国民代表大会。此时赴会，是否为贤智之举动，琳以为尚值得考虑一番[①]。撇开此举之政治关系不谈——先生对于现实政治之看法，琳绝对尊重，——单讲校务，此时可以说尚未正式上课，事甚繁乱，局面未趋稳定。我们希望校长在此坐镇，事来重心有托。先生能否考虑迟两周，俟会真能开成再去？不是杞人忧天，一年余昆明历次事件之经验已使人成了惊弓之鸟。

自信可以做亡命客，但在校一日，终是矜持。先生倘亦笑其愚乎？专肃，敬候晨安！

周制炳琳谨上

〔一九四六年〕十一月九日

---

① 周炳琳这时对国民党政府已经完全失望，他除自己拒绝去南京参加伪国大以外，还竭力劝阻胡适去参加伪国大。据当时担任胡适私人秘书及校长室秘书的邓广铭教授说，周炳琳为此事曾到北京大学校长办公室劝阻多次，和胡适谈得面红耳赤。胡适不听劝阻，仍表示要去参加，周炳琳明知事已不可为仍勉力为之。后来胡适到南京参加了伪国大，并以伪国大主席团成员的身份将伪国大通过的伪宪法双手捧交给蒋介石。

北大教授1946年12月30日致司徒雷登抗议美军暴行函[①]

司徒雷登博士勋鉴：

本月二十四日下午八时，本大学先修班女生某女士（暂隐其名），于北平城内被贵国驻华海军兵士二人强行无礼，女士狂呼求救，由路人闻声报警局，待警察赶到，某女士已被奸污。查某女士年仅十九岁，遭此暴行，其所受精神上之创痛，先生可以想见。中国人对于一个处女贞操之重视，先生固知之深。而吾等本为某女士之教师，闻悉此暴行，尤深悲愤。先生以教育家出任驻华大使，对此事之观感，当与吾等相同。兹特以下列三事，提请注意：

（一）对于被害人望嘱有关方面，迅作处置，以补偿被害人之荣誉损失。

（二）对于犯罪之士兵，迅绳以法。

（三）望保证此后不再有类似事件在中国任何地方发生。

事关吾国国民身体自由，及人格完整之保障，处置略欠允当，并足影响中美两国人民间之敦睦，想贵国国务院暨在华有关各方面，决不能漠视也。敬候

年禧！

国立北京大学教授　袁翰青、赵广增
谢文通、胡世华、赵西陆、吴恩裕、李松筠
龙季和、薛琴访、马大猷、孙承谔、吴素萱
陈友松、陈占元、费　青、张　颐、沈从文
周炳琳、许德珩、俞大缜、闻家驷、陈振汉
杨西孟、庄圻泰、蔡枢衡、袁家骅、吴之椿
冯承植、楼邦彦、任继愈、马祖圣、俞铭传
王参钟、赵隆骧、赵全章、王金铭、钱端升
郑华炽、殷宏章、朱光潜、向　达、周作仁

① 本函为周炳琳等教授起草。

容肇祖、赵迺抟、萧剑云、郑　昕、钱学熙
江泽涵

同启

一九四六年十二月三十日

(《经世日报》(北平)1946 年 12 月 31 日)

周炳琳 1947 年 1 月 29 日致胡适函

适之先生：

奉读一月十日赐函为太平洋学会参加二月廿四日至四月三日举行之“全亚洲会议事”事，提示待考虑之二点。兹奉告本人之意见：

(1) 赞成参加此次会议，

(2) 代表人选可授权先生与各方商酌办理。

敬复，并候

时祺！

周炳琳敬上

〔一九四七年〕一、二九

邵力子复周炳琳等建议往迎中共参政员函

〔本报南京14日发专电〕

参政员周炳琳、许德珩、钱端升近函参政会秘书长邵力子，建议派机往迎中共参政员出席本届参政会大会。邵氏复函如下：

（衔略）六日赐书，昨日奉悉。中共参政员开会通知经电请中共在行总工作之伍云甫君转达，倘得复则先生等派机往迎之议自易遵办，但鉴于中共近年对参政会之态度与本年一月拒绝张文伯将军赴延安之举，恐难有良好之反应，更忧其又指此议为和平攻势，而加以笑骂。则或非徒无益矣。弟甚佩先生等之热情高见，当遵与政府详商，仍盼早日命驾来京，俾得随时请益。即颂

道安！

弟　邵力子叩

（《大公报》（天津）1947年5月15日）

傅斯年1947年6月19日致胡适函(涉及周炳琳)

适之先生:

一月多以来,生病,事忙,心绪不佳,等等。未写信,北望至念也。

十五号船挤下来(非我改),现买到二十九号 General Gordon 票,必行矣。二十五晚事赴上海以后,我暂时通信处如下:

廿八以前可到之信,上海岳阳路中央研究院。

到美后,一个月内之临时通信处,旧金山张总领事转;八月十五以后元任转。

学校的情形,今后如何?至以为念。先生也是有病的人,务请时时小心,不要等发作后再料理,或者夏天休息一两月,尤其不要做夜工。文章再多几本,也不过如此,"国宝"之性命要紧。

我自己的病,实在晚治了至少三年,今年3月以来,甚不佳,这都是枚荪害我,而我或者又害先生也(自然枚荪仍是主凶)。[①] 这三个月教育部穷死,看那样,催也无用,骝先近亦不大来摆龙门阵,因我一直劝他辞职(他也要辞,辞了三次,只最后又不决耳),而若干办法,我劝他不必坚持(如师范学院改大事),而他在乱世只平时做。

北平这次算幸免,然而随时可生任何事。学校暑假后之情形如何?此时请人,恐更不易矣。如医学院,南边各校几皆新布置好,北京此时请人更不易矣,院长是否仍旧耶?但若进一步,恐校内各部分若干人事之调整或不当免也。先生以为如何!

《史记》到此后,连看费了三天工夫,大致看了一遍,又以三晚写一文。此可谓为"南北宋蹿踢本",然原刊在北宋,且不在北宋之末,绝无可疑,其刊地存地当在江南,决不会是北宋盗本。无论如何,此书当为现存《史记》之冠矣,一切皆先生玉成也。苑峰刻工姓名之说甚重要,正以其说可证其为北宋,因《史记》之补版刻工正为《通鉴》原板刻工同也。先生信谓北宋避讳不核(我文初尚不敢印,及得先生信,立即油印),诚尤如此。初看此书,大为惶惑。似乎此书到桓字方才认真,而敬员同在一卷不避,焉得谓当成避讳有严格之例乎?"情不自已,写成一文,油印另函上呈矣。恐先生已见到,我初做此事,绝不自信,如有谬误,乞多赐指点也。两书皆好书,我还不认太贵(有人如此责备)。"又沅老尚藏有不全之《通典》,未知先生便

---

① 此处指的是周炳琳(字枚荪)推荐他代理北京大学校长一事。

中可与之一谈否？研究所已无钱，如有希望，则由夏作铭君（我出洋时他代行）与教育部商洽，其价似乎三千何如？如我日内有暇，当在专函谢沅老也。

致枚荪一信，乞先生转交。此事是绍宁告我，然我也是忧虑，不是对枚荪反宣传。余另。

敬颂

道安！

学生 斯年

〔1947 年 6 月 19 日〕

院士事另函。

傅斯年 1947 年 6 月 19 日致周炳琳函

枚荪吾兄：

弟廿九放洋矣。此时实在不欲远行，而身体三个月中不了，晚治了至少二年，皆兄之赐也。前闻兄向适之先生提出请刘志旸为教授[①]，胡先生云，不妥，兄云，责任你负。我觉得此事万万不可。

刘已判刑，即出来，仍在停止公权中，其罪是汉奸，不是政治犯。兄办法科，不可如此"尚法而无法"。刘之罪不止于伪参事，且是新民会人，此不可推为强迫，无此逃难者也。关于一般者，前年在昆明，两次开教授全体会议，同人主张一致。后来弟在渝时，闻兄于一会谈及可以修正，弟曾面问兄，兄云，不是那样，无人主张接收伪教授云云。此等事，兄尚当忆及也。即以学问论，刘之学问何在，实不给人以 convincing argument[②]。战前，以兄与适之先生都酷好董康[③]，此人（刘）提出中基会补助（研究教授）当时几乎不通过，因说不上他的研究也。徇学校之请，大家不高兴的通过，而此人又提出买一部《四部丛刊》，置其家以便"研究"，群以为怪，未成。此弟犹忆及者也。这样人，又参加了伪官，参加了新民会（尤其末一节），法学院更不应该做这样一个榜样。弟前年至去年之经历，觉得吾兄之任性（只有自己的观点，决不考虑其他人的观点），专制，与兄之主张完全不合。现在北大的局面，尤其是适之先生在那里受苦，兄比任何人负责都多，兄当积极赞助适之先生，不当出这些怪事。我们三十年的老朋友，临别赠此一言，乞兄万万考虑。枚荪兄，你万万不该如此的。我虽到国外，心实在北大之名誉、进步，兼以老友之故，故冒犯作此一言。[④] 专颂

教安！

嫂夫人安！

弟　斯年

〔一九四七年〕六月十九日

---

① 刘志旸，抗战以前是北京大学法律系教授。北京沦陷时，曾任敌伪大理院大法官等伪职，抗战胜利后以汉奸罪判刑。出狱后，周炳琳拟延聘他到北大法律系任教，当时胡适校长、傅斯年代理校长都是不同意的。周炳琳却仍坚持己见，聘请刘为教授（当时聘教授之权主要在院长）。解放后，1951 年镇压反革命运动中，刘志旸在参加了北京大学法学院为职工召开的镇反动员大会以后，当夜在家因心脏病发作逝世。

② 意为令人信服的论据。

③ 董康，抗战前曾任北京大学法律系教授，北京沦陷时曾任伪大理院大法官，抗战胜利后判刑，解放初因病逝世。

④ 周炳琳一生提倡自由、民主，而个人在北大的工作作风上却颇为专制，行为与主张不一致。他三十年的老朋友傅斯年的这一观点是知人之见。

周炳琳 1947 年 7 月 12 日致胡适提名院士函

适之先生：

院士提名，承嘱提出人文组经济学法律学两学科的候选人。兹为法律学提了郭云观、吴经熊、刘志旸、李浩培等四人；为经济学提了马寅初、陶孟和、杨端六、何廉、方显廷、陈總[①]、赵廼抟、杨西孟、蒋硕杰等九人。除与北大有密切关系的几位较易得到他们自己的报告，因而尚能依格式填写外，其余的都只能就所知写出个大概。

尊意北大提名应以全国为范围，极是。这个名单可以说是被及全国了。

所提还是具第二项资格者为多，都是些已出面的人物。在一种意义上说，这是表示学界的贫乏。这些人诚然是成熟些，但求进步不能靠他们。如果可以不必要表面出色的人物，我这名单中恐怕只有三数人虽不甚出名却是值得抬举。惟院士制之立殆不能无酬庸之意，故提知名人士或反较能符合原意。资格第二项以领导或主持为言，自仍可在轻重上较量，但将来之难题怕亦即在于此。

刘君志旸被提出，请先生宽恕我。我对他本是衷心钦服，自不必规避，也毋庸掩饰。附去其三年前所作《论运用弹性法规之程准》一文，值得一看。

这工作只是为先生替一点工，我交了卷就算了了事，去取、斟酌、较量悉由先生为之。

关于端升的一份并附上。他自己不供给材料，粗枝大叶地填写，只能填写到这个地步。

专此，敬候

时安！

周炳琳敬上

〔1947 年〕七月十二日

① 陈總，即岱孙。

王世杰 1948 年 3 月 22 日致胡适函(涉及周炳琳)

适之吾兄:

三月廿日手书诵悉。兄之关切,使弟十分感动。弟辞职[①]理由,当日曾于会中作如此的声明:

去岁二月二中全会时,若干同志曾主张我辞职。当时国际形势异常险恶,我曾声明我不准备离职,因为我不愿背临难苟免的骂名。现在又有同志作相同的主张,我却准备辞职。因为目前国际形势不如去年今日的危急,人事的更迭不必有大影响。同时,国内现尚有一二百万军队在作战,旅大及东北五省尚待收复。如此困苦之局,倘无一个举党一致的外交政策,和一个党中极大多数人信任的外交当局,前途的艰难,实在不易克服。

当弟起立为此声明之前,力子[②]、志希[③]诸人均极力阻止。我说,"我今日决不能把去职的事当作一个个人的面子问题"。兄及端升来信,给了弟一些勇气。可是弟必须看政府究竟能否改组,外交决议究竟怎样。弟之态度当然要增加介公若干苦恼。惟其如此,所以弟对兄之嘱托不能再尽力,望能原谅。关于政府改组问题,目前形势似乎既不易写成一个剧本,尤其不易有唱角。不过无论如何,这次改组如能实现,尽管像是一种形式的改变,其影响绝不是形式的。兄对英使的讲话是一种深刻的看法。政治上我们不能看轻了形式的重要性。

日昨枚荪来谈,弟曾提出两点:一、他应该尊重一个八年在外的人[④]的冷静见解。二、蒋先生[⑤]在过去七八年间,思想和性格的变迁是极慢的,但是我相信是极根本的。

问候

兄和嫂夫人的好!

弟　世杰

〔一九四八年〕三月廿二日

此信得便请给端升一看。

---

① 王世杰,号雪艇,当时是国民党政府外交部长。

② 力子,即邵力子。

③ 志希,即罗家伦。

④ 八年在外的人,当指胡适。

⑤ 蒋先生,当指蒋介石,本段说明周炳琳与胡适、王世杰、蒋介石等人的政治观点已经有了分歧。

郑天挺1948年4月7日致胡适函(涉及周炳琳)

适师尊鉴:

六日下午三时在东厂胡同开临时行政会议,得警备总部电话,抗议学生自红楼向民众广播。当推自昭兄前往劝止,并推华炽[①]、自昭[②]两兄晚间访晤陈武鸣[③]。九时半两兄来舍,谓警备总部态度强硬,将逮捕学生,遂急上一电,想蒙赐察。三时华炽复偕警备部汪道渊来,谓四时即将逮捕。当向之提出两点:一必先通知学校,二必待天明八时以后。两君去后未久,得汪电,称警察局汤局长即来访(时约三点五十分)。少顷,汪、汤偕来,出示警备司令部密函,附十二人名单,请学校协助归案审判,并谓学校附近已戒严,天亮以前必须捕齐,请同往见证。生立即拒绝。自四时一刻至五时许,交涉凡三刻钟,汤最后提出:或立即逮捕,或由学校负责于八时前到案,两者之中必须迅速决定一途,当时电话不断,皆彼辈催询动作者。生遂决定第二办法,以免其黉夜闯入宿舍。汤复言今日发动人员甚多,并有其他部分,均在六分局等候,请生同往解释。生随之往稽察处,宪兵队、刑事警队负责人均在,饱受诮嚷。惟念维护学校尊严、同学生命,遂亦忍之。五时半自分局出,访自昭,六时入校,通知单内十二同学来谈,除柯在铄外均到。(均由同学通知,并告以逮捕名单,先后均到,不愧北大学生。)遂将情形经过告之,并劝其镇静。七时欲与自昭同访陈武鸣,学校盼有一人留校与之相伴,生遂不往,自昭约华炽未晤(华炽在枚荪处商学生事),单独往会陈武鸣。陈仅允将八时时限延至十二时,态度仍极强硬。自昭返校,枚荪、华炽继至,商定由生与贺、郑十时再访陈,请求两点:一、十二学生填具负责证书,不再活动,由学校看管;二、如必须逮捕,请移送法院。抵总部,值何仙槎[④]亦在(仙槎系枚荪托其出面斡旋者)。仙槎言,陈晨间碰了傅宜生[⑤]一个钉子,情绪甚坏,愿在中间为我辈传话。最后陈允立即移送法院,但须先至警备司令部一趟,司令部可以不讯问,只是表明是由司令部移送者而已。归告同人同学,均感不放心,复由自昭与汪道渊电商,一面由校派人至司令部取公文,一面由校送十二学生至法院自行投案。汪亦认可,但研究之下,在法院未传讯前即行投案亦不甚妥,乃

---

① 华炽,即郑华炽,时为北京大学教务长、物理系教授。

② 自昭,即贺麟,时为北京大学训导长、哲学系教授。

③ 陈武鸣,即陈继承,是蒋介石在华北的代理人,职务是军事委员会北平行辕主任,在中南海内办公。

④ 何仙槎,即何思源,北京大学校友,当时为北平市市长。

⑤ 傅宜生,即傅作义,当时为华北"剿总"司令部司令。

改定由校函复警备司令部,略谓十二学生均已通知,均愿听候法院传讯,请其即日将全案移送,一俟传讯,负责到案。下午一时自昭持函至司令部,司令部以与上午商谈不符,拒绝接受。三时枚荪、自昭再托仙槎与陈婉商,始获同意,但须保证:一、随传随到;二、停止对校外之活动,如街头壁报、传单、广播之类。至此始告一段落,但今后如何演变,仍不可知。当今日极度紧张时,学生曾分访教授会,并召集学生全体大会,以图挽救。十二时教授来者十余人,对于学校处置认为满意,二时半散去,无表示。学生大会,有主再罢课三天者,亦有不赞成者,学校正分头劝导,不知成效何如。谨此奉陈,余另函。顺颂
崇祺!

学生　郑天挺上

三十七年四、七夜

北京大学教授会1948年4月13日致胡适急电[①]

南京中研院转胡校长适之先生：

十一日下午，有所谓民众团体者，在天安门集会后，结队游行，沿途胁本校学生加入行列，施行毒打，来至沙滩校门前。当时校门紧闭，乃投石击碎楼窗多门，继又窜入东斋，捣毁教授宿舍。学校四周，宪警林立，意任暴徒逞凶，决不可解。专此电陈，务请政府惩罚凶手，严令地方当局保证今后不再有类似事件发生，以安人心。

国立北京大学教授会

〔一九四八年四月〕十三日

（见《平明日报》（北平）1948年4月14日、《世界日报》（北平）1948年4月14日）

① 此电为1948年4月12日北京大学教授会委托周炳琳教授牵头起草。

何思源1948年4月12日致朱家骅、胡适电(涉及周炳琳)

教育部朱部长骝先先生,并转胡适之先生:

×密。各校部分学生为反对取缔华北学联,罢课游行,因侮辱元首,诋毁国大,并开坦白大会,殴伤党团学生,致引起众怒。平市清共委员会及反罢课学生于昨午在天安门前集合万余人。赴行辕请愿,要求肃清潜伏共匪,保障善良学生安全读书。大队行至北大门前,有学生数人高踞红楼,嘲笑辱骂,群众怒不可遏,当以石子互击,另一学生避于东门首教员宿舍,互相对峙,于纷乱中致将门窗玻璃毁损数处。[1] 经宪警极力弹压,幸未伤人,仅警官一人因维持秩序,受伤颇重。此事演变期,源随时与梅生[2]、宜生、自昭诸兄保持联系,力谋平息途径。终以相互激荡,发生不幸。源因力持和平,备受误会,诬为袒护北大,放纵共×,故于群众请愿时避未敢见。双方尖锐情形为先生所素知,长此下去,后患不堪设想。源处此夹缝当中,尤感左右为难。瞻念前途,彷徨不安,尚恳先生有以见教,并建议中央迅定有效办法,不胜企祷之至。何思源叩卯文〔一九四八年四月十二日〕印。

---

① 何思源的这份电报,颠倒了事实真相。事实是1948年4月11日,北京的国民党特务分子收买地痞流氓,冒充群众,围攻北京大学,具体情况请参阅郑天挺1948年4月13日致胡适信。

② 梅生,即枚荪,皆周炳琳之号。何系周的同学和密友,故以梅生称周。1946年秋何思源新任为北平市长时,一下飞机就到北京大学中老胡同教授宿舍看望周炳琳一家。1949年年初,何思源因从事北京和平谈判活动,被国民党特务在公馆安放定时炸弹,炸死何的女儿,炸伤何的双手。何的双手绑着绷带就到周家看望。何有一箱书籍存放在周宅已有数十年之久,直到周逝世后,又隔多年,何才从北大图书馆领回去。

郑天挺1948年4月13日致胡适函(涉及周炳琳)

适师尊鉴:

十一日上午九时,据报天安门举行民众大会游行示威并向北大请愿。校中决定采忍避办法。校门关闭,同学不外出,全体工警在校内维持,门外任何刺戟均忍耐(学生初意如大队中有北大旗帜则与之理论,大队未来之前已知并无北大旗帜),一面请自昭向各处接洽设法,使游行路线不经北大校门。奔走半日无结果。(自昭至市党部未遇一人,但见标语成叠,小旗无数。至天安门,主席团均未到,后闻在参议会。自昭到参议会晤某君谓,路线难改,快教郑秘书长到校接受请愿书罢。)将近下午二时,大队行至沙滩,停留北大门前(事前宪警已来保护),首唱国歌,继呼口号,继则乱喊(有"打倒共匪老巢的北大"等),最后以携来石块向红楼掷击(四楼玻璃窗破碎甚多,力大可知)。初以为或不致更有其他动作矣,不意竟又闯袭东斋红楼门前,民众围观者甚多,间杂有一二北大学生,后为群众发现,胁之同行。有逃避奔入东斋者(或云是一职员),众追入东斋,先捣毁号房,打破电表,以刀砍断电话,有面盆亦被刀砍裂。吴恩裕教授住外院号房之南,亦被波及(吴太太系市党部监察委员),吴小姐躲于床下,幸未受伤。随有宪兵追来劝阻,始出门去。二门以内未遭袭击。号房有挂钟,一砍而停,正指二点五分。事后警备司令部派主任汪道渊,市政府派秘书丁君来校慰问并调查。夜九时及三时,校中又有虚惊,盖余悸也。

下午三时,沙滩区教授联谊会开会(昨日所定,适逢其会,于本日成立,理事中有芮沐、费青、楼邦彦、樊弘、袁翰青、许德珩诸教授),决议请学校明日停课一天,召集教授会并调查损失。友松代表来告,除第三点已办外,均允之。

十二日上午召开临时行政会议,交换下午教授会开会时之意见,决定:(一)如罢课,须有期限(师院无期限);(二)此次责任不宜集中于一人(学生自治会有告教师书,主张由陈继承负责,经劝后亦删除);(三)不主张催吾师回平;(四)推枚荪主席(开会用吾师名义召集)。

下午三时开教授会,到一〇八人(发出通知一八六份),由生与自昭报告,讨论至七时散会。决定:1. 罢教一星期,其社会服务研究工作一律照常(有主三天者,表决少数);2. 请吾师在京接洽惩凶,并令地方当局保证今后不再发生类似事件(另有电);3. 推周枚荪、袁翰青、朱孟实、王铁崖、刘思职、马大猷、熊大仕起草宣言。其他问题(上午所想者)均未提(生在报告时对于责任不宜集中一个人——说明陈继承及吾师在京来电均谈到），八时半起草委员会开会推王铁崖执笔，次日讨论。

十三日上午十时，讨论宣言，决定后于下午发表。晚七时，陈武鸣约枚荪、孟实、自昭、华炽、师院温广汉及生便饭，坚决表示不致发生类似事件，对赔偿或有办法，而惩凶似有为难之意，亦实情也。但同人均劝其依法送法院。

前数日各校同人会谈，认为有许多事恐非地方当局所能解决，主张请各校长在京建议派大员来平。有人提到雪屏兄，枚荪与生皆不赞成，以非所以保护雪屏兄也①，但此事甚属必要。

十二日清华开会，有人提议与北大各派一人晋京报告，北大行政会议诸人以为有校长在京，似无此必要（北大并未开会，此是见面时征求意见之结果），想可作罢矣。肃此，敬颂

崇祺！

雪屏兄同此

学生　郑天挺谨上

卅七年四月十三日夜

今日下午十时校内又有虚惊。

① 陈雪屏，原北京大学教育系教授，新任为南京政府青年部长。周炳琳、郑天挺等人之不赞成他作为南京政府大员来北京处理“四月事件”，不是为了保护陈雪屏，而是因为他在南京政府中的权势尚不足以胜任此重任。

彭学沛1948年8月31日致胡适函(涉及周炳琳)

适之先生:

弟奉派赴巴黎出席联合国大会,因会期即在九月二十日,故拟十日启飞,雪兄则于十七离沪,行前未得面聆教益,至以为怅。返国时拟取道美国,有何指示之处或有可以在国外代办之件,乞随时示知,巴黎由钱阶平,美国由张平群转为幸。专此,顺颂

道安!

枚荪、金甫诸兄均候

弟 彭学沛[1]

〔一九四八年〕八月三十一日

---

[1] 彭学沛,号浩徐,北京大学毕业生,周炳琳的好友,曾任国民党中央宣传部部长。

陈达[①] 1948 年 12 月 8 日致周炳琳函

枚荪老兄:

对于贵校五十周年的演讲,弟拟讨论下列一题:

我国社会政策的基本因素[②]

敬祈

卓裁为幸!顺颂

冬祺!

弟陈达谨启

三七、十二、八

---

① 陈达(1892—1975)。现代社会学家和人口学家,号通夫。清华学校毕业留学美国,获哥伦比亚大学博士学位。回国后在清华大学任社会学系教授兼系主任,长期从事人口问题、劳工问题和华侨问题的调查研究工作,并兼任国民党政府中央研究院院士、国际人口学会会员等职。新中国成立后,历任中央劳动干部学校教授兼副校长、政协全国委员等职。

② 1948 年 12 月 17 日为北京大学建校 50 周年校庆,在此前后举行了各种校庆庆祝活动,包括一系列学术讲座。此信是陈达答应来北大讲"我国社会政策的基本因素"讲题的回信。

胡适 1948 年 12 月 15 日致周炳琳函[①]

枚荪兄：

我走了，一切请多保重！

适之

〔1948 年 12 月 15 日〕

① 此信是胡适于 1948 年年底北京即将解放的前夕只身飞离北京时，在南苑军用机场候机时用毛笔写在报纸中缝空白处，用手撕下，托他的专用小轿车司机带交周炳琳的。

周炳琳等教授致函《人民日报》反对美帝国主义肆行侵略

（1951年7月）

《人民日报》编辑同志：

我们读到二日报纸刊登美国侵略军司令李奇微声明愿意接受马立克的建议，派遣代表谈判停战的消息以后，一致认为，这是中朝两国人民部队再一次的伟大胜利。中朝部队，在一年以来，已在朝鲜给美国及其附庸各国侵略军以沉重的打击，使它屡战屡败，到了进退两难，首尾不得兼顾的地步。这就迫使美国帝国主义急于接受马立克的建议，急派遣代表谈判停战。美国帝国主义完全是外强中干的，纸老虎完全被揭穿了。

但是，我们深切认识，美国帝国主义是凶恶成性、惯于欺骗的。它不会接受其悲惨教训，不会在受沉重的打击之后立即完全撒手不干其侵略的勾当。相反的，它在最后死亡之前绝不收回它的侵略政策，一定还要继续蛮干下去。事实上，美国帝国主义现在还没有和平解决诚意，还没有停止它对我国台湾的侵占，也还没有停止单独对日媾和的阴谋活动。即使谈判而停止，美国帝国主义仍然在侵略和危害我们中国，仍然是我们中国人民的死敌。我们绝不存着丝毫幻想，我们的抗美爱国工作绝不松懈。相反的，我们应该更提高警惕，更加倍努力，用最大的力量推进各种爱国工作，巩固我们伟大祖国的国防，保卫我们伟大祖国的安全。我们不让美国帝国主义肆行侵略，一定要继续不断地给它的侵略行为以打击，使侵略者逃避亡的命运。

北京大学教授

胡世华、郑天挺、韩寿萱、王铁崖、黄觉非、季羡林、楼邦彦、张龙翔、卞之琳、钱学熙、杨人楩、吴恩裕、樊弘、赵迺抟、金克木、向达、郑昕、冯至、陈占元、贺麟、孙承谔、闻家驷、周炳琳、庄圻泰、田德望、朱光潜、费青、孙云铸、吴之椿、张景钺、袁家骅、芮沐、曾昭抡、王岷源、张祥保、江泽涵、李绍鹏

（《人民日报》1951年7月7日）

毛泽东1952年4月21日致彭真函(涉及周炳琳)

彭真同志:

送来关于学校思想检讨的文件都看了。看来除了张东荪那样个别的人及严重的敌特分子以外,像周炳琳那样的人还是帮助他们过关为宜,时间可以放宽些。北京大学最近对周炳琳的作法很好,望推广至各校,这是有关争取许多反动的或中间派的教授们的必要的作法。

(见《毛泽东在(对北京市高等学校三反情况简报)的批语》,《建国以来毛泽东文稿》第3册,第422页)

周炳琳 1961 年 7 月 28 日致张友仁函

余生：①

你动身去内蒙那天，遇到了秋舫，她告诉我你们这个集体将移往那里工作一个月。② 昨接来信，知条件甚好，工作起来方便，为之高兴。

日前得你母③ 22 日来信，说照光 6 月 27 日结束，皮肤有点反应，已愈；经林主任大夫检查，说效果很好，块已没有了，约定 10 月 17 日再去检查；应注意营养和休息，现在已请到了一个高妈，很好，对家务和照顾小孩可少操心；检查要继续下去达五年。这是一个好消息，我们大为放心。但仍须十分注意，特别是营养和休息。你可经常与莲芳通信④，藉知情况，并常给母亲本人去信，俾得安慰。京生⑤回去后已安排工作否，你有没有接他信提及此事，为念。

仲密在包钢的住址是：包头市昆区钢铁大街 32 号街坊 370 栋 34 号周震武。⑥

你说的那张照片，我在某处（或某书上）也看到过。那是 1920 年夏天在旧陶然亭某张公祠（似乎是张文襄——之洞的）内一个楹轩前面空地上照的。在邓康（当时号仲澥）旁边的确是我。⑦

---

① 余生，即张友仁，当时在北京大学经济学系任教。

② 1960 年北京市各高等学校联合成立政治经济学教科书编写组，张友仁担任编写组副组长。1961 年 7 月因北京夏日炎热，编写组移往内蒙古呼和浩特市中共内蒙古党校继续写作。张友仁在内蒙古党校图书馆中看到人民出版社 1959 年出版的《李大钊选集》中插有少年中国学会同人合影，其中有周炳琳与李大钊、邓中夏等人，特致函询问和核实。不久接到周炳琳的这封回信。信封上，收信人及地址写作"内蒙呼和浩特市中共内蒙古党校高级班楼 245 室张友仁同志"，寄信人及地址写作"北京大学燕东园周缄"。张友仁与周炳琳同在北京大学垂二十年，很少写信。此信是保存下来的唯一的一封。

③ "你母"指周仙霞，她是周炳琳的妹妹，久居上海市。当时患有子宫癌症，经 X 光照射，一度好转，但终于 1965 年 5 月病情恶化逝世。

④ 莲芳，即张莲芳，是周炳琳的甥女，张友仁之妹。浙江医学院毕业，历任上海第四人民医院主治医师、金山石化总公司医院院长。

⑤ 京生，即张友岳，是周炳琳之甥，张友仁之弟。同济毕业，历任吉林铁路局秘书、科长、处长、干部学校副校长等职。

⑥ 仲密，即周震武，是周炳琳之侄。历任包头钢铁公司工程处长、马鞍山钢铁公司高级工程师等职。

⑦ 张友仁在《李大钊选集》上看到李大钊和周炳琳等人的合影，特去函询问和核实。这张照片是 1920 年 7 月 1 日少年中国学会成立一周年时，北京总会在宣武门外岳云别墅召开了第一次年会，这次会议的内容之一是欢送周炳琳、康白情、袁同礼、张申府等会员出国留学。他们在岳云别墅中摄有照片，共十人，左起为孟寿椿、邓中夏、周炳琳、张申府、陈愚生、康白情、袁同礼、李大钊、黄日葵、雷宝华。在此前后，周炳琳和李大钊、邓中夏等还在北京陶然亭留有合影。因周炳琳当时没有看到《李大钊选集》中的这张在岳云别墅拍的照片，所以在信中误以为是在陶然亭拍的那张照片了。

在政协组织下，我们将于本月31日晚去青岛休养二十天[1]，大概是8月21或22日返京。

余不尽。即祝

工作和休息配合得好，度过一个快乐的假期！

舅 枚荪

〔1961年〕7月28日

〔信封背面附言〕

浩博[2]附条中所说的毛选，各卷都需要。

---

① 周炳琳当时是全国政协委员。这里说的“我们”，是指他和夫人魏璧。魏璧早年参加新民学会和反对张敬尧的斗争，有“湖南三杰”（之一）之称，与毛泽东交往密切。出国勤工俭学前，毛泽东在上海半淞园参加了欢送她们出国的活动，摄有合影，现存各革命历史纪念馆中。她留学法国里昂大学、巴黎大学，学数学。回国后曾任广东政府中央学术院秘书，经蔡元培介绍，1926年与周炳琳在广州结婚。新中国成立后，曾先后在中国人民大学、北京大学教数学一个短时期，参加九三学社，是九三学社北京市委员。

② 浩博，即周浩博，为周炳琳之子，北京大学俄语系学生，后在北京双桥制药厂作统计工作和图书资料工作。

魏璧1963年11月致周仙霞有关周炳琳函

荷妹[①]:

枚荪去世后[②],月英[③]来信转告一切,知你深以我为念,甚感。我以多病之身,遭此不幸,悲痛之情,确非言语可能表达。我深知你们兄妹感情素厚,必亦悲伤不已。特草数语以慰远怀。

枚荪之病,系脊髓神经受损伤,四肢肌肉萎缩。据北京医院医生云:病因和治疗都系目前医学界尚未解决的一种病。他的现象是:自今年四月住院检查后回家,完全休息。一面经西医打针和服药,同时也服用中药,加强营养。但完全没有进步。夏盼至秋,由秋到初冬,日益虚弱。睡眠和肠胃消化力,完全反常。手部活动能力日益退化。最近一月来饮食起居多半由我协助。其他赴医院看病则由浩博陪同雇出租汽车前往。去世前三天,忽然发觉气喘,即送往北京医院住院治疗。谁知辗转三日,即于第三日午后五时余与世长辞。此事对我来说,真是晴天霹雳。我只认为他今后身体有病,只能在家休养,或考虑退休。谁知病况发展如此之快。诚令人悲哀万分。在莫奈何时,也得振作精神,使自己不发晕眩病,完成最后送别和公祭会。[④] 所幸今天新社会丧事全由北大、政协和民革三方面协同办理。家里人有北凡[⑤]、浩博、廉洁(女婿)[⑥]、友仁和秋芳[⑦]等共同搞好一切工作。目前已送上八宝山北京市革命公墓。

枚荪一生,鲠直清廉,人所共知。参加公祭时,老友多挥泪告别。到会人数共有二百五十余人。还有许多来自各地的电报(因有许多朋友去外视察未归)。公祭时,因有各方面协同办理,一切进行得非常顺利。请释远念!

我的晕眩病虽难根治,但服药后较去年稍好。请放心,余俟续告。顺祝
健康!

璞完[⑧]

〔一九六三年十一月〕

---

① 荷妹,即周仙霞,亦作周仙荷,周炳琳之妹,住在上海。此信未署日期,但信封上有1963年11月14日的上海邮戳。可见,此信乃写于1963年11月。

② 周炳琳于1963年10月24日病故于北京医院。

③ 月英,即周月英,乃周炳琳的长兄周炳南之女,当时任上海南洋中学英语教师。

④ 周炳琳的遗体告别仪式在北京医院举行,追悼会在北京嘉兴寺举行。何香凝为治丧委员会主任委员。

⑤ 北凡,即周北凡,周炳琳之女,高级医师。

⑥ 廉洁,即范廉洁,中日友好医院主任医师。

⑦ 秋芳,应写作秋舫,即张秋舫,乃周炳琳的甥媳,北京大学经济系教授。

⑧ 璞完,是魏璧之号,周炳琳夫人。

邓广铭1991年7月1日致张友仁有关周炳琳函

友仁同志：

你好！承询对枚荪先生解放前的印象，十分感谢！

他当时任北京大学法学院院长，从昆明到北京，历次讲演和发表意见，都十分高明。他处事从大处着眼，识大体，顾大局，我很敬佩！

解放前，周先生是很进步的。1947年年底胡适先生准备飞往南京出席伪国大前，他曾到北大校长办公室竭力加以阻拦。适之先生仍坚持要去。周先生明知事已不可为而仍尽力为之。这种精神，令人钦佩！专此敬颂

教安！

邓广铭[①]

1991年7月1日

---

① 邓广铭，1936年北京大学史学系毕业，留校任北大文科研究所和史学系的助理员及助教。曾任复旦大学史地系副教授、教授。1946年复员后回到北京大学史学系任副教授，同时担任胡适校长的私人秘书（在东厂胡同胡宅客厅办公）及北大校长办公室秘书（在松公府办公）。解放后，历任北京大学历史系教授、中国古代史教研室主任、历史系主任，中国中古史研究中心主任，兼任中国史学会常务理事、中国宋史研究会会长、全国高等院校古籍整理研究工作委员会副主任、北京市政协委员、全国政协委员、全国政协文史资料委员会副主任等职。

汪家镠[1] 2006年8月8日致张友仁有关周炳琳函

张友仁同志：

收到您寄来的《周炳琳与恩师蔡元培》一文，读后感到很好，这也是一篇珍贵的史料。您写出来并由《百年潮》刊出，是很有意义的。

1946—1950年，我在北大，因在文学院学习，所以与周炳琳教授接触很多，周先生的学识、人品以及对学生运动的支持，为我们同学所熟知并永远怀念的。

您身体好吗？望多保重！

汪家镠

8/8

〔2006年8月8日〕

① 汪家镠是中央党校副校长。

周炳琳年谱

1892年 10月23日 生于浙江省黄岩县上垟乡前岸村。

1907年 考入黄岩县中学堂。

1912年 在黄岩县中学堂旧五年制第二届以第一名的成绩毕业。

1913年 考入北京大学预科。离开黄岩赴北京时,在海门(椒江)登上轮船时,失足落水,被人救起。

1916年 升入北京大学法科经济门。

1917年 发起和参加《国民》杂志社。

1918年 1月 创刊《国民》杂志,任编辑部干事,并轮流担任编辑部主任。

1919年 3月 发起成立"北京大学平民教育讲演团",并担任文牍干事等,到北京东西南北四城讲演。讲演题目有《什么是国家?》、《山东与全国的关系》、《没有"命"》等。讲演还扩展到北京郊区的农村和工厂。

5月 参加五四运动。担任北京大学学生会秘书、北京学生联合会秘书。

6月 到上海参加全国学生联合会成立大会,当选为全国学联常务委员兼秘书。

夏天 作为北京学生代表在上海谒见孙中山先生。

7月1日 发起和参加"少年中国学会",并担任第一组月刊编辑员。

8月25日 在上海出席少年中国学会上海会员饯别会。

10月 在《少年中国》第1卷第4期上发表《开放大学与妇女解放》,主张妇女自己解放自己。

12月 在《国民》杂志第2卷第1号上发表译作《鲍尔锡维克主义底研究》,鼓吹社会主义。

1920年 1月1日 在《少年世界》第1卷第1期上发表《"五四"以后的北京学生》。

2月 在《少年世界》第1卷第2期上发表《1919年秋季开学后的北京学生界》。

2月 当选为北京大学学生评议会临时评议长。

3月 在北京大学参加发起组织北京大学马克思学说研究会。

6月 在北京大学法科经济系毕业。

在《国民》杂志第2卷第1号上发表《社会主义在中国应该怎么样运动》一文,

主张建立“共同消费、共同生产的社会”。

7月1日 在北京岳云别墅参加少年中国学会第一次年会，并接受出国留学的欢送。

7月21日 在北京大学图书馆出席少年中国学会常务会议。

7月 经蔡元培校长的选拔获得穆藕初奖学金，赴美国纽约哥伦比亚大学研究院学习。

1922年 取得美国纽约哥伦比亚大学文学硕士学位，入英国伦敦大学政治经济学院研究。

1923年 4月 到法国入巴黎大学研究政治学、法学。

1924年 游历法国、瑞士。留学德国、意大利等国。

1925年 4月16日 许德珩、劳君展在法国巴黎中国饭馆举行婚礼宴会，周炳琳、魏璧、徐悲鸿、刘半农、严济慈等34人出席。

8月 回国应聘为北京大学经济系讲师，经李大钊、童冠贤介绍在北京参加中国国民党。

1926年 1月 应武昌商科大学的聘请任教授。

8月 到广州任中国国民党中央党部组织部干事。经蔡元培介绍与魏璧女士在广州结婚。

1927年 1月 到南昌任中国国民党中央党部秘书处临时秘书。

4月 到武汉任国民政府外交部条约委员会委员。

7月 在武汉任中国国民党中央党部组织部秘书。

8月 到上海任《民国日报》主笔。

10月 任中央日报社筹备员。

1928年 任《中央日报》主笔。

3月 国民党中央常务委员会任命周炳琳为国民党浙江省党务指导委员会委员兼组织部长。

1929年 参加国民党第三次全国代表大会，中途退出，拒不参加中央委员的选举。

9月 应聘到北京清华大学任经济系教授。

1930年 10月14日 南京政府教育部蒋梦麟部长电令派周炳琳教授代理清华大学校务。清华大学校务委员会遵令苦劝，周炳琳坚决不接受。

1931年 6月2日 当选为清华大学临时委员会委员，该委员会共9人。

7月8日 应蒋梦麟校长的聘请到北京大学任经济系教授兼法学院院长。

9月 向蒋梦麟校长建议聘请胡适为北大文学院院长，并于14日和蒋梦麟一起去劝请胡适担任此职。

1932年 兼任国民党北平特别市党部委员。

春 参加创办《独立评论》周刊，并替胡适向市党部办理登记手续、向市公安局办理立案手续。

在《独立评论》1932 年 7 月 30 日第 1 卷第 7 号上发表《对日新方针与讨伐伪国》文章，主张讨伐伪满洲国，收复东北失地。

1933 年 在《独立评论》1933 年 8 月 6 日第 3 卷第 62 号上发表《我对中国共产党的批评》文章，希望中国共产党循宪政常轨，走议会道路与国民党相抗衡。

1934 年 5 月 30 日国民政府令：任命周炳琳为河北省政府委员，此令。任命周炳琳兼河北省政府教育厅厅长，此令。

1934 年 6 月 出任河北省政府委员兼教育厅厅长，因主张“建设国防”受到日本方面的抗议，愤而于年底辞职，回到北大。

1934 年 11 月 10 日国民政府令：河北省政府委员于学忠……周炳琳……均免本职，此令。兼河北省政府……教育厅厅长周炳琳……均免本职，此令。

1935 年 2 月 周母陈太夫人在杭州举行 70 岁寿庆，蔡元培等写诗或以其他方式祝贺。

反对华北自治运动，和傅斯年一同起草并于 12 月 2 日发出《国立平津院校教职员联合会宣言》和《平津国立院校全体教职员通电》，号召“全国同胞一致奋起，共救危亡”。

1936 年 10 月 在《独立评论》1936 年 10 月 18 日第 9 卷第 223 号上发表《中日国交调整中几个要点》文章，抨击冀察政权的特殊化。

11 月 22 日 在《独立评论》第 10 卷第 228 号上发表《冀察现局》，这篇文章使《独立评论》周刊于年底受到立即停刊的处分。

在“一二·九”运动中，学生罢课。周炳琳认为反对华北政权特殊化很有必要，但又认为罢课会影响学业而劝导同学复课。

与许德珩等选购一批物资，送给在陕北的毛泽东等同志。

1937 年 1 月 3 日 傅斯年致函周炳琳等，述及西安事变后的政情。

5 月 出任南京政府教育部常务次长，24 日开始到教育部视事。

春 回到浙江黄岩安葬父亲，到黄岩中学向师生讲话。

6 月 6 日 在庐山与蒋介石“个别叙谈”后，替蒋邀胡适上庐山与蒋“个别畅谈”，将胡适引荐给蒋介石。

6 月 20 日 与胡适、傅斯年、王世杰、段锡朋等在“皇后”共进晚餐。

9 月 9 日 教育部派周炳琳等 10 人为长沙临时大学筹委。该校以北大、清华、南开三校为基础，联合组成。

11 月 19 日 率教育部职员乘江顺轮离南京、赴汉口。

与其他曾在 1920 年受到穆藕初资助出国的学成人员，于 1937 年集资设立新的穆藕初奖学金。1940 年获得第一批该项奖学金的有杨振宁等人。

1938 年 1 月 1 日 辞去教育部常务次长职务获准。奉命整顿国民党中央政治学校，并出任中央政治学校教务主任。

2月　作为“各界信望人士”，当选为国民参政员，又被选为驻会委员。

12月27日　国民参政会驻会委员会召开临时会议，周炳琳等提议慰问汪精卫病，并派人促其早日返渝。

1939年　1月24日　国民参政会秘书长王世杰商请蒋介石约请周炳琳担任国民参政会副秘书长。

2月1日　自滇至渝，王世杰劝其任国民参政会副秘书长。

5月　到达昆明，任西南联合大学经济系教授。

9月9日至18日　国民参政会第一届第四次会议在重庆大学礼堂召开，王世杰任秘书长，周炳琳任副秘书长。

9月18日　国民参政会闭幕，被选为宪政期成会委员。

10月13日　当选为出席西南联大校务会议教授代表。

10月　国民党第五届中常会第132次会议任命周炳琳等为西南联大区党部筹备员。

1940年　3月10日　在西南联大公祭蔡元培先生大会上致辞。

3月19日　王世杰与周炳琳谈论国家前途。周炳琳说：蒋介石于其工作之继承至今尚无打算，殊可虑。

3月28日　周炳琳等应蒋介石之邀前往谈宪政问题。

4月6日　国民参政会讨论中华民国宪法草案修正案，周炳琳等主张维持“国民大会议政会”（国民大会休会期间之常设机关）。蒋介石于开会时，对于周炳琳等在宪草中牵制政府权力之规定，表示不满。

4月9日　偕王世杰在重庆游歌乐山。

8月7日　西南联大推定周炳琳、叶企孙、杨石先赴四川勘察迁校校舍，以备必要时迁川之用。

10月11日　西南联大教授会选举周炳琳等12人为第三届教授会议教授代表，周炳琳得票数最多，为40票。

1941年　3月　国民参政会第二届大会召开前，周炳琳等以国民参政会秘书处名义函请中共七名参政员出席国民参政会。

3月1—10日　国民参政会第二届第一次会议在重庆浮图关国民大会堂召开，周炳琳等为国民参政员。

5月15日　周炳琳等宴请西南联大教授同人。

7月23日　国民党西南联大区党部召开全校党员大会，周炳琳等7人当选为执行委员。

8月22日　王世杰与周炳琳谈中央大学事，王劝其往中央大学为顾孟余先生助。王谓中大之重要，周炳琳亦以为然。

1942年　4月16日　西南联大举办国际形势系统讲演，请周炳琳等演讲。

4月25日　周炳琳等往访朱自清教授。

6月 《国立北京大学在滇教职员同学录》记载：法学院院长兼法科研究所主任为周炳琳，通讯处为昆明才盛巷2号。

10月 出席国民参政会第三届大会。

10月24日 国民参政会会议时，周炳琳等参政员对教育部陈立夫部长之教育设施颇多质问。

11月12日 在西南联大讲演《废除不平等条约之时代意义》。

11月26日 西南联大教授会选出周炳琳等12人为第五届校务会议教授代表，周炳琳得票数最高，为64票。

1943年 在国民参政会第四次大会上发表《团结与民主》的讲话。

在第三次反共高潮中，在参政会上力排众议，斥责国民党政府围攻中共的恶行。会后邀同部分参政员前往中共重庆办事处慰问中共参政员。

4月10日 王世杰在重庆北大同学会上，对周炳琳等说："'五四'运动实际上出自孙中山先生之策动，蔡孑民先生之倡导，君等在'五四'当时皆运动中之急先锋也。"

9月15日 西南联大设置党义教学委员会，请周炳琳等5人为该委员会委员。

9月24日 坚辞国民参政会副秘书长，改由邵力子任参政会秘书长，雷震任参政会副秘书长。

9月25日 国民参政会上，周炳琳对于某参政员要求政府立即给予人民以较多的自由的意见，表示同意。

9月29日 与王世杰晚上共同宴请国民参政会全体参政员，并介绍邵力子秘书长于诸参政员。

10月 国防最高委员会决定成立宪政实施协进会，周炳琳为该会委员兼秘书长。

11月17日 周炳琳等当选为出席西南联大第六届校务会议教授代表。

12月22日 西南联大第六届第一次校务会议推举周炳琳等6人组成委员会，研究各银行借予西南联大的款项应如何支配案。

12月23日 周炳琳等在才盛巷寓所设宴招待在昆明的人士。

三青团成立，周炳琳被指定为三青团中央监察委员会委员。

1944年 任西南联合大学法商学院院长、经济学系教授。

1月7日 国民党西南联大区党部改选，选出周炳琳等7人为执行委员。

2月20日 《朱自清日记》中，谈及周枚荪，说他对政治是悲观的。

3月14日 西南联大第六届第四次校务会议，推选周炳琳等4人起草与孔祥熙院长商洽调整本校同人及学生生活办法。又推选周炳琳等3人面见孔院长。

5月3日 在西南联大纪念"五四"运动晚会上讲话，讲述了当时火烧赵家楼、痛打章宗祥的亲身经历。

5月14日 姚从吾教授致函朱家骅教育部长，建议周炳琳等以西南联大法学院宪政讲演会名义举办《宪政问题十讲》。

5月18日　在王力教授夫妇于粤秀中学的晚宴上，与刘震寰将军等大谈时事。

5月23日　晚，刘震寰将军在新村26号某医师家宴请周炳琳等。

5月29日　晚，梅贻琦校长宴请周炳琳等。

9月9日　在参政会上，周炳琳说："民有饥色，野有饿莩，高唱'人生以服务为目的'的人，却若无所闻。"

9月18日　在参政会上，周炳琳说："中国人在外国的存款，不论美金、英镑，应一律提出。"

10月　在西南联大报告参政会观感，主张民主政治要彻底。

11月29日　下午三时，西南联大在新校舍北区东饭厅集会，周炳琳等向学生做动员从军演讲，勉励学生从军。

12月24日　傅斯年对王世杰说："如下届参政会政府不令周炳琳任参政员，则彼将不再出席参政会。"

12月　在云南省民政厅作学术讲演，题为《民主宪政与统一》。

1945年　根据《国立西南联合大学三十四年度教职员名册》记载，法商学院院长为周炳琳。

在国共两党重庆谈判期间，担任停战委员会委员、宪法草案审议会专家。

国民党在重庆召开第六次全国代表大会，周炳琳被圈定为中央委员，但他提前退席，拒不接受此任职。

3月13日　在西南联大附属中学讲国内时局。

6月5日　傅斯年致函周炳琳等谈北京大学校长继任人选问题。

7月7日　国民参政会第四届大会在重庆开会，开会时蒋介石向大会致辞，周炳琳致答辞。周的答辞中有"现时政治紊乱"等语，甚为蒋介石所恶。原议选周炳琳补王宠惠国民参政会主席团成员之缺，临时决定改为王云五。

7月14日　国民参政会围绕是否召开国民大会展开激烈辩论。周炳琳等7人联名提出《请先实施民主措施缓召国民大会以保团结统一而且有利抗战建国案》。

7月15日　周炳琳、钱端升在国民参政会大会上发言，蒋介石认为和国民党的决定不一致，十分愤怒。

7月16日　王世杰约国民大会问题审查会审查人周炳琳等国民参政会参政员商谈国民大会问题，大体为各审查人所赞同，惟周炳琳默然，似有立异之意。

7月18日　国民参政会上，周炳琳、钱端升就国民大会问题另提一案，固执不肯放弃其主张，并联名在《新华日报》发表《对于国民大会问题审查意见的声明》一文。

7月20日　《新华日报》第二版报道《周炳琳等发表书面声明，对国民大会问题审查意见，有三点与多数据未能一致》。

7月20日　出席参政会，继续讨论国民大会召开与否。表决前，周炳琳要求发言，却遭到台下起哄。当周炳琳在讨论《请政府对于已售出之黄金不必付现案》时，台下喊声又一次打断了他的发言。周炳琳认为："不容许反面意见陈述是不公平的。"（闻黎明：《论抗日战争时期教授群体转变的几个因素——以国立西南联合大学为例的个案研究》，第175页。原载子冈：《参政会的大轴戏，国大审查报告书面面观》，重庆《大公报》，1945年7月20日）

7月20日　在国民参政会上指出，国大日期及职权都是次要的，首要的应实行代表的"普选"，以及"最确切最有效的保障人民群众身体、言论及政治结社自由"。（《国民参政会纪实（续编），1938—1945》，第51页。原载《新华日报》）

7月23日　国民党中央常务委员会例会，吴铁城等以周炳琳不遵守党的决议为由，请予以处分。

9月13日　西南联大常务委员会举行第346次会议，周炳琳为主席，章廷谦为记录。

9月20日　西南联大举行第八届第一次校务会议，主席为周炳琳，冯友兰为记录。

9月28日　傅斯年致函周炳琳，谈北大事，并请他缓颊傅斯年与张奚若的关系。

10月1日　周炳琳等联名发表《国立西南联合大学张奚若等十教授为国共商谈致蒋介石、毛泽东两先生电文》

11月7日至12月12日　梅贻琦离昆明赴重庆转北平期间，委托周炳琳代理西南联大常务委员会主席。

11月29日　上午西南联大召开1945年度第二次教授会议，推举周炳琳等8人为抗议书起草委员，抗议11月25日晚军警在西南联大周围及上空施放枪炮事件。

下午　西南联大召集全体学生开会，周炳琳等向学生训话，劝告学生复课。

12月2日　西南联大召集1945年度第三次教授会议，推派周炳琳、汤用彤、霍秉权三位教授参加"一二·一"死难学生入殓仪式，代表教授会同人致吊并向受伤者致慰问。并推举周炳琳等7人组织法律委员会，准备起诉"一二·一"杀人凶犯及其主使人，呼吁取消非法禁止集会之命令。

12月17日　西南联大召开本年度第六次教授会，出席88人，主席周炳琳，记录闻一多。会议决定18日召集学生自治会全体代表，劝告学生复课。

12月19日　西南联大召开1945年度第七次教授会议，出席92人，决议推举周炳琳、冯友兰、赵廼抟三位先生草拟文告，吁请政府对此次事变之行政首脑人员从速予以撤职处分，务期达到目的。还推举他们三人代表教授会与卢汉主席、霍揆彰总司令接洽。

12月19日　联大教授会推举周炳琳牵头起草《西南联大教授会告同学书》，

劝导学生复课，协助政府平息学生运动。

12月28日　周炳琳在昆明青年会礼堂讲战后政治建设。

12月　在昆明"一二·一"运动中，担任西南联大常务委员会代理主席，签发《西南联大致教育部长朱家骅急电》、《国立西南联合大学全体教授为11月25日地方当局侵害集会自由事件抗议书》、《西南联大致教育部长朱家骅快邮代电》，负责起草《西南联大教授会为控告杀人罪犯李宗黄、关麟征等呈重庆实验地方法院告诉状》。

1946年　根据《国立北京大学三十五年度第二学期人员调查表》记载，法学院院长为周炳琳。

4月　应周恩来的邀请，出席欢迎叶挺将军出狱的宴会。

4月17日　致函周恩来，对叶挺等因飞机失事遇难致吊唁。

5月12日　周炳琳等33人在北京大学松公府蔡孑民纪念堂举行1946年度第一次校务会议。

7月　在重庆负责北大、清华、南开三校联合招生工作。

7月17日　在重庆获悉闻一多被害，极为悲愤，当即致函梅贻琦校长，要求严肃追查此案。

7月18日　联合滞留在重庆的33位教授，以快邮代电形式，致函南京政府教育部朱家骅部长，要求缉凶归案，严究主使。

7月28日　在重庆出席追悼李公朴、闻一多的大会，担任主席团成员和主祭人，报告闻一多的生平，并号召承担闻先生未完成的事业，继续下去。

8月30日　接到交通部长俞大维电称："近来空运繁忙，无法为各教授增拨专机。"周炳琳等为此滞留重庆，生活甚为困苦。

10月　回到北京，继续任北京大学经济系教授兼法学院院长。

10月5日　《观察》杂志发表对西南联大教授们的看法，认为"属于国民党批评派的有周炳琳、杨振声等先生"。

10月22日　周炳琳等在北大松公府蔡孑民先生纪念堂举行北大教务会议第二次会议。

11月　拒绝参加在南京召开的伪国大。

11月9日　致函胡适，劝胡勿出席伪国大，但未被采纳。

12月30日　联名致函美国驻华大使司徒雷登，抗议美军强奸北大女生的暴行。

12月30日　在抗议美军暴行大会上慷慨陈词："党派必须退出学校，而国民党应首先退出！"

1947年　年初　回到浙江黄岩土屿安葬母亲。

3月　在北京大学，周炳琳既为法学院院长、经济系教授，并兼法律学系主任，又兼政治学系主任。

5月3日　在北大民主广场举行的“五四”历史晚会上，发表题为《对于“五四”的怀念》的演讲，号召青年发扬“五四”精神。

5月5日　北京大学举行第40次行政会议，推举周炳琳等7人为民国36年度李氏基金留美奖学金考试审查委员。胡适为召集人。

5月12日　《中华民国史事日志》记载：留平之参政员周炳琳谈，已与钱端升、许德珩建议政府约请中共参政员出席参政会，继续和平谈判。

5月17日　周炳琳、张君劢等国民参政员发起“恢复国共和谈”运动。

5月20日　针对华北学生反饥饿、反内战大游行，责成老友何思源市长一定要保证学生的安全。

5月28日　联合北方各大学585位教授联名发表《呼吁和平宣言》，反对蒋介石政府发动内战，要求立即停止内战，成立民主的联合政府。

5月29日　与北大、清华共102名教授，联名发表《为反内战运动告学生与政府书》，指出“某些当局措置失当，有纵容暴徒摧残学生之嫌”。

6月2日　在北京大学民主广场上召开的“华北学联追悼内战死难军民及反内战死亡烈士追悼大会”上讲话，表达了“对于‘六二’运动，极表同情”，“反内战、反饥饿的口号是绝对的对”等观点。

8月27日　应何思源市长之约，出席北平市政府关于推行选举之座谈会，但未作发言。

8月28日　在《大公报》等报上，联名发表《我们对于“经济改革方案”之意见》，抨击国民党政府的经济政策。

11月　起草并联名北京的48位教授发表《我们对于政府压迫民盟的看法》，认为“这是不民主、不合理，而且不智的举动”，要求政府“重作决定”。

11月6日　在北京大学民主广场上召开的华北学生追悼于子三烈士大会上发表讲演，表示支持学生罢课，并痛斥蒋介石政府逮捕学生月余而不加审判的非法行为。

11月12日　北京大学行政会议决定成立诉讼委员会，由周炳琳等法学专家参加，营救北平各校被捕学生。

12月　根据《国立北京大学概况》记载，法学院院长为周炳琳。

1948年　1月24日　组织成立中国社会经济研究会并担任理事。筹办《新路》周刊。5月15日开始出版，周炳琳在该刊物上发表文章和短评，多次抨击蒋介石独裁误国。

4月　在“四月风暴”中，严词拒绝北平警备司令部要北大交出柯在铄等学生的无理要求。在北大遭到特务攻击后，北大教授会推举周炳琳牵头起草罢教宣言，要求当局惩凶并保证今后不再发生类似事件。

8月　持手杖在北京大学西门（松公府夹道）拒绝军警进入北大逮捕上了“黑名单”的同学。

12月30日　国民党政府社会部勒令《新路》停刊。

1949年　1月　拒绝登机南下，留在北平迎接解放。

2月　辞去北京大学法学院院长，专任经济系教授。

5月4日　接受记者的采访，回忆“五四”运动的经过。

9月5日　北京大学教职员周炳琳、张友仁等数百人联名发表宣言，痛斥美帝国主义发表的《白皮书》。

1950年　加入中国国民党革命委员会，担任中央团结委员。

10月27日　周炳琳等158人成立中国人民抗美援朝总会（后称中国人民保卫和平反对美国侵略委员会），并担任全国委员。周炳琳为宣传部副部长。

11月4日　北京大学教员周炳琳等376人签名上书毛主席，决心为反对侵略、保卫祖国献出最大力量。

11月13日　中国国民党革命委员会举行孙中山先生诞辰84周年纪念大会，中央委员会周炳琳等200余人出席。

11月18日　北京大学教授讲师助教投入抗美爱国热潮中，周炳琳作《从经济上认识抗美援朝问题》的报告。

12月25日　周炳琳等500余名留美归国学生发表声明，痛斥奥斯汀诬蔑中国人民的言论。

1951年　参加北大文法学院赴广西土地改革工作团，任第一团团委。

3月12日　周炳琳等300余人为孙中山先生逝世26周年举行盛大纪念会。

7月7日　北京大学教授周炳琳、胡世华等37人致函《人民日报》，决心提高警惕，加倍努力，推进各种爱国工作，保卫伟大祖国。

1952年　5月13日　与北京各大学校长等共48人，致电奥地利教育部部长，强烈抗议奥政府迫害布兰德魏纳教授。

在思想改造运动中，起初顽固抗拒，在毛主席作了批示“像周炳琳那样的人还是帮助他们过关为宜”指示后，于7月30日作了第四次大会检讨，得以通过。其《我的检讨》经毛主席改题为《人民民主政权给了中国人民伟大的创造力以发挥的机会》，发表1952年10月9日的《人民日报》。

1953年　担任中国国民党革命委员会中央委员、中国人民政治协商会议全国委员会委员，赴朝鲜慰问抗美援朝志愿军指战员。

3月12日　周炳琳等1900余人集会，纪念孙中山先生逝世28周年。

7月22日　中国人民保卫世界和平委员会委员周炳琳等在北京和平宾馆举行宴会，欢迎印度艺术代表团全体人员。

12月19日　周炳琳等首都各界人士到北京站迎接第三届赴朝鲜慰问团总团回到北京。

1954年　8月14日　中国人民外交学会会长张奚若设宴招待英国工党代表团，周炳琳等出席陪同。

12 月　作为对外和平友好团体人士当选为中国人民政治协商会议第二届全国委员会委员。

12 月 25 日　在政协第二届全国委员会第一次全体会议上作长篇发言，历数新中国的伟大成就，号召台湾回归祖国。此发言由中央人民广播电台向台湾及海外作了多次广播。

在北大经济系开设“外国经济史”课程。

1955 年　6 月　作为中国代表团团员出席了在芬兰赫尔辛基召开的国际和平大会。

10 月 7 日　中国人民保卫世界和平委员会主席郭沫若设宴欢迎美国公谊会代表团，周炳琳等陪同。

1956 年　将马克思《政治经济学批判大纲(1857—1858 年稿)》中的法文部分译成汉语。

2 月 2 日　作为对外和平友好团体人士出席中国人民政治协商会议第二届全国委员会第二次全体会议。

3 月 2 日　当选为中国国民党革命委员会中央委员。

11 月 11 日　当选为中国人民支援埃及反抗侵略委员会委员。

11 月 15 日　首都学术界举行纪念孙中山先生诞辰 90 周年学术讨论会，周炳琳在大会上发言。

12 月　任北京大学校务委员会委员。

1957 年　5 月 10 日和 15 日　九三学社先后召开讨论教授治校和党委制的座谈会，周炳琳在会上发言。

5 月 22 日　中国国民党革命委员会中央小组举行扩大会议，研究如何帮助共产党整风，周炳琳等在会议上发言。

在怀仁堂听了陆定一《百花齐放，百家争鸣》的报告后，致长函给陆定一，说明蔡元培的兼容并包有着进步意义。

在反“右”运动中同情被错划的“右派分子”。

1958 年　在“双反”运动中，仍继续同情被错划的“右派分子”。

1959 年　4 月 12 日　作为对外和平友好团体人士当选为中国人民政治协商会议第三届全国委员会委员。

1961 年　夏　参加全国政协组织的赴青岛休养。

1963 年　10 月 24 日　病故于北京医院。

10 月 30 日　在嘉兴寺举行公祭，追悼会由何香凝任主任委员。

1986 年　上海辞书出版社出版的《社会科学人物辞典》中收录了“周炳琳”词条。

1988 年　《黄岩文史资料》第 10 期对周炳琳生平进行了较为详细的介绍。

1989 年　8 月 14 日　经济科学出版社出版《中国经济科学年鉴(1988)》，对周炳琳的生平和贡献作了简要的介绍。

2004 年 上海财经大学出版社出版《经济学家之路(第四辑)》,对周炳琳的生平作了专文介绍。

(张友仁 2008 年 12 月 12 日增订)